A EDUCAÇÃO EM WILHELM REICH

FUNDAÇÃO EDITORA DA UNESP

Presidente do Conselho Curador
Mário Sérgio Vasconcelos

Diretor-Presidente
José Castilho Marques Neto

Editor-Executivo
Jézio Hernani Bomfim Gutierre

Assessor Editorial
João Luís Ceccantini

Conselho Editorial Acadêmico
Alberto Tsuyoshi Ikeda
Áureo Busetto
Célia Aparecida Ferreira Tolentino
Eda Maria Góes
Elisabete Maniglia
Elisabeth Criscuolo Urbinati
Ildeberto Muniz de Almeida
Maria de Lourdes Ortiz Gandini Baldan
Nilson Ghirardello
Vicente Pleitez

Editores-Assistentes
Anderson Nobara
Fabiana Mioto
Jorge Pereira Filho

SARA QUENZER MATTHIESEN

A EDUCAÇÃO EM WILHELM REICH
DA PSICANÁLISE À PEDAGOGIA ECONÔMICO-SEXUAL

2ª EDIÇÃO

© 2003 Editora Unesp

Direitos de publicação reservados à
Fundação Editora da Unesp (FEU)

Praça da Sé, 108
01001-900 – São Paulo – SP
Tel.: (0xx11) 3242-7171
Fax: (0xx11) 3242-7172
www.editoraunesp.com.br
www.livrariaunesp.com.br
feu@editora.unesp.br

CIP-Brasil. Catalogação na fonte
Sindicato Nacional dos Editores de Livros, RJ

M388e
2.ed.

Matthiesen, Sara Quenzer, 1963-
  A educação em Wilhelm Reich: da psicanálise à pedagogia econômico-sexual / Sara Quenzer Matthiesen. - 2.ed. - São Paulo: Ed. Unesp, 2012.

  260p.
  Inclui bibliografia
  ISBN 978-85-393-0253-6

  1. Reich, Wilhelm, 1897-1957. 2. Educação - Finalidades e objetivos. 3. Psicanálise e educação. I. Título.

12-5092.
CDD: 370.11
CDU: 37.017

Editora afiliada

Asociación de Editoriales Universitarias
de América Latina y el Caribe

Associação Brasileira de
Editoras Universitárias

A Wilhelm Reich...

*na esperança de que um dia o amor,
o trabalho e o conhecimento, fontes da vida,
possam mesmo governá-la.*

É terrivelmente doloroso estar só e vivo ao mesmo tempo. É um inferno. [...] Sabe por que é que eu me afastei, por que me sento aqui sozinho? Tenho que preservar os meus pensamentos lúcidos. Tenho que conservar uma certa lucidez, uma certa pureza.

Wilhelm Reich
18 de outubro de 1952

Agradecimentos

Apesar dos anos que separam essa, que é a 2ª edição do livro *A educação em Wilhelm Reich*, da 1ª edição publicada pela Editora Unesp em 2005, os agradecimentos permanecem os mesmos, uma vez que serei sempre eternamente grata a todos que participaram desse importante momento de minha vida! Portanto...
Num trabalho desta magnitude, resultado de minha tese de doutorado em Educação, não são poucas as pessoas a quem gostaria de agradecer. Ainda que tenha feito isso várias vezes, nunca é demais lembrar o quanto foram importantes todos os que aqui estão.

Se é difícil expressar em palavras, talvez a simples lembrança de meus pais – Fabio e Heidi – e daquele que foi meu companheiro de intensos anos de vida – Rogério – sintetize o que seria inútil querer dizer aqui. Talvez a beleza contida nas crianças – Gabriel, Henrique, Amanda e Vitoria –, que me fizeram recordar o quanto é bela a infância e importante a educação, expresse um pouco as emoções difíceis de serem registradas.

Quem sabe, a atenção concedida nas horas difíceis por pessoas como Gisela Nigro ou a oportunidade dada por meus tios Pat e Maria Helena, e que hoje me propiciam o acesso a muitas das ideias de Reich, expliquem um pouco a importância das pessoas num processo, muitas vezes, tão solitário. Pessoas como Nicolau Maluf Júnior, José Henrique Volpi, James Strick e Leone Campos de Sousa, que comigo dividiram informações, textos ou reflexões sobre Reich. Pessoas como Isabel Maria Loureiro – minha orientadora – foram verdadeiros presentes em minha vida, envoltos por muito carinho, dedicação, entusiasmo e confiança de que o resultado seria este. Verdadeiras surpresas, expressas de diferentes formas, como: no retorno concedido por Zöe Readhead, filha de Alexander S. Neill, e no de Eva Reich, filha de Wilhelm Reich; nas facilidades de acesso ao acervo da obra de Wilhelm Reich no Instituto Goethe em São Paulo ou na convivência, ainda que por tão pouco tempo, com pessoas como Joanne Koob, Dayhana Durocher e Dennis de Nure, que redobraram o significado da realização de um sonho: conhecer Orgonon, lugar inesquecível, de infinita beleza, partilhado com pessoas que trataram a mim e a este trabalho com tanta atenção. Por meio da lembrança de Mary Boyd Higgins, que me contemplou com a Thomas Hoss Memorial Scholarship, contribuindo para que eu pudesse desfrutar da experiência de respirar os "ares reichianos" e das guias do Wilhelm Reich Museum – Kathy, Shary e Holly –, agradeço àqueles que conheci na Conference at the Wilhelm Reich Museum em julho de 2001.

Agradeço também àqueles que me auxiliaram quando foi preciso. A Moema, Sueli, Vera, Dios e Val, funcionárias da Biblioteca e do Polo Computacional da Unesp de Rio Claro, a Deborah – minha irmã – e a Maria Elisa Lucke, por iniciar-me na "deutsche Sprache".

Ao Departamento de Educação Física da Unesp – *campus* de Rio Claro, à Pró-Reitoria de Pós-Graduação e Pesquisa da Unesp e ao Programa de Pós-Graduação em Educação da Unesp – *campus* de Marília, agradeço por criarem condições para a defesa de minhas ideias, discutidas, num estágio inicial, com a profa. dra. Sônia Marrach, em exame de qualificação com o prof. dr. Paulo Albertini e prof. dr. Leandro de Lajonquière, que juntamente com o prof. dr. Cláudio Mello Wagner compuseram a banca do – tão esperado – exame de defesa da tese.

Mais uma vez, obrigada a todos por tudo!

Sumário

Prefácio   13
Apresentação   17
Apresentação da 2ª edição   27

Parte I
A educação de Wilhelm Reich   31
Da psicanálise à economia sexual: a educação como profilaxia das neuroses   51

Parte II
Rumo a uma pedagogia econômico-sexual   83
Final de um bom começo   195
Referências bibliográficas   209

Prefácio

As críticas à obra de Wilhelm Reich, em geral, passam pelo lugar-comum de apontá-lo como um pensador de ideias ingênuas, utópicas, simplórias, por vezes libertinas, por vezes conservadoras e, ao final de sua obra, delirantes.

Muito embora este lugar-comum seja – a meu ver – produto da falta de informação e conhecimento do pensamento reichiano em toda sua amplitude e profundidade e, por vezes, produto de pura má-fé intelectual (o que em termos reichianos seria adjetivado como peste emocional), ele não deve ser simplesmente negligenciado, mas antes confrontado com argumentos coerentes e racionais.

É bem verdade que Reich estudou Medicina, Psicologia, Filosofia, Sociologia, Antropologia, Política, Biologia, Física, Química, Astronomia e Climatologia. E que isto, por si só, poderia lhe fazer valer o título de um autor superficial, além de pretensioso. Entretanto, uma leitura atenta e isenta da obra reichiana esclarece, sem dificuldades, as pretensões do autor: a compreensão do fenômeno humano em suas dimensões e expressões biofisiológicas, anímicas, antropológicas... e cósmicas.

A preocupação fundamental de Reich, o *fio vermelho* condutor de seu pensamento, de seus estudos e pesquisas, foi a busca da compreensão das origens da miséria e do sofrimento humanos e a proposição de intervenções capazes de minorar tal sofrimento. Seja partindo do tratamento da estrutura de caráter neurótica, seja desenvolvendo caixas acumuladoras de energia orgone como coadjuvantes no tratamento do câncer, a preocupação constante no pensamento reichiano sempre foi compreender como e onde as disfunções ocorrem no vivo e como e onde agir para que essas disfunções sejam evitadas ou abrandadas. Em sua essência, o pensamento e a proposta reichiana são de cunho preventivo e profilático. E é a partir dessa perspectiva que proponho ao leitor a apreciação do presente livro de Sara Quenzer Matthiesen.

O livro de Sara é fruto de seu trabalho de doutorado, apresentado na Faculdade de Filosofia e Ciências da Universidade Estadual Paulista (Unesp, *campus* de Marília). Com isso, o leitor tem a garantia de ter em mãos um livro sério, resultado de uma longa pesquisa, no qual os dados apresentados são altamente confiáveis. Como se isso não bastasse, o texto tem também o mérito de ser claro, direto e didático.

Seguindo a máxima reichiana de que *o simples é profundo e só tem sentido se puder ser compreendido por todos*, Sara realiza seu percurso de forma a poder ser seguida por qualquer pessoa disposta a fazê-lo. Para tanto, dedica a primeira parte do trabalho ao leitor não versado na saga reichiana, para que ele possa situar-se em relação ao homem W. Reich e então situá-lo em relação à história e à ciência.

Ato contínuo, a autora foca a atenção no fervilhante contexto sociopolítico-cultural em que Reich estará inserido, justamente no período de seu amadurecimento ideológico e profissional: a Europa central da Primeira Guerra Mundial, dos movimentos sindicalistas, dos partidos socialistas e da vitória de Hitler nas eleições alemãs de 1933, é a mesma Europa de Freud, com suas teorias psicanalíticas sobre sexualidade infantil, inconsciente e repressão. Desse contexto emergirá um Reich profundamente marcado pelas ideias psicanalíticas sobre o potencial neurotizante das culturas repressoras e pelos ideais, a princípio socialistas, de uma sociedade mais equilibrada, mais afirmativa da vida, mais consoante às leis que regem o vivo.

Eis aí o coração do trabalho de Sara e a sua importância. Não se trata, como ela muito bem mostra, de encontrar em algum texto específico de Reich algumas lições e preceitos de como "bem educar" nossos filhos. A questão é muito mais ampla e não se reduz a uma visão escolástica. A proposta do trabalho de Sara – proposta aliás bem-sucedida – é explicitar e sintetizar o projeto pedagógico de Reich, construído ao longo de sua vida e obra. Um projeto que se inspira e se apoia em algumas teses psicanalíticas e marxistas, mas que vai além, apresentando ideias originais, e pode, como deixa claro a autora, receber o título de Pedagogia Econômico-Sexual, com letras maiúsculas.

E que projeto é esse? É o projeto de uma sociedade menos repressora, mais afeita às singularidades e suas vicissitudes, mais atenta em educar seus educadores e em aprender com seus supostos educandos. Uma sociedade que procure, sempre, diminuir a distância e a contradição entre indivíduo e sociedade, natureza e cultura, razão e emoção, corpo e psique. Este não é um projeto ingênuo ou utópico, no mau sentido do termo, que busca uma sociedade isenta de conflitos ou contradições. Isto sempre existirá. É um projeto que, como bem disse Paulo Albertini, *busca o possível dentro do impossível*.

Para todos aqueles que acreditam na construção de uma sociedade mais equilibrada, mais justa, menos repressora e excludente, pautada por uma ética da natureza humana, e não por uma moral supostamente divina, este trabalho de Sara Q. Matthiesen se apresenta como uma estrela guia. Uma estrela para educadores de toda e qualquer especificidade, uma vez que, no pensamento funcional reichiano, as fronteiras dos territórios científicos são barreiras arbitrárias a serem ultrapassadas.

Piracaia, outubro de 2003
Cláudio Mello Wagner

Apresentação

Não há dúvida de que o pensamento de Wilhelm Reich (1897-1957) oferece a todo aquele interessado em seu conhecimento um amplo rol de temas, fatos e curiosidades a serem investigados. Contudo, ainda que instigante e recompensadora, essa não é uma tarefa fácil. Dos muitos motivos capazes de sustentar essa afirmação destacaríamos o fato de que seu pensamento consolida-se com base em contraposições a diferentes ramos do conhecimento, fato que certamente contribuiu para que ficasse à margem quer da psicanálise, quer da medicina ou da educação, entre outras áreas que foram alvo de suas investigações, em períodos variados, entre os anos de 1920 e 1957. Talvez por isso pesquisar sua obra nos dias de hoje tenha um significado particular. Mais do que a inserção num universo de estudos em que a preocupação primeira reside nas contribuições da técnica terapêutica, responsável pelos avanços em termos clínicos ou a integração a um grupo – ainda pequeno[1] – de interessados em suas contribuições, investigá-lo significa aprofundar-se na obra de um judeu com formação alemã, de um médico, homem de seu tempo, cuja teoria sofreu influências diversas, várias vezes resultantes de

---

[1] Sobre a produção científica existente na área, ver: Albertini (1995), Oliveira; Rodrigues (2000) e Matthiesen (2007).

vinculações que por diferentes motivos valeram-lhe muitas das perseguições de que foi alvo no decorrer da vida e que, certamente, interferiram na difusão de sua obra, cuja dificuldade de acesso emerge à medida que a percorremos. Ou seja, para além do grande volume de artigos, livros e panfletos escritos por Reich ao longo dos anos, outros são os fatores que legitimam as dificuldades de acesso à sua obra. Por um lado, destacaríamos fatores implícitos aos próprios textos, escritos muitas vezes com pseudônimos – tais como Ernst Parell, Karl Teschitz, Walter Roner, Julius Epstein –, dadas as perseguições e consequentes imigrações que contribuíram para que reescrevesse diversos deles com alterações conceituais substanciais, mesmo nos títulos, gerando, com isso, problemas múltiplos mais tarde acrescidos por aqueles advindos de traduções contestáveis, sobretudo quando do original alemão. Por outro lado, destacaríamos fatores atrelados à própria vida de Reich e, portanto, também não sem consequências para a sua obra, como o boicote promovido pela Associação Psicanalítica Internacional e pelo Partido Comunista à publicação de suas ideias ou a destruição de seus escritos feita pela Alemanha nazista e, mais tarde, pela pretensa América livre, onde ainda hoje se mantém inacessível parte de sua obra, sob o domínio dos arquivos da Wilhelm Reich Infant Trust Fund [Fundação Wilhelm Reich de Proteção Infantil].

Se estes são alguns dos aspectos que justificam nossa afirmação inicial de que esse é certamente um caminho difícil, é justo reforçar o quanto isso tudo contribui para que a obra reichiana não tenha, a exemplo das obras completas de Sigmund Freud (1856-1939), uma organização cronológica de todos os seus textos,[2] o que certamente contribuiria para a difusão de seu pensamento.

É possível dizer que tais dificuldades acentuam-se quando fazemos da educação o objeto principal de nossas investigações. Basta uma simples incursão no universo reichiano para constatarmos que esse tema foi alvo constante das preocupações e investidas críticas presentes ao longo da obra de Wilhelm Reich, encontrando-se, não à

---

2 Sobre o assunto, ver Wilhelm Reich (1953); Matthiesen (2007).

toa, diluído entre seus mais de vinte livros e dezenas de artigos, integrados a discussões diversas acerca da sexualidade infantil, da moral sexual, entre outras problemáticas concernentes à sua teoria da economia sexual, particularidade da qual muito pouco se conhece.[3]

Na verdade, aquilo que se conhece de Reich no Brasil parece diretamente vinculado à forma com que ele foi aqui introduzido. Ou seja, do pouco que se conhece de Reich, muito se deve aos poucos livros traduzidos para o português – muitos dos quais, para o português de Portugal –,[4] fonte de inspiração de leitores oriundos do reduto da clínica terapêutica que buscavam caminhos para além da tradicional psicanálise freudiana dominante na cultura psicológica própria dos anos 1970. Numa época em que se exaltava o movimento da contracultura, rico em ações contra as repressões e que, pautadas no lema "É proibido proibir", defendiam a "paz e amor", a liberalização sexual, do corpo e dos costumes, Reich foi um dos inspiradores de uma possível revolução cultural e que, mais tarde, viria a inspirar a difusão de inúmeras terapias e práticas corporais hoje existentes.[5] Apesar disso, muitos foram os que o leram por intermédio de outros autores, como, por exemplo, do médico José Ângelo Gaiarsa – uma das principais "bandeiras do corpo e da liberdade sexual na cultura brasileira" –, que aqui o introduziu em meio às suas próprias ideias referentes à pílula, ao amor, ao sexo, à família, ao corpo e à liberdade (cf. Favre, 1995, p.43), enquanto outros tinham acesso a Reich por meio de fontes que, na exaltação pela difusão de seu pensamento, criaram verdadeiras caricaturas, cujos malefícios acabaram sendo maiores do que os benefícios, já que carregadas de controvérsias que o descaracterizam como eminente pensador.[6]

---

3 Ao menos três são os trabalhos que merecem destaque dada a proximidade com as questões educacionais: Albertini (1994), Mota (1999) e Sampaio (2005).
4 Sobre o assunto, ver Matthiesen (2002).
5 Sobre o assunto, ver Matthiesen (1996).
6 Um dos exemplos mais claros é um filme realizado na década de 1970, o qual mistura um documentário contendo cenas reais da vida de Reich a caricaturas de suas ideias. *WR – os mistérios do organismo*.

Ainda assim, é no campo clínico que se concentra, nos dias atuais, a maior parte dos leitores de Reich ou de seus comentadores. No campo acadêmico, Reich é praticamente ignorado, se considerarmos que a maioria dos cursos de graduação e pós-graduação não o incorpora nos programas das disciplinas obrigatórias do currículo dos futuros profissionais – sobretudo de psicologia –, os quais, além de privados dos conceitos da teoria da economia sexual, são cercados por preconceitos advindos de um ambiente em que, certamente, a abordagem reichiana não é a hegemônica. Ainda que isso seja o mais comum, nota-se, nos últimos tempos, um aumento crescente de dissertações de mestrado e teses de doutorado voltadas à investigação de sua obra, contribuindo – e muito – não apenas para a sistematização das ideias no campo reichiano, mas para a recuperação do rigor científico muitas vezes perdido na oralidade – frequentemente carregada de misticismo – peculiar neste campo e que, certamente, contribui para que Reich fique à margem do espaço científico.[7]

Não por outro motivo, o leitor notará, no transcorrer deste trabalho, uma insistência em mencionar detalhes, sobretudo bibliográficos, cujo intuito não foi outro senão dividir, com todo aquele que pretenda um aprofundamento na obra desse autor, os resultados conquistados após muitas dificuldades, mas que valeram a pena, principalmente por concentrarem informações que poderão facilitar a elaboração de novas pesquisas e contribuições para uma *escrita reichiana*.

Ainda que no contexto brasileiro a abordagem acadêmica da obra de Wilhelm Reich tenha se desenvolvido nos últimos anos, nota-se que as principais publicações na área ainda ocorrem fora da universidade. Assim, acolhido em algumas clínicas particulares ou instituições formadas por terapeutas ditos (neo)reichianos que se dedicam, em sua grande maioria, aos cursos de formação no campo terapêutico, Reich – ainda que sobressaia a preocupação clínica – se faz presente em artigos respeitáveis publicados em periódicos, tais como: na *Revista Reichiana* do Instituto Sedes Sapientiae de São

---

7 Sobre o assunto, ver Matthiesen (2007).

Paulo; na *Revista Psicologia Corporal* do Centro Reichiano de Curitiba; na *Revista da Sociedade Wilhelm Reich* de Porto Alegre; em números isolados do *Boletim Novidades* e dos *Arquivos Brasileiros de Psicologia*,[8] sem falarmos dos livros publicados nos últimos anos, alguns dos quais serão mencionados ao longo deste livro.

Na verdade, esse quadro de maneira geral tenta ressaltar que, além de restrita, a leitura que se faz de Reich no Brasil está muito mais pautada em seus fundamentos terapêuticos atuantes na clínica – no que em muito contribuiu a forma com que foi aqui introduzido – do que nas tantas outras leituras possíveis relacionadas às suas demais preocupações, dentre as quais destacaríamos as educacionais. Embora não fosse pedagogo nem professor de formação, mas médico, psicanalista, pesquisador e pai, Reich revela ser a educação alvo constante de suas críticas à sociedade e à cultura, que, visando a amplas transformações, não perdiam de vista a intenção de profilaxia das neuroses. Tal afirmação fundamenta-se no fato de que a obra reichiana, embora aparentemente demonstre uma preocupação primeira com questões terapêuticas – teóricas e técnicas – acerca da neurose, é atravessada por questões sociais e políticas que revelam que, no conflito entre o indivíduo e a cultura, na formação do caráter da criança, a educação – portanto, a ação dos pais e educadores – é essencial para o equilíbrio emocional e energético do indivíduo, cuja base assenta-se na dinâmica da energia sexual.

É nesse sentido que caminham as preocupações de Reich com as crianças, as quais vão sendo alicerçadas em consonância com sua teoria da economia sexual, que poderá ser de uso prático no campo da educação, no qual ainda é praticamente desconhecida. Embora ele mesmo tenha salientado que caberá à sociedade tornar possível e encorajar (ou rejeitar) a aplicação prática de tal teoria, nossa tentativa de trazê-la ao campo da investigação educacional para ser debatida certamente pode ser entendida como um primeiro passo para essa discussão, em especial daquilo a que se referiu como "pedagogia

---

8 Wilhelm Reich psicanalista, *Boletim Novidades*. São Paulo, ano 8, n.70, fev. 1995, e Cem anos de Wilhelm Reich, *Arquivos Brasileiros de Psicologia*. Rio de Janeiro, ano 1, n.2, abr./jun. 1997.

econômico-sexual"⁹ [*sex-economic pedagogy*]. Ainda que seu intuito não fosse postular uma teoria educacional propriamente dita, nem estipular normas de conduta na relação entre o educador e o educando ou traçar objetivos educacionais a serem alcançados, Reich, crítico que era, deteve-se na análise da educação das crianças e das consequências dela decorrentes no processo de constituição adulta, articulando-a ao propósito de profilaxia das neuroses, implícito em suas preocupações sociais, influenciadas por suas vinculações institucionais e políticas.

Ainda que haja especificidades a serem destacadas ao longo do texto, é possível dizer que Reich se dedica ao tema ora como profissional da área da saúde, membro da Associação Psicanalítica Internacional preocupado com a sexualidade infantil, em particular com os problemas oriundos de uma educação – leia-se criação – repressiva; ora como médico e ativista do Partido Comunista preocupado com a educação sexual da juventude e com as necessidades de modificação social, sendo que, mesmo expulso de ambas as instituições, prosseguiu na defesa de seus princípios e teoria própria. Portanto, em termos educacionais, não seria prematuro ressaltar que, quer vinculado à criação familiar, quer ao esclarecimento sexual propriamente dito, o tema da educação na obra de Wilhelm Reich tem um sentido amplo que extrapola o reduto escolar em que atuam os professores, sendo extensivo a pais e educadores de modo geral, seguindo o caminho trilhado anteriormente por Freud. Assim, pautando-se por ideias inicialmente exploradas pela psicanálise que relacionavam a moral sexual ao aumento das doenças nervosas, Reich, assim como o Freud dos primeiros tempos, parecia concordar que bastaria propor à sociedade "práticas educativas não repressivas e respeitadoras", sobretudo da sexualidade infantil, para que os

---

9 Reich, *Análise do caráter* (1995, p.478). Publicado pela primeira vez em alemão (1933), esse livro foi ampliado na segunda edição (em inglês) de 1945 com o texto "Contato psíquico e corrente vegetativa" e na terceira edição (em inglês) de 1949, da qual fazem parte o texto "A peste emocional", publicado pela primeira vez como: Reich (1945), e "A linguagem expressiva da vida", até então não publicado.

problemas relativos à neurose fossem solucionados (Kupfer, 1995, p.7). Mas, se Freud em textos posteriores desacredita a tese de que a educação sexual e as práticas educativas não repressivas garantiriam que se evitasse a neurose, sob o risco da denominação de "antipedagogo" (Millot, 1992), Reich investe na primeira linha de argumentação freudiana para demonstrar, por meio de sua teoria da economia sexual, que era possível *prevenir* as neuroses, apesar das variações de sentido passíveis do termo. Ou seja, é preciso que se diga desde já que o termo *prevenir* assume, no transcorrer do pensamento de Wilhelm Reich, sentidos distintos: um que intenciona *minimizar* a neurose, desdobrando-se na busca daquilo que Albertini considerou ser o "possível dentro do impossível" (Albertini, 1994, p.65); outro que se concentra em *evitar* as neuroses, pautando-se pelo pressuposto de que isso era plenamente possível. Ainda assim é preciso ressaltar que, para Reich, a questão da prevenção das neuroses estava atrelada à educação, sobretudo no que diz respeito à *criação* de crianças, ao esclarecimento sexual e à orientação política da juventude.

Inevitavelmente, o registro desse percurso deverá passar por uma organização didática que dividirá este texto em três grandes momentos. Primeiro: serão apresentados alguns elementos essenciais para o conhecimento do homem Reich, particularmente no que diz respeito à sua formação cultural de base judaico-alemã, tendo como fio condutor uma análise biográfica e autobiográfica reveladora da educação de que foi alvo, quiçá responsável – ou, ao menos, inspiradora – de suas elaborações teóricas e críticas; segundo: procurar-se-á inseri-lo na discussão reinante entre psicanálise e educação averiguando, com base em textos de Sigmund Freud, as interferências da psicanálise freudiana em suas próprias preocupações educacionais; terceiro: adentrar-se-á sua obra a fim de apreender, no âmbito da teoria da economia sexual, o *espaço* da educação, que, em consonância com a sexualidade e sua consequente repressão – sobretudo infantil – e mediante intensos envolvimentos institucionais e sociais – como a Associação Psicanalítica Internacional e o Partido Comunista –, delineia aquilo que, talvez, pudesse ser considerado como uma teoria educacional de base reichiana, leia-se "pedagogia econômico-sexual".

Certamente, o rastreamento desse percurso que passa por sua formação familiar e escolar, cujo pano de fundo era a cultura judaico--alemã, por seus anos de estudo, por sua formação profissional e pelas vinculações institucionais e intelectuais com a psicanálise – leia-se Freud – e com o marxismo – leia-se Marx –, servir-nos-á não apenas para ilustrar elementos primordiais de sua formação cultural, mas também para identificar aspectos coadjuvantes na elaboração de toda a sua obra e, em particular, de suas referências críticas, que apontavam para a necessidade de modificações, sobretudo no que diz respeito à tríade educação, moral sexual e sociedade.

Entretanto, num trabalho com essa perspectiva dissertativa, há pelo menos dois riscos a correr: o primeiro, de ser repetitivo em alguns aspectos, sobretudo biográficos, até certo ponto explorados por outros pesquisadores; e o segundo, de incorrer em mais uma periodização do pensamento de Wilhelm Reich, mesmo observando-se em suas ideias aspectos originais ou ainda incipientes na abordagem dos pesquisadores na área. De qualquer modo, este pareceu ser o melhor caminho para a investigação das ideias educacionais de Reich, com o cuidado de registrarmos ao menos duas peculiaridades que reforçam o caráter original deste texto. A primeira consiste em demonstrar que se Reich partiu da psicanálise de Freud ele assim o fez não somente com base nas conceituações do campo clínico, mas também em ideias do campo educacional; a segunda é *dar voz* a Reich, registrando suas preocupações com a educação em diferentes momentos da obra, mesmo que, para tanto, se tenha que dividi-la, para fins de organização didática, em itens diversos. Articulando esses dois pontos, entre outros a serem investigados, a ideia – inicialmente freudiana – de profilaxia das neuroses aparecerá como uma herança psicanalítica que se alastra pela obra reichiana, moldando-se às particularidades da teoria da economia sexual. Em suma, verificaremos que Reich não apenas seguiu as prescrições psicanalíticas – mesmo quando desvinculado da Associação Psicanalítica Internacional – sobre a possibilidade de profilaxia das neuroses, mas o fez articulando-a à educação, o que se evidencia com maior nitidez em determinadas passagens da obra. Ou seja, mais do que um herdeiro de conceitos psicanalíticos próprios da clínica terapêutica, Reich é um herdeiro de algumas ideias educacionais de Freud, sobretudo daquelas mais evidentes nas primeiras décadas do século XX que viam na educação uma possibilidade de promover a profilaxia das neuroses.

Ao nos propormos a identificar o *espaço* da educação em sua teoria da economia sexual, observando as bases para aquilo que denominou "pedagogia econômico-sexual", inevitavelmente estaremos buscando respostas para as seguintes questões: quais as possibilidades de implementação de uma prática pedagógica inspirada na teoria da economia sexual de Reich? Ora, se Wilhelm Reich nos revela, por meio de teoria própria – a economia sexual –, uma preocupação com a infância, com a criança e seu processo de constituição adulta, responsável, segundo ele, por seu encouraçamento, se pensa a intervenção do educador e de suas diferentes possibilidades de ação – quer mencione a educação ministrada por pais ou por professores –, por que não pensar a educação na teoria de Wilhelm Reich tal qual ela se apresenta? Por que não nos determos nos ensinamentos por ele legados como uma possibilidade de reflexão sobre a educação no mundo contemporâneo?

Em meio a tantos questionamentos, uma coisa é certa: a aplicabilidade educacional direta, no sentido de uma prática pedagógica institucional propriamente dita, não era o objetivo de Reich. Vinculada à intenção de profilaxia das neuroses, a educação assume na obra reichiana uma perspectiva ampla, de médio/longo prazo, cujo sucesso dependeria de fatores diversos. Ainda assim, não é difícil constatarmos *afinidades pedagógicas* entre os princípios daquilo que denominou "pedagogia econômico-sexual" e o trabalho no campo educacional de autores como Alexander Sutherland Neill: nele encontramos proximidades com aquilo que hoje se poderia consubstanciar como uma educação de base reichiana.

Apresentação da 2ª edição

Os anos que separam a 1ª edição deste livro, publicada pela Editora Unesp em 2005, e esta que é a sua 2ª edição, apenas reforçam a importância das ideias reichianas para o campo da Educação. Afinal, mais que nunca, os ensinamentos reichianos têm demonstrado o quanto podem nos orientar no trato da Educação contemporânea.

O crescente número de pesquisas acadêmicas em torno do pensamento reichiano vinculando-o, direta ou indiretamente, à Educação, talvez seja o exemplo mais eficaz da atualidade desse tema. Quer em torno das reflexões que aprofundam em uma ou outra particularidade dessa vasta obra, quer articulando as ideias reichianas à prática pedagógica evidenciando as mais diferentes possibilidades educacionais, não é difícil notar o quanto avançamos em relação às pesquisas acadêmicas nesse universo, ainda que sejam extremamente amplos os temas a serem investigados.

O fato é que nesses últimos anos o pensamento reichiano, para além do campo clínico, passou a circular mais e mais pelo campo educacional, propiciando um alargamento das discussões, adentrando, para além dos consultórios e clínicas, ambientes educacionais diversos, ainda que uma implementação efetiva dessas ideias esteja um tanto quanto distante do que poderíamos considerar como sendo o ideal reichiano.

Sendo breve, apenas a título de ilustração, vejamos com um pouco mais de detalhes esse movimento em torno das pesquisas reichianas voltadas à Educação.

Tomando como base a produção acadêmica, particularmente as dissertações de mestrado e teses de doutorado, preocupadas com a investigação do referencial reichiano e cadastradas no Banco de Teses da Capes (Coordenação de Aperfeiçoamento de Pessoal de Nível Superior), que concentra pesquisas de mestrado, doutorado e profissionalizante defendidas no Brasil, observamos um crescente número de produções acadêmicas em diferentes áreas do conhecimento, com destaque para duas delas: a Psicologia e a Educação.

Assim, observando a produção acadêmica dos Programas de Pós-graduação em Educação de universidades brasileiras, observamos que entre 1992 e 2008, foram 23 as dissertações de mestrado e 5 as teses de doutorado produzidas entre 1999 e 2007, que se debruçaram, ainda que com níveis de aprofundamento e objetivos distintos, na investigação do universo reichiano. Ou seja, como uma das áreas que mais produziu nesse campo, a Educação, aqui representada pelos Programas de Pós-graduação de universidades brasileiras, apresentou, nesse período, 28 produções acadêmicas voltadas a esse particular, perdendo apenas, em número, para os Programas de Pós-graduação em Psicologia, que com 32 produções, sendo 19 dissertações de mestrado entre 1982 e 2008 e 13 teses de doutorado entre 1992 e 2007, mantiveram-se na liderança desse *ranking*, se é que podemos falar assim.

Evidenciar esse crescimento e salientar a importância desses dados para o universo reichiano e para o campo educacional apenas reforça a importância das ideias reichianas para a Educação, fazendo da 2ª edição desse livro uma possibilidade atual e atualizada que intenciona contribuir para que em breve muitas sejam as experiências efetivas de aplicação dessas ideias no universo educacional.

Rio Claro, 10 de janeiro de 2012
Sara Quenzer Matthiesen

Parte I

1
A EDUCAÇÃO DE WILHELM REICH

> Não quero ser sentimental, mas me sinto sufocar involuntariamente diante dessas lembranças.
>
> Wilhelm Reich

Muitas vezes negligenciados por aqueles que se ocuparam do pensamento de Wilhelm Reich, alguns aspectos concernentes à sua educação, tanto no sentido de *criação* como no de formação, merecerão aqui alguns pormenores, embora uma perspectiva biográfica não seja nossa intenção primeira.

Tratadas, na maioria das vezes, superficialmente, há na vida de Reich certas particularidades que clamam por uma análise mais cuidadosa, sobretudo quando, de alguma forma, se fazem presentes entre as proposições da teoria da economia sexual. Ou seja, não por acaso Reich endereçará críticas à educação e à moral sexual vigentes em sua época, entre outros temas emergentes no âmbito de sua teoria; não por acaso demonstrará ser um pensador arrojado, cujos envolvimentos sociais, políticos e intelectuais revelavam sua ânsia por um mundo melhor.

Das particularidades culturais em que se assentam as bases de sua educação, merecerá menção a chamada cultura judaico-alemã da qual ele, certamente, foi fruto. Como veremos, Reich foi educado sob um misto de cultura alemã – geograficamente alastrada pela Áustria – e de cultura judaica – fruto da tradição familiar rejeitada pelo pai –, composição inerente à atmosfera cultural da infância e início da fase adulta desse autor que, com base em influências diversas a serem relatadas, empenhou-se na produção de uma vasta obra.

NASCE WILLY

A Europa central de finais do século XIX, área geográfico-cultural e histórica unificada pela cultura germânica da qual faziam parte a Alemanha e o Império Austro-Húngaro,[1] foi o pano de fundo da vida de Wilhelm Reich.

Filho mais velho do casal Leon Reich – de família judia – e Cäcilie Roniger – de família vinda de região da Áustria hoje pertencente à Romênia –, Reich nasceu em 24 de março de 1897 em Dobrzynica, hoje região polonesa, que reunia os judeus menos integrados social e culturalmente à sociedade alemã, que mantinham uma forte tradição religiosa e falavam o iídiche, mistura de alto-alemão do século XIV com hebraico e eslavo. Talvez esse tenha sido um dos motivos pelos quais, logo após seu nascimento, a família tenha se mudado para Jujintz, na Bukovina setentrional, parte ucraniana da Áustria onde o pai, agrônomo de formação acadêmica, junto com um tio de Cäcilie, Josef Blum, adquiriram uma propriedade com aproximadamente 2 mil acres no "posto avançado mais remoto da cultura alemã".[2] Melhor dizendo, embora descendente dessa tradi-

---

1 Fruto de um compromisso (*Ausgleich*) entre o Império da Áustria e a Hungria entre 1867-1918, o Império Austro-Húngaro foi dividido em duas partes "limitadas pelo rio Leitha: a Cisleitânia, compreendendo a Áustria, a Boêmia, a Morávia e a Galícia; e a Transleitânia, que correspondia às antigas possessões da Coroa de Santo Estêvão: Hungria, Croácia, Transilvânia e Eslováquia" (Mezan, 1985, p.44).
2 Reich (1996, p.11). Embora permanecesse na área rural, a família Reich mudou de propriedade algumas vezes. Primeiramente, foi para uma fazenda que ficava a vários quilômetros da rodovia imperial, mudando-se, em 1907,

A EDUCAÇÃO EM WILHELM REICH 33

ção, sua família não era um exemplo de ortodoxia judaica. O avô paterno, também fazendeiro, já não era judeu ortodoxo, tendo aderido à lei judaica como uma obrigação.³ O pai de Reich, por sua vez, não somente pouco transmitiu aos filhos no que se refere à educação religiosa, como proibia, por considerá-lo "grosseiro", o uso de qualquer expressão iídiche. Empenhado em afastar toda a família dos judeus e empregados da propriedade, adotou como língua familiar e para fins de instrução dos filhos o alemão, que era também necessário para que se frequentasse a escola na Áustria. Relembrando essa particularidade, Reich diz que desde o começo sua língua materna foi a alemã, assim como sua educação. Vivendo em território austro--húngaro, sob a influência da cultura alemã, os pais de Reich se esforçaram em oferecer-lhe a melhor "formação intelectual" também nos moldes da *Bildung* – formação espiritual, incluindo o aspecto moral –, que envolve a tradição alemã de "educação de si mesmo" (autoformação), de "cultivo de si".⁴

Talvez tenha sido a maneira encontrada por essa família de migrantes para propiciar aos filhos uma formação que lhes permitisse a inserção num círculo cultural que os levaria à ascensão social.⁵ Aliás, a assimilação, aculturação e integração à nação germânica constituíam a principal aspiração da classe média judaica, alimentada pela ilusão de que, pela assimilação da cultura germânica, seria

---

para outra propriedade, onde morou na casa em ruínas de um colono, até que outra casa fosse construída.
3 Reich lembra que havia uma linha, de base material, que separava seus pais dos judeus ortodoxos, sendo que, dentre os trabalhadores que integravam os negócios agrícolas de seu pai, os judeus encontravam espaço nas funções administrativas, tais como: gerência, capatazia e caixa. "Meu pai não era apenas um pretenso espírito livre, mas, como patrão, tinha de manter distância tanto da população ucraniana quanto do quadro administrativo judeu" (ibid., p.11).
4 Parte de *Bild*, imagem, e de *bilden*, representar, formar, o que traz uma "concepção de formação, de aperfeiçoamento, as quais, poderíamos dizer, incidem sobre a imagem, mediante autonormatização de uma subjetividade, que de outro jeito seria descontrolada" (Lo Bianco, 1997, p.123).
5 Ambicioso, o pai de Reich mantinha relações com oficiais do governo e outras pessoas de nível elevado (cf. Sharaf, 1983, p.39).

aceita como parte da *Kulturgemeinschaft* [comunidade cultural].[6] Relutante em relação às raízes judaicas, a família Reich se encaixa perfeitamente nestes moldes, já que era considerada

> abastada, altamente respeitada, algo presunçosa e tinha grande admiração pela cultura alemã". Os pais de Reich devem ter sido, em virtude da distinção entre nações dominantes e povos subjugados, então prevalecente no Império austro-húngaro, representantes, se não exatamente de uma classe governante invasora, isolada entre nativos colonizados, pelo menos de uma elite cultural, que olhava para norte e para oeste, para Berlim e Viena, no que se referia às suas inspirações.[7] (Rycroft, 1971, p.9)

É interessante notar que o traço comum entre ambas as tradições (alemã e judaica) era a valorização da aquisição cultural, o que, dadas as particularidades da vida de Reich, evidencia-o como herdeiro da cultura judaico-alemã. Ou seja, sua formação não foi uma formação qualquer, mas pretendia-se completa e sob a responsabilidade de jovens preceptores que vinham, como veremos, do contato com a cultura universitária, com o saber erudito, cuja relevância faz-se presente no âmbito da formação alemã, mas também na formação judaica. É fato que o povo judeu, por ter sido alvo constante de ameaças, acabou investindo naquilo que ninguém poderia lhe tirar, "salvo pela morte: o saber", em suma, algo que fosse "transportável"; logo, o estudo seria uma forma de coesão, de princípios em comum capazes de garantir "a sobrevivência de um povo milenarmente agredido" (Prost & Vicent, 1992, p.469-70). Assim, o "respeito pelo conhecimento", a "dedicação no cumprimento das tarefas" e a "correção moral" da criança, que se destacam como os pilares de uma boa educação judaica, certamente se fizeram presentes na formação cultural de Wilhelm Reich, garantida por seus pais como herança prioritária dessa tradição. Contudo, vivendo num

---

6 O choque com uma "barreira social intransponível" revelava a "dificuldade que o judeu tinha em ser visto como um alemão" (Clemesha, 1997, p.54).

7 Talvez, não à toa, o pai de Reich fosse frequentemente a Berlim comercializar carne bovina, visando ao abastecimento do exército alemão (De Reich, 1978, p.26).

ambiente cultural que misturava diferentes concepções, Reich foi fruto da interação da cultura judaica e da cultura alemã, apesar da tentativa paterna de vetar qualquer tipo de aproximação com a primeira. Mezan nos auxilia no esclarecimento deste particular enfatizando que, "ainda que sem crer nos dogmas religiosos, o indivíduo educado no meio judaico guarda uma profunda ligação com os demais judeus (a 'identidade íntima', a 'secreta familiaridade'), ao mesmo tempo em que tal educação o habitua a figurar nas fileiras da 'oposição'".[8] Sem querer incorrer numa redução banal, poderíamos dizer que, por ser oriundo de família judia, Reich, embora não se reconhecesse como judeu, isto é, alguém que "se comporta de modo judaico, nacional ou religiosamente, que está preso aos seus costumes, que fala a língua judaica, que vive e cresce desse modo etc.",[9] estava, de certa forma, preparado como os judeus para se colocar na oposição e para renunciar à concordância com a "maioria compacta" (Mezan, 1985, p.63), particularidade evidente nas elaborações e posições críticas no decorrer da vida e eternizadas em sua obra.

Nessa época, toda família abastada fazia questão de ter filhos formados,[10] mantendo-os sob os cuidados, primeiramente, de governantas e, depois, de professores particulares, responsáveis pelo ensino de boas maneiras. Com a família Reich não foi diferente. Com o nascimento de Robert, três anos depois de Willy (apelido de Wilhelm), Cäcilie, com problemas de saúde, afastou-se da família durante um período aproximado de dois anos, com interrupções, a fim de tratar-se em uma estação de águas. O pai, muito ocupado com o

---

8   Mezan, 1985, p.63. Ou seja, a origem judaica pode ser disfarçada pelo êxodo social e intelectual, mas, como que sob o efeito de um feitiço de um círculo encantado judaico, ninguém pode libertar-se dele. Contudo é fato que na Áustria, entre 1869 e 1938, os judeus gozaram de completa igualdade jurídica com seus compatriotas centro-europeus, tendo assegurado igualdade de oportunidades até mesmo na educação universitária.
9   Higgins; Raphael, 1979, p.67. Grande parte desse livro corresponde a uma entrevista concedida por Reich entre 18 e 19 de outubro de 1952 a um representante dos Arquivos Sigmund Freud.
10 Aliás, o único caminho capaz de levar um judeu a conquistar respeitabilidade e honra na Europa central daquele período parecia ser o da universidade (cf. Löwy, 1989, p.59).

trabalho, pouco tempo dedicava aos filhos, cuja educação ficou quase integralmente sob os cuidados de empregadas: uma cozinheira, uma doméstica e uma babá.

Mesmo considerando este afastamento inicial, não são poucas as vezes que Reich revela seu apego ou *fixação* na mãe. Menciona o prazer que experimentava quando criança ao tocar e sugar seus seios, das vezes que tentava despi-la com os olhos ou das sensações sexuais que lhe agitavam o interior quando com ela se banhava no rio. Era, reconhecidamente, o preferido da mãe, o que talvez explique uma de suas reflexões posteriores: "meu anseio por amor materno (que possivelmente se manifesta através da substituição pelo amor de mulheres que se parecem com ela) é maior do que o anseio por afeição paterna".[11] Do relacionamento difícil com o pai – para ele um "rival" –, Reich recorda: "As raízes do meu relacionamento inicialmente pobre com papai são muito profundas; estão intimamente relacionadas ao fato de eu ter cabelos e olhos negros, traços herdados de minha avó materna, com quem papai tinha uma típica relação genro-sogra",[12] ainda que, por algumas vezes, insinuasse não ser filho legítimo de seu pai, mas fruto da relação da mãe com um camponês ucraniano.

Aos dezesseis anos, explicitando o difícil relacionamento com o pai, Reich diz:

> Amaldiçoei meu pai (como fiz muitas vezes mais tarde também) porque me prendera em casa e na escola e não me deixara brincar com nenhuma outra criança de minha idade até os onze anos. Tornei-me sério e melancólico antes do tempo e, como resultado, agora anseio pelos prazeres da vida. Meu pai barrou meu caminho; infectou-me com sua ambição e causou os meus problemas.[13]

Mesmo nas aulas de leitura, escrita, aritmética que lhe foram dadas pelos pais a partir dos seis anos, Reich preferia que a mãe o

---

11 Reich, 1996, p.16.
12 Ibid., p.17.
13 Ibid., p.54.

ensinasse. O pai era muito severo e ao menor erro ou lapso de atenção lhe batia, fazia que comesse na cozinha ou o deixava de castigo num canto. Mesmo assim, dizia: "Nossa educação era canalizada nas melhores direções possíveis, exceto por uns poucos erros provenientes da tendência geral daqueles dias".[14] Isso, certamente, incluía atitudes repressivas no lar, na escola, em toda parte, produto de um "método estúpido" de intimidação que, desde a mais tenra infância, exigia uma "completa docilidade" e a escuta crédula de que a opinião do professor era "infalível", que a palavra do pai era "irrefutável", que as instituições do Estado tinham um "valor absoluto e eterno" e de que o jovem nada sabia ou podia contestar.[15] No caso de Reich, a imagem de uma criança bem-comportada, que manifestava um comportamento apagado diante dos castigos empregados pelo pai, valeu-lhe o apelido de *gatinho melancólico* e *ranzinza*.

Nos anos correspondentes à escola elementar, tanto o isolamento da vida rural e em área de difícil acesso como o *status* social da família criaram condições propícias para que sua formação continuasse sendo realizada em casa, desta vez sob o encargo de instrutores (preceptores) particulares, em vez de numa instituição escolar urbana que demandaria esforços em termos de deslocamento. Também lhe foi poupada a adequação às rígidas normas coletivas próprias das escolas austríacas de finais do século XIX e início do século XX, tidas como um "quartel de ensino", um lugar de "coação", "tédio", de uma "velha pedagogia" e de um "regime enfadonho" que tolhia e reprimia as melhores intenções e interesses, simplesmente pelo receio dos mais velhos em relação à juventude e à consequente possibilidade de mudanças.[16] Mas havia outros inconvenientes. Apesar

---

14 Ibid., p.20.
15 Cf. Zweig, 1960. v.9, p.247. Assim: "Um ginasiano de dezoito anos era tratado como uma criança, era castigado, se fosse surpreendido com um cigarro, e tinha que docilmente levantar a mão quando queria sair da classe por causa duma necessidade natural" (ibid., p.245).
16 "A Áustria era um país antigo, regido por um imperador ancião e por ministros velhos, um país que, sem ambição, só esperava, defendendo-se de todas as alterações radicais, conservar-se íntegro no mundo europeu. Os jovens, que por instinto sempre pretendem alterações rápidas e radicais, eram, pois,

da maneira elogiosa com que se refere a seus preceptores, frequentemente se queixava das inúmeras tarefas que tinha que cumprir satisfatoriamente, entre as quais as exigidas pelo pai: tinha que ganhar medalhas, tocar piano para estranhos de que não gostava, mostrar sua proficiência em francês, além de ter que ouvir coisas como: "Então eu vou gastar o *meu* dinheiro e não receber nenhuma satisfação da parte de meus filhos?"[17]

Observadas as controvérsias existentes nas referências concernentes aos seus anos de formação cultural, cabe dizer que não se sabe ao certo por quanto tempo perdurou essa educação em casa, nem quantos foram os instrutores. Porém, num esforço neste sentido, constatamos que inicialmente – e por quatro anos – a responsável por sua formação foi uma moça, S., "extremamente inteligente", mas sem formação universitária, que morava na casa para "ensinar e educar", a ele e a seu irmão. Mais do que isso, a preceptora era, além da mãe, objeto de seu desejo, com a qual frequentemente fantasiava ter relações sexuais, ainda que sem sucesso.

Vivendo no campo, próximo à natureza, essa não foi a única forma de aprimoramento de seu interesse sexual. Embora ainda não se masturbasse, ficava extremamente excitado ao ver a cópula de animais:

> Uma de minhas atividades favoritas era ir ao estábulo ao meio-dia, enquanto todos os colonos almoçavam ou dormiam [...] observar os genitais tanto dos machos quanto das fêmeas. Ao fazer isso, sempre tinha uma ereção – algo que já vinha me perturbando há algum tempo. (Sharaf, 1983, p.39)

Certa vez, recorda:

> fiquei tão excitado olhando para os animais que peguei um chicote com o cabo liso, virei-o e introduzi o cabo na vagina de uma égua. O

---

considerados como elemento perigoso que pelo maior tempo possível deveria ficar afastado ou ser reprimido" (ibid., p.245).
17 Reich, 1996, p.54.

animal ficou surpreso a princípio, mas depois pareceu apreciar. Abriu bem as pernas e começou a urinar enquanto eu tinha um orgasmo (sem ejaculação). A partir de então, fiz o mesmo todo dia e estendi minhas atividades a outras éguas também, embora nunca entendesse por que suas reações eram tão variadas [...] Recorri a esse modo de satisfação por aproximadamente dois meses; então aquilo começou a me enojar e parei. (Ibid., p.31)

Logo Reich descobriu que o tema da sexualidade era tratado, naquela época, de modo "insincero", e a tática utilizada era "não discutir o incômodo complexo nem na escola, nem na família, nem em público, e de coibir tudo que pudesse lembrar a existência do mesmo" (Zweig, 1960, p.273-4). Ainda que escondido, Reich encontrou espaço para o desenvolvimento de seu interesse pelo tema e, consequentemente, pela biologia e ciências naturais, explorando mais tarde, com sua teoria, o caminho aberto por Freud acerca da sexualidade, com base em fundamentos certamente vinculados aos percalços de sua própria sexualidade.

Segundo relata, sua primeira relação sexual ocorreu aos onze anos e meio com uma cozinheira de alta classe, a primeira a lhe ensinar os movimentos de penetração necessários à ejaculação, apenas duas semanas depois de vir morar com a família. Com ela, lembra Reich: "Senti um tipo novo, diferente e real de prazer e pouco a pouco fui saindo da concha".[18] A partir desse dia, manteve relações sexuais quase diariamente, primeiramente à tarde, quando seus pais faziam a sesta, depois à noite, quando o pai estava fora de casa, até arriscar-se a mantê-las mesmo quando este estava em casa. Tais experiências foram interrompidas quando o medo de ser surpreendido pelo pai e daquilo que ele seria capaz de fazer se o *apanhasse* foram maiores, cedendo espaço à masturbação, cujo prazer o satisfez por vários anos.

Em síntese, diríamos que, entre os seis e os dez anos, foram muitas as descobertas com repercussões futuras em sua vida que o levaram a afirmar, mais tarde, que tinha uma "fixação doentia" em suas experiências anteriores. Desse período, vale destacar que a aquisição

---

18 Reich, 1996, p.54.

do conhecimento adquirido pelas aulas que tinha em casa era avaliada por exames regulares em uma escola pública, aproximadamente entre os anos de 1903 e 1907. Com a conclusão da escola elementar, discutiu-se a possibilidade de que viesse a residir em Czernowitz, capital da província de Bukovina,[19] a fim de cursar um ginásio (escola secundária) de orientação germânica. A opção, dele e dos pais, de permanecer estudando em casa fez que um estudante universitário de Direito fosse contratado para prepará-lo para o exame de admissão ao *Gymnasium* alemão daquela cidade e, posteriormente, dar-lhe instruções sobre todas as matérias que lhe seriam exigidas. Embora temesse a transição da orientação de uma mulher para um homem, Reich entusiasmou-se com o fato de ter diante de si um estudante universitário "de verdade", que não permitia nenhuma "tolice" durante o trabalho. Pelo contrário, quando algo acontecia, era obrigado a curvar os dedos, mantendo-os imóveis, a fim de levar uma pancada seca nas extremidades, o que, segundo ele, era uma prática educacional comum naqueles dias. Com H., Reich entrou em contato com a literatura alemã, o treinamento físico, a ginástica, a corrida, os esportes[20] e passeios pelas florestas da redondeza, que lhe reforçaram o interesse dos primeiros tempos pela natureza. No verão de 1907, foi aprovado no exame de admissão, tendo continuado sob a orientação de H. até o verão do ano seguinte, quando este último foi convocado para o serviço militar, recomendando que S. (dr. Sachter), seu colega do grêmio estudantil, assumisse a função de instrutor dos filhos da família Reich. Menos severo que o antecessor, S. desempenhava atividades tais como a dança, passeios de trenó e "estudos interessantes" que perduraram até as férias escolares, em meados de 1909.

---

19 Com uma população aproximada de 100 mil habitantes, dos quais 1/3 era judeu, a cidade tinha quatro ginásios, uma excelente universidade e um teatro.
20 Algo atípico na educação escolar da época que, para além das cinco ou seis horas diárias dedicadas à "educação geral", exigia a realização de deveres escolares e o estudo do "francês, inglês, italiano, as línguas 'vivas' ao lado dos idiomas clássicos, o grego e o latim, portanto cinco línguas, além da geometria, da física e das outras matérias escolares. Isso era mais do que demasiado e quase não deixava tempo para o desenvolvimento corporal, o esporte e os passeios a pé e, sobretudo, para a alegria e os divertimentos" (Zweig, 1960, p.241).

S., contudo, envolveu-se emocionalmente com a mãe de Reich, levando-o da observação da cópula de animais à observação das relações sexuais extraconjugais de sua própria mãe. Na ausência do marido, Cäcilie dormia no quarto dos fundos com a mãe que estava na casa por alguns meses. À noite, passava pelo quarto dos filhos e ia até o quarto do preceptor, seguida, sem que soubesse, por Reich, que, excitado, ficava na espreita. Relembrando essa descoberta, Reich diz: "Escutei-os se beijando, sussurrando e o estalar horrível da cama onde minha mãe se deitava. A três metros de distância estava o seu próprio filho, testemunha de sua desonra".[21] Isso se repetiu por noites e mais noites:

> Eu a seguia até a porta dele e esperava ali até amanhecer. Gradualmente me acostumei àquilo! Meu horror deu lugar a sensações eróticas. Certa vez até pensei em interrompê-los e exigir que ela tivesse relações sexuais comigo também (que vergonha!), ameaçando-os de que, caso contrário, contaria a papai.[22]

No início do ano escolar seguinte Reich, com o apoio de outro estudante universitário, L., dedicou-se fervorosamente aos estudos, sobretudo do latim, obtendo nota máxima em todas as matérias. Contudo, L. foi dispensado no início do ano, enquanto Reich e o irmão foram enviados ao *Gymnasium* na cidade, onde residiram por quatro anos em uma pensão, indo para casa quase exclusivamente durante as férias. A razão disso tudo foi a "catástrofe" que culminou no suicídio da mãe de Reich em outubro de 1910, mera decorrência do final de seu romance extraconjugal, delatado ao marido por seu filho mais velho, Wilhelm. De forma insustentável, as relações familiares agravaram-se de tal forma que Cäcilie, após diversas tentativas, obteve êxito em seu intento, deixando ao filho, delator de sua desonra, um enorme sentimento de culpa que o acompanharia por toda a vida.

---

21 Reich, 1996, p.37.
22 Ibid., p.38. Nesse período, procurava a cozinheira regularmente, a fim de com ela manter suas próprias relações sexuais.

Com a morte do pai em 1914, Reich assumiu a fazenda e a criação de gado bovino,[23] e, no meio desse ano (28 de junho), Francisco Ferdinando Habsburgo, o arquiduque da Áustria e herdeiro do trono, fora, juntamente com sua esposa, a condessa Chotek, vítima de um assassinato político quando de sua estada em Sarajevo, na Bósnia, estopim de um conflito que fez que o Império Austro-Húngaro declarasse guerra à Sérvia. Com a rápida internacionalização do conflito, aquilo que deveria ser uma "guerra europeia" tornou-se uma "guerra mundial" – a primeira –, gerando sérios perigos de invasão na região. Logo, uma "loucura entusiástica" jamais vista na história se alastrou por toda parte promovendo uma mobilização geral avassaladora que estimulava o tremular das bandeiras, o som das bandas e a marcha de recrutas – que se pretendiam heróis –, cujas "fisionomias animadas" temiam perder essa ocasião "maravilhosa e emocionante; por isso corriam para junto das bandeiras, por isso exultavam e cantavam nos comboios que os levavam para o matadouro" (Zweig, 1960, p.411-3).

Também Reich foi envolvido por este clima de entusiasmo, alistando-se, aos dezessete anos, como voluntário do exército austríaco, meio ano antes de ser recrutado oficialmente para cumprir o serviço militar. Designado para uma divisão que construía estradas, Reich logo notou que os cargos de comando exigiam uma escolaridade mínima de nível médio completo. Dada a particularidade do período, os alunos que estavam no 12º ano (o último) podiam completar as matérias e realizar um exame geral a fim de obterem um diploma de emergência. Submetendo-se ao exame em Suceava, pequena cidade da Bukovina do sul, Reich formou-se em 1915, mudando-se, ao final do verão, para a unidade de oficiais do 80º Regi-

---

23 Roudinesco, 1986. v.1, p.59. É curioso notar que alguns autores referem-se ao pai de Reich como "granjeiro" e a sua propriedade como "granja" (cf. Câmara, 1998, p.21), o que na linguagem coloquial repercute na ideia de trato com frangos, embora na língua portuguesa signifique "pequena propriedade rural, sítio de cultura lucrativa" (Ferreira, 1986, p.864). Na verdade, as palavras *cattle farm*, utilizadas para definição deste caso, devem ser traduzidas como fazenda de gado.

mento de Infantaria, na Hungria. Na escola de oficiais, o ensino era rigoroso e difícil, na verdade, uma continuação da situação escolar, já que os professores da escola de oficiais ocupavam o lugar dos professores da escola secundária; "pobres-diabos que, presos como escravos ao esquema, ao plano de ensino estabelecido pelo Estado, tinham que executar a sua tarefa": verificar quantos erros o aluno cometera no último exercício; fazer-lhes perguntas e exigir-lhes respostas, isentos de qualquer relação mais próxima com seus aprendizes, amparados por uma "barreira invisível, a 'autoridade', que impedia todo contato" (Zweig, 1960, p.244-5).

Na carreira militar, Reich chegou a tenente, tomando parte em combates por três vezes: na primeira vez comandou um pelotão do batalhão de infantaria em 1916; na segunda, em abril de 1918, foram feitos prisioneiros cerca de 400 mil italianos; e na terceira vez, como tenente comandante da companhia, atuou em territórios ocupados no norte da Itália. Mais tarde, avaliando esse período de "morte intelectual", de "desapontamentos" que o levou a "suprimir qualquer emoção emergente", Reich disse que, como a maioria, viveu a guerra como uma máquina que, uma vez colocada em ação, trabalha insensatamente de acordo com suas próprias regras. Admitindo ter aceitado os ensinamentos militares "acriticamente e sem pensar", Reich ressalta: "Tinha a intenção de fazer bem o meu trabalho. De um ponto de vista militarista, era 'um trabalhador competente'".[24]

Ao final de agosto de 1918, aos 21 anos, dos quais os quatro últimos em guerra, portanto afastado dos estudos, obteve uma licença de três

---

24 Reich, 1996, p.91. Mais tarde, Reich observa que aqueles educados dentro da "rígida atitude militar [...] tornam-se máquinas executando cegamente exercícios manuais mecanizados; respondendo pronta e obedientemente: 'Sim senhor, Capitão'; atirando mecanicamente nos seus próprios irmãos, nos pais, nas mães e irmãs. Ensinar o povo a assumir uma atitude rígida e não natural é um dos meios mais essenciais usados por um sistema social ditatorial para produzir, com a perda da vontade, organismos que funcionem automaticamente. Esse tipo de educação não se restringe aos indivíduos; é um problema que concerne ao âmago da estrutura e da formação do caráter do homem moderno. Afeta grandes círculos culturais, e destrói a alegria de viver e a capacidade para a felicidade em milhões sobre milhões de homens e mulheres" (Reich, 1984a, p.297).

meses para ir a Viena, onde se inscreveu na Faculdade de Direito. Reconhecendo sua falta de envolvimento íntimo com o Direito, Reich recorda que resolveu cursá-lo porque era uma forma de ganhar a vida com mais rapidez do que em qualquer outra profissão. Tal era sua falta de motivação que um encontro com um "velho amigo de escola", que cursava Medicina, foi suficiente para reavivar seu interesse pelas ciências naturais. Deixou a jurisprudência e transferiu-se para a Faculdade de Medicina da Universidade de Viena, no mesmo ano. Nesse período, chegava ao fim a Primeira Guerra Mundial e, com ela, a queda da monarquia na Áustria, entre outras coisas.

Apesar das controvérsias existentes e dos poucos fragmentos concernentes à sua infância e adolescência, aqui reconstruídas a partir de aspectos particulares de sua educação, nota-se que até os treze anos, aproximadamente, Reich não havia frequentado uma escola propriamente dita, e sua formação cultural ocorreu por meio de aulas particulares ministradas por preceptores especialmente contratados para esse fim. Entretanto, a atenção à educação dos filhos, apesar das dificuldades encontradas pelos pais de Reich, nos leva a refletir sobre três pontos cuja importância é pouco discutida na bibliografia referente ao assunto. Ou seja, o fato de Reich pertencer a uma família de ascendência judia – o que, inevitavelmente, fazia dele um judeu – teve certa repercussão em sua formação cultural, apesar de seu pai se negar a incorporá-la na vida familiar, empenhando-se no distanciamento da família dessa tradição em prol de uma aproximação com a cultura alemã. Em síntese, diríamos que duas das principais marcas deixadas por essa tradição foram a valorização do conhecimento como uma das fontes da vida, a ele se dedicando por toda a existência, e a oposição ao sistema sintetizada no seu papel de combatente à cultura estabelecida, atuando em diferentes frentes.

Somando-se a isso, é possível dizer que todo aquele submetido ao método absurdo de educação próprio das antigas escolas austríacas – mesmo que tardiamente, como no caso de Reich –, em algum momento consegue reverter o complexo de inferioridade gerado por este tipo de educação autoritária, rejeitando tudo o que é dogmático e arbitrário, almejando ser livre. Mesmo que paralisado num primeiro momento, este processo serviu-lhe como estímulo às suas críticas à sociedade, à moral e à educação, entre outros temas polêmicos que lhe permitiram construir a teoria da economia sexual. Isso tudo talvez tenha levado Reich a fazer parte de uma "geração de sonhadores e utópicos" que "aspiravam a um mundo *radicalmente outro* [...] ao Reino da Liberdade, ao Reino da Paz", cujo ideal era a "comunidade igualitária", a "revolta antiautoritária", a "revolução permanente do espírito" e, justamente por serem "*marginais na contracorrente de sua época, românticos obstinados e utópicos incuráveis,* [é] *que sua obra se torna cada vez mais atual, cada vez mais carregada de sentido* [...]" (Löwy, 1989, p.10).

Além disso, a fixação em suas experiências anteriores talvez esteja relacionada às particularidades da vida familiar: a proximidade e o desejo pela mãe, até certo ponto transferidos para a primeira preceptora; a rivalidade e dificuldades no relacionamento com o pai, que tinha, segundo ele, um gênio brutal; as oportunidades que teve de investigar e vivenciar a sexualidade, as quais logo se reverteram em preocupações com a repressão sexual, com o onanismo, entre outros temas explícitos em sua teoria da economia sexual, talvez como resposta a todas as indagações, restrições e insatisfações de que foi alvo na infância e adolescência.

O HOMEM REICH

Em 1918, mais velho que a maioria de seus colegas, Reich, como veterano de guerra, tinha permissão para fazer o curso de Medicina em quatro anos, em vez dos seis habituais, cumprindo três períodos em dois anos, sem ter de passar um ano inteiro em cada um deles. Integrando-se a este programa acelerado que exigia uma dedicação intensa, Reich, logo na primeira série de exames orais, foi aprovado com nota máxima em todas as matérias.

Ao que consta, seu tempo dividia-se entre aulas de reforço a colegas sobre matérias que havia cursado anteriormente e seu próprio estudo, realizado, muitas vezes, em cafés, verdadeiros clubes democráticos que dispunham, entre outras coisas, de um número ilimitado de jornais e revistas capazes de contribuir para a mobilidade intelectual e orientação internacional dos frequentadores austríacos. Contudo, outras atividades do ambiente universitário não tardaram a ocupá-lo. Em 1919, por exemplo, juntamente com outros estudantes de medicina, instalou aquilo que posteriormente ficou conhecido como "Seminário de Sexologia", em que a inserção na psicanálise dava-se por meio de leituras, discussões, apresentações de trabalhos e contato com discípulos de Freud, ou seja, atividades rotineiras voltadas ao tema da sexualidade. Recordando essa época, Reich diz:

> Foi por simples acaso que entrei em contato com a psicanálise. Durante uma conferência sobre anatomia em janeiro de 1919, alguém passou um folheto, que foi de carteira em carteira, e pedia aos estudantes interessados que organizassem um seminário de sexologia. Fui à primeira reunião. Havia uns oito jovens, estudantes de Medicina. Dizia-se que um seminário de sexologia era necessário para os estudantes de Medicina porque a Universidade de Viena estava negligenciando essa importante questão. Frequentei regularmente o seminário, mas não tomei parte na discussão. A maneira como o tema foi tratado nas primeiras reuniões soou estranha para mim; faltava-lhe o tom da naturalidade. Havia algo em mim que a rejeitava.[25]

Instigado, o estudante de Medicina que vinha estudando psicanálise apresentou o trabalho "Trieb und Libidobegriffe von Forel bis Jung" [Os conceitos de pulsão e libido de Forel a Jung] no verão de 1919, o qual foi publicado apenas em 1922.[26] Mas, embora as discussões no seminário se baseassem fundamentalmente na psicanálise, Reich avalia sua busca pelo conhecimento dizendo:

> Antes de me tornar membro da Sociedade Psicanalítica de Viena, em outubro de 1920, eu adquirira extenso conhecimento no campo da sexologia e da psicologia, e também no campo da ciência natural

---

25 Reich, 1984a, p.27. Responsável por esta divulgação, Otto Fenichel talvez não seja mencionado por Reich devido a problemas posteriores entre ambos.
26 Reich, 1922c. Também integra a seguinte referência: Reich, 1975c,. p.86-124.

e da filosofia natural [...] Intelectualmente faminto após quatro anos de inatividade na Primeira Grande Guerra, e dotado da faculdade de aprender rápida, completa e sistematicamente, mergulhei em tudo o que achei de interessante no meu caminho.[27]

E, então, complementa: "Não me tornei imediatamente um discípulo devotado de Freud. Assimilei gradualmente as suas descobertas, estudando ao mesmo tempo as ideias e descobertas de outros grandes homens".[28] Entretanto, foi como presidente eleito do seminário que Reich, em busca de material para discussão nas sessões, contatou autores que tratavam do tema da sexualidade, chegando, assim, em Sigmund Freud, cuja visita foi relembrada da seguinte maneira:

> Perguntou a respeito do nosso trabalho no seminário e achou-o muito sensato. Estávamos certos, disse. Era lamentável que as pessoas não demonstrassem interesse, ou somente um interesse fingido, pela

---

27 Reich, 1984a, p.28. Na sexologia, Reich refere-se, sobretudo, aos trabalhos de Bloch (*Sexualleben unserer Zeit*), Forel (*Die sexuelle Frage*), Back (*Sexuelle Verirrungen*), Taruffi (*Hermaphroditismus und Zeugungsunfähigkeit*), Jung (Libido), Freud (*Three contributions to the theory of sex*; *Introductory lectures to psychoanalysis*).

28 Ibid., p.28. Reich refere-se, sobretudo, aos estudos de Moll (*Handbuch der Sexualwissenschaft*); Semon e sua teoria das "sensações mnemônicas"; Forel e suas investigações sobre a "organização racional das formigas"; Driesch (*Philosophie des Organischen*; *Ordnungslehre*), cuja teoria estava presente sempre que "pensava a respeito do vitalismo"; Bergson (*Matéria e memória*; *Time and Freedom*; *Evolução criadora*) considerado como referência básica para a elaboração de sua "atual teoria da identidade e da unidade do funcionamento psicofísico" que se tornou uma "nova teoria da relação funcional entre o corpo e a mente"; Hertwig (*Allgemeine Biologie*; *Das Werden der Organismen*); Kammerer e sua teoria da hereditariedade e suas influências de Steinach; Grimm (*Buddha*); percurso que, de maneira geral, culminou no trabalho "Trieb und Libidobegriffe von Forel bis Jung", antes mencionado. Faz ainda referências a Mendel, Fliess, Swoboda, Darwin, Müller-Lyer, Tandler, Bucura (professor de biologia), Alfred Adler, Stekel, Ferenczi, Rank, Barasch, Nietzsche, Malinowski, Kraus, Semon, Muller, Hartmann, Zondek, Wartburg, Tarchanoff, Veraguth, Kant, Einstein, Planck, Heisenberg, Bohr, Bleuler, Economo, Paul Schilder, Pötzl, Fröschels, Groddeck e Freud.

sexualidade. Ele se sentiria simplesmente muito feliz em conseguir-nos uma bibliografia. Ajoelhou-se junto da estante e escolheu animadamente alguns livros e folhetos [...] Eu estava apreensivo antes de ir à sua casa, e agora saía alegre e feliz. A partir desse dia, gastei catorze anos de trabalho intensivo *na* e *para* a psicanálise.[29]

Seu contato com a WPV – Wiener Psychoanalytische Vereinigung [Sociedade Psicanalítica de Viena], entretanto, ocorreu de forma gradual: na sessão de 13 de outubro de 1920, apresentou o trabalho "Libido Konflikte und Wahngebilde in Ibsen's Peer Gynt", [Conflito da libido e formação de ilusão em "Peer Gynt" de Ibsen][30] e na sessão seguinte, 20 de outubro de 1920, foi aceito, aos 23 anos, como membro efetivo, aliás, um fato bastante incomum, assentado em duas exceções, isto é, foi aceito como membro, mesmo sendo, nessa época, estudante de medicina, e começou a praticar a psicanálise sem ter passado pelo divã, atendendo pacientes encaminhados pelo próprio Freud. Ainda em 1920, Reich, ao contrário do que afirmam alguns,[31] fez sua primeira publicação, inaugurando com o texto "Über einen Fall von Durchbruch der Inzestschranke" [Sobre um caso de transgressão da barreira do incesto][32] uma série de publicações, que viriam a seguir, acerca da sexualidade e da técnica terapêutica, basicamente em dois periódicos da época que circulavam no meio psicanalítico: *Zeitschrift für Sexualwissenschaft* [Revista de Ciência Sexual] e *Internationale Zeitschrift für Psychoanalyse* [Revista Internacional de Psicanálise].

---

29 Ibid., p.39. Ao que consta, os textos fornecidos por Freud foram: *A interpretação dos sonhos* (1900), *A psicopatologia da vida cotidiana* (1901), *Os instintos e seus destinos* (1915), *O inconsciente* (1915).
30 Publicado somente em décadas seguintes como: Reich, 1997a, p.19-77; Reich, 1975i, p.3-64.
31 Câmara (1998, p.26) considera que sua primeira publicação foi: Reich, Der Koitus und die Geschlechter. [O coito e os sexos] *Zeitschrift für Sexualwissenschaft*, 1921, que também integra Coition and Sexes (Reich, 1975b, p.73-85).
32 Cf. Reich, 1920. Também integra a seguinte referência: Reich, 1975a.

Suas investigações, entretanto, estavam apenas no início.[33] Os quatro anos que antecederam a obtenção do grau de médico em 1922 foram repletos de experiências que viriam, segundo ele, a afetar todos os que se seguiram, sobretudo por lhe darem subsídios para os fundamentos da teoria da economia sexual. Contudo, naquela época, lutava apenas por "independência material", era apenas mais um estudante "totalmente ingênuo [...] sem quaisquer pretensões a uma vida melhor, satisfeito com a esperança de um dia ser capaz de exercer uma profissão decente e viver dignamente".[34]

Responsável pela análise de pacientes havia mais ou menos três anos, membro da Sociedade Psicanalítica de Viena e empenhado em inúmeras investigações clínicas, sobretudo no campo da esquizofrenia, Reich, como médico formado, enveredou em seus estudos de pós-graduação pela neuropsiquiatria por mais dois anos, na Universidade de Viena, sob a direção do professor Julius Wagner von Juaregg,[35] e trabalhou um ano em neuropsiquiatria sob a orientação de Paul Schilder. Contudo, desde 22 de maio de 1922, atuou (por oito anos) naquilo que considerou como a experiência profissional que teve maior influência em seu trabalho: a Clínica Psicanalítica de Viena, onde inicialmente foi primeiro assistente médico e, mais tarde, diretor eleito. Essa instituição, cuja ideia fora aventada por

---

33 A seguir, vieram os seguintes trabalhos: "Sonhos infantis diários de uma neurose obsessiva tardia", publicado como: Kindliche Tagtraüme einer späteren Zwangsneurose, (Reich, 1921b); "Sobre a especificidade das formas de onanismo", apresentado em reunião da Sociedade Psicanalítica de Viena em 10 de outubro de 1922 e publicado como Über Spezifizität der Onanieformen (Reich, 1922a); "Dois tipos narcisistas. Observações complementares sobre o complexo de castração e o caráter do Dr. Alexander", publicado como Zwei narzisstische Typen. Ergänzende Bemerkungen zu Dr. Alexanders Kastrationskomplex und Cha rakter (Reich, 1922b); "Sobre a energética da pulsão", apresentado na reunião da Sociedade Psicanalítica de Viena de 8 de junho de 1921 e publicado como Zur Trieb-Energetik (Reich, 1923).
34 Reich, 1996, p.75. Vale destacar que, com a guerra, sua província natal caíra nas mãos da Romênia, e um processo para recuperar a fazenda requeria muito dinheiro, o que fez com que Reich renunciasse a ela.
35 Prêmio Nobel em Fisiologia e Medicina em 1927, com quem Reich pôde estudar as psicoses, por dois anos (Volpi, 2000, p.29-30).

Freud no Congresso Psicanalítico de Budapeste de 1918,[36] destinava-se àqueles que não podiam pagar um tratamento particular. Mesmo com toda sorte de resistências, sobretudo por parte dos médicos e psiquiatras que eram contrários à instauração da clínica, seus horários eram fartamente preenchidos por pessoas de todo tipo, tais como funcionários de escritório, estudantes e trabalhadores rurais. A crescente demanda demonstrava que a neurose era uma "doença da massa", uma "infecção semelhante a uma epidemia" que requeria um amplo tratamento, embora revelasse, ao mesmo tempo, os limites da psicanálise como *"uma terapia para aplicação em massa"*, dados os problemas terapêuticos não resolvidos quanto à técnica que levavam apenas alguns à cura. Com base nessa necessidade de investigação da técnica terapêutica, instalou-se aquilo que ficou conhecido como o Seminário de Técnica Psicanalítica de Viena – inicialmente presidido pelo psicanalista Edward Hitschmann e, a partir de 1924, por Reich –, estopim para o movimento que culminou na revelação de características particulares, as quais, em última instância, resultaram na elaboração de teoria própria: a teoria da economia sexual.

---

36 Na ocasião, Freud teria dito que um tratamento em massa requereria uma mistura entre o "ouro puro da psicanálise" e o "cobre da terapia de sugestão" (cf. Reich, 1984a, p.72).

2
DA PSICANÁLISE À ECONOMIA SEXUAL: A EDUCAÇÃO COMO PROFILAXIA DAS NEUROSES

> Alguns psicanalistas desejam que eu volte à psicanálise; os políticos empurram-me para a ciência natural e os biólogos para a psicologia.
>
> *Wilhelm Reich*

É comum, entre os estudiosos na área, organizar uma periodização a fim de abarcar o pensamento de Wilhelm Reich como um todo. Entre outros períodos, interessa-nos retomar aquele considerado como psicanalítico, assentado em justificativas de diferentes ordens, das quais a mais usual é a de que Reich, entre 1920 e 1934, esteve vinculado oficialmente à Associação Psicanalítica Internacional. Sob este aspecto, foram catorze os anos em que foi considerado psicanalista, embora se saiba que, ao longo deste período, os descontínuos diálogos com a psicanálise levaram-no à criação da teoria da economia sexual, antes mencionada. Em nosso entender, os laços com a psicanálise freudiana foram além de uma mera vinculação formal e, mais do que isso, extrapolaram esse espaço temporal de aproximadamente uma década e meia, perpetuando-se – respeitando-se as particularidades dos desdobramentos subsequentes – na consagração da ideia de profilaxia das neuroses, evidente ao longo da obra reichiana, ora como uma possibilidade de melhorar a realidade existente, buscando aquilo que Albertini (1994, p.61) denominou como o "possível dentro do impossível"; ora como uma possibilidade real de *evitar* – e não simplesmente minimizar – as neuroses por meio de medidas preventivas, fazendo jus ao significado dessa modalidade essencialmente médica.

Longe de querer abarcar todas as aproximações (e apropriações) conceituais existentes entre Freud e Reich,[1] nosso intuito será centralizar esta investigação no pressuposto psicanalítico inicial, incorporado como uma das premissas reichianas: a profilaxia das neuroses vinculada à educação. Tomada, muitas vezes, como uma referência tipicamente reichiana, a gênese dessa ideia se encontra na psicanálise freudiana, portanto, até certo ponto, é comum a ambos os autores, embora alvo de divergências posteriores dados os desdobramentos tanto da psicanálise – que a abandona – como da teoria da economia sexual – que a impregna de características próprias, cujas particularidades merecem ser revistas.

Herança contestada

Passível de diferentes abordagens, a proximidade existente entre o discurso psicanalítico freudiano e as consequentes investidas reichianas no delineamento de um percurso próprio demonstra, como veremos, que Reich continua no campo aberto por Freud, desenvolvendo algumas de suas ideias.

Uma das referências centrais nesse percurso encontra-se no texto "Die 'kulturelle' Sexualmoral und die moderne Nervosität" [A moral sexual "cultural" e o nervosismo moderno],[2] no qual Freud, em 1908, diagnosticando os problemas inerentes à moral sexual

---

1 Sobre o assunto, ver, por exemplo: Wagner, 1994.
2 Freud, 1996b; Freud, 1976a. Cabe ressaltar que, recomendada, utilizaremos como referência a tradução da obra de Freud (original alemão) para o espanhol, embora a referência em português também seja mencionada a fim de facilitar o acesso do leitor.

existente, enfatiza a possibilidade de evitar a expansão das neuroses, concentrando suas preocupações – então de ordem profilática – na necessidade de mudanças de mentalidade, de reforma, portanto, na mudança dos costumes e, consequentemente, da educação.[3] Freud, de maneira perspicaz, aponta a necessidade urgente de reforma da moral sexual "cultural", embora reconheça que, certamente, não é atribuição do médico propor reformas.

Leitor fiel desse texto, Reich concorda com a ideia de que a moral sexual "cultural" seria a grande responsável pelo aumento das doenças nervosas, investindo, por consequência, na necessidade de modificações em prol da possibilidade de profilaxia das neuroses. Baseando-se no pressuposto psicanalítico de que as doenças mentais resultavam do conflito entre sexualidade e cultura sempre que a segunda impedisse o curso da primeira e de que a privação da satisfação sexual direta, individualmente variável, poderia acarretar fenômenos considerados patológicos,[4] Reich assenta as bases para o desenvolvimento de sua teoria da economia sexual. Pautando-se em constatações psicanalíticas, Reich enfatiza que as exigências e imposições da moral "cultural" sobre a sexualidade dos indivíduos, como a abstinência sexual até o casamento, a educação sexual infantil deficiente, entre outras coisas, poderia apenas causar-lhes danos. O acolhimento desta ideia parecia indicar uma saída simples: uma mudança de mentalidade, a diminuição nos rigores da moral, a reforma nos costumes e na educação poderiam remediar a expansão das neuroses, instau-

---

3 Desde 1893, Freud prescreve – em carta a Fliess de 8 de fevereiro – que a "tarefa do médico desloca-se por completo para a profilaxia", sendo que a "primeira parte dessa tarefa – prevenção dos fatores sexuais nocivos do primeiro período – coincide com a profilaxia contra a sífilis e a gonorreia, já que são elas os elementos nocivos que ameaçam todo aquele que desiste da masturbação. A única alternativa seriam as relações sexuais livres entre rapazes e moças liberadas, mas isso só poderia ser adotado se houvesse métodos inócuos de evitar a gravidez [...] Na falta de tal solução, a sociedade parece condenada a cair vítima de neuroses incuráveis, que reduzem a um mínimo o prazer da vida, destroem as relações conjugais e acarretam danos hereditários para toda a geração vindoura" (Masson, 1986, p.43-4).
4 Cf. Freud, 1996b, p.1253; e Freud, 1976a, p.193-4.

rando a possibilidade de prevenção. Além de herdar essa proposição freudiana, Reich investe na ideia de que a teoria de Freud (sobre as pulsões e a libido) estava profundamente enraizada no âmbito biológico, voltando-se assim para a busca de uma psicanálise assentada sobre as bases da Biologia e da Fisiologia e que, em última instância, repercutiram no delineamento de um percurso próprio. Poderíamos dizer que Reich tentou criar "uma outra 'psicanálise' dentro da própria psicanálise", alegando que suas "formulações teóricas" seriam – mais do que as elaboradas a partir da década de 1920 por Freud – representantes de um "desenvolvimento necessário das primeiras elaborações freudianas" (Albertini, 1994, p.55).

Caracterizada pelo convívio entre pressupostos psicanalíticos e consequentes desdobramentos reichianos, essa época é rica em publicações das quais destacaríamos "Über Genitalität von Standpunkt der psychoanalytischen Prognose und Therapie"[5] [Sobre a genitalidade do ponto de vista do prognóstico e da terapêutica psicanalíticos] (publicado em 1924), em que se evidenciam algumas teses que apontam para aquilo que denominaríamos um *percurso reichiano de origem freudiana*. Inserido na psicanálise – conceitual e formalmente –, Reich faz dois desdobramentos que, entre outros, repercutiram na elaboração de uma teoria própria. Ou seja, enfatiza que as dificuldades na satisfação sexual genital dos adultos correspondiam ao sintoma básico da neurose, logo não poderia haver, simultaneamente, neurose e genitalidade sadia, e que o prognóstico de um paciente dependia, em grande parte, da avaliação de sua função genital. O estranhamento de tais ideias entre os psicanalistas tornou-se nítido durante a apresentação desse trabalho em 28 de novembro de 1923, assim recordado por Reich:

> Durante a minha exposição, notei uma crescente frieza na atmosfera da reunião. Eu era bom orador e fora ouvido sempre com atenção. Quando terminei, um silêncio gelado caiu sobre a sala. Após uma pausa, iniciou-se a discussão. A minha afirmação de que a perturbação genital era um importante – talvez o mais importante – sintoma da neurose foi

---

5 Reich, 1924. Também integra a seguinte referência: Reich, 1975d.

considerada falsa. O mesmo se disse a respeito da minha afirmação de que dados prognósticos e terapêuticos podiam proceder da avaliação da genitalidade. Dois analistas afirmaram textualmente que conheciam diversas pacientes que tinham uma "vida genital absolutamente sã".[6]

Tendo suas ideias desacreditadas com base na objeção de que havia "neuróticos genitalmente sãos", Reich foi impulsionado à investigação do significado de saúde genital, dentro de um contexto em que a ideia predominante era a de que um homem era considerado *potente* quando capaz de realizar o ato sexual e "muito potente" quando podia realizá-lo várias vezes ao longo de uma noite. Reich, então, iniciou sua pesquisa pelo levantamento estatístico sobre a sexualidade genital dos pacientes, tanto da clínica particular como da Clínica Psicanalítica entre 1923 e início de 1924, divulgando seus resultados no Congresso Psicanalítico de Salzburgo, em 1924, sob o título "Weitere Bemerkungen über die therapeutische Bedeutung der Genitallibido"[7] [Observações complementares sobre o significado terapêutico da libido genital] (publicado em 1925), com base no conceito de potência orgástica, que se diferenciava da ideia, então aceita, de capacidade ejaculatória (ou potência eretiva), a qual não necessariamente conseguiria, como a primeira, restabelecer a capacidade de descarga da energia estásica, cuja concentração implicaria a formação de sintomas. Ou seja, a potência orgástica era entendida como uma "descarga orgástica total", capaz de descarregar completamente "a excitação sexual reprimida, por meio de involuntárias e agradáveis convulsões do corpo".[8] No limiar entre saúde e doença, a potência orgástica demonstrava que toda enfermidade psíquica só poderia ser causada pela perturbação da capacidade de experimentar a satisfação orgástica, conseguida, num paciente adulto, com base na descarga energética promovida pelo orgasmo genital. A probabilidade da cura dependia, portanto, "*diretamente da possibilidade de estabelecer a capacidade para a satis-*

---

6 Reich, 1984a, p.91.
7 Reich, 1925b.
8 Reich, 1984a, p.94.

fação genital plena".⁹ Em outras palavras, a análise surtiria efeito se garantisse ao paciente experimentar a "satisfação genital orgástica" – leia-se, potência orgástica.

Com base neste percurso, considera-se que Reich teria se detido, desde seus primeiros artigos científicos – com destaque para "Trieb und Libidobegriffe von Forel bis Jung", citado anteriormente –, na investigação da libido tal como caracterizada por Freud, a fim de evidenciar uma base orgânica e uma medida quantitativa da energia sexual "como *algo real* e não apenas como um constructo teórico necessário para a elaboração da teoria".¹⁰ Questão polêmica, alvo de inúmeras especulações sobre as proximidades e distanciamentos entre as teorias de Freud e de Reich, a tese de que em termos conceituais não se pode inferir uma ruptura absoluta entre ambos se vê reforçada pela evidência de que o segundo teria buscado "no biológico, no somático, a comprovação da metafísica psicanalítica (leia-se Freud) e que, com isso, [teria] ampliado o seu campo de pesquisa em direções até então insuspeitas", como a função do orgasmo, as biopatias e a energia orgone.¹¹

Em contraposição a este entendimento no trato desta questão polêmica, o que se aprega genericamente, em termos conceituais, é que Reich teria "genitalizado" a libido, ou seja:

> Para sustentar sua tese de uma sexualidade "liberada", Reich convoca a genitalidade para o lugar da sexualidade e faz da potência libidinal um equivalente da felicidade social fora do trabalho alienado [...] Reich procede a uma dessexualização da libido em prol de uma genitalidade biológica fundamentada na esperança de uma possível expansão orgástica do homem [...] Mais uma vez, portanto, é a propósito da

---

9 Ibid., p.90.
10 Albertini, 1994, p.38. Reich afirma, por exemplo, que: "A 'libido' de Freud não é, e não pode ser, senão a energia do instinto sexual. É possível que algum dia possamos chegar a medi-la" (Reich, 1984a, p.35).
11 Wagner, 1994, p.105-6. Além disso, a ideia de origem freudiana acerca da profilaxia das neuroses exemplifica uma espécie de continuidade entre proposições de um e outro, sobretudo quando relacionada aos pressupostos educacionais de Reich, alvo de nossa atenção em tópico subsequente.

doutrina freudiana da sexualidade que se produz uma batalha travada no interior do movimento psicanalítico. (Roudinesco, 1988, p.59)

Proposições deste tipo encontram sustentação em ponderações de 1932, do próprio Freud, que, de forma enigmática, atesta que os "movimentos secessionistas" tinham como característica geral o apoderamento de um dos temas do rico acervo psicanalítico – o conflito ético, a mãe, a genitalidade, entre outros –, a partir do qual alçavam sua própria independência, mesmo que pautados em apropriações indébitas da psicanálise. Contra aqueles que pensavam de outro modo, a psicanálise (na figura dos psicanalistas) nada fez, a não ser deles se afastar. Na verdade, diz Freud, salvo uma exceção, foram eles que se excluíram, livrando-se, com isso, de algumas cargas que agoniavam os psicanalistas e garantindo para si certo reconhecimento, o que não era comum neste meio.[12] A partir dessa ponderação, alguns autores relembram que Freud teria considerado que dissidentes haviam captado apenas "um pequeno fragmento da verdade" e, com base nisso, acusam "Adler de haver escolhido somente um instinto dominante; Jung, um conflito ético; Rank, um conflito com a mãe; e Reich, a questão da genitalidade".[13]

Ainda nessa linha – e com um tom áspero e irônico –, Freud, numa referência a Reich pouco comum em seus textos, escreve em carta a Lou Andreas-Salomé, de 9 de maio de 1928:

> Temos aqui um Dr. Reich, um jovem valoroso, porém impetuoso, apaixonadamente devotado ao seu *hobby* por cavalos, que agora saúda no orgasmo genital o antídoto para todas as neuroses. Talvez ele possa aprender com sua análise de K. a sentir algum respeito pela natureza complexa da psique.[14]

---

12 Cf. Freud, 1996h, p.3182-3; cf. Freud, 1976g. Em nota de rodapé, o tradutor da última edição diz que Freud talvez esteja se referindo a Stekel.
13 Cesarotto & Leite, 1984, p.36-7. Cabe destacar que embora Freud faça tal afirmação, não cita textualmente o nome de ninguém. Cf. Freud, 1996h, p.3182; cf. Freud, 1976g, p.176.
14 Freud, S.; Andreas-Salomé, L., 1975, p.228. Em nota de rodapé, além de observar-se que o texto de Reich, de 1927, *Die Funkktion des Orgasmus*: zur

Mas, se aqui Freud é explícito em suas críticas, ao longo de sua obra predomina um silêncio em relação a Reich, passível de constatação pela ausência de referências a ele em suas *Obras completas*, quer em termos críticos ou de incentivo ao desenvolvimento de suas ideias. Mesmo tendo sido Reich um de seus discípulos mais brilhantes, o que lhe valeu, entre outras coisas, a direção dos seminários técnicos de Viena entre 1924 e 1930, Freud, nos últimos anos, escreve Reich aos editores e diretores da *Internationale Zeitschrift für Psychoanalyse* [Revista Internacional de Psicanálise] em 1932, nunca expressou uma opinião sobre a exatidão de suas teorias. Pelo contrário, continua Reich anos mais tarde: "Ele não se portou muito bem em 1933 e 1934, quando eu estive em apuros, em grandes apuros. Enquanto eu defendia o seu trabalho, ele não quis apoiar-me. Recusou-se".[15]

Mesmo que a correspondência, ainda inédita, entre Freud e Reich possa contribuir para uma melhor compreensão dos motivos desse silêncio raramente rompido, nota-se, ao longo da obra de Reich, referências espaçadas que demonstram, por parte de Freud, um misto de entusiasmo e ceticismo em relação aos desdobramentos reichianos. Em 1926, por exemplo, referindo-se ao conteúdo do texto *Die Fun ktion des Orgasmus: Zur Psychopathologie und zur Soziologie des Geschlechtslebens* [A função do orgasmo: sobre a psicopatologia e a sociologia da vida sexual],[16] cujo intuito era consoli-

---

Psychopathologie und zur Soziologie des Geschletchslebens – traduzido como *Psicopatologia e sociologia da vida sexual* –, entregue a Freud em 6 de maio de 1926, foi discutido numa reunião da Sociedade Psicanalítica de Viena em 13 de janeiro de 1928, considera-se que Reich foi quem se afastou de Freud, quando, na verdade, esta é uma questão polêmica que, em última instância, é capaz de revelar justamente o contrário.

15 Ibid., p.118. Logo, se não era costume de Freud poupar suas críticas em relação a diferentes autores, o fato de tê-lo feito discretamente em relação a Reich pode levar-nos à elaboração das seguintes hipóteses: Freud objetivava que outros se ocupassem de algumas de suas teses e, portanto, permitiu que Reich assim o fizesse, até que a situação e os desdobramentos reichianos tomaram outros rumos, inclusive políticos, fugindo aos interesses da psicanálise e, portanto, de Freud, que, ignorando suas contribuições, dele se afastou propositadamente.

16 Em português foi publicado como: *Psicopatologia e sociologia da vida sexual*. Com base no mesmo título, Reich publicou, em 1942: *The Discovery of the*

dar a teoria reichiana a partir da própria teoria sexual freudiana, expondo uma dinâmica para a terapia que já não tinha lugar entre as concepções reconhecidas pela psicanálise, mas que correspondia às próprias experiências clínicas de Reich, Freud, num aparente aborrecimento, "Olhou o manuscrito, hesitou por um momento e disse como se estivesse agitado: '– Tão grosso?'".[17] Embora Reich tenha utilizado as seguintes palavras: "A meu mestre o professor Sigmund Freud como prova de profundo respeito",[18] na dedicatória ao 70º aniversário de Freud, sua reação não parece ter sido, na opinião de Reich, racional, pois era "muito polido e normalmente não teria feito uma observação tão cortante. Antes, Freud costumava ler todo manuscrito em poucos dias, fazendo então seu comentário por escrito. Agora, mais de dois meses se passaram, antes que eu recebesse a sua carta", que dizia o seguinte: "Achei o trabalho valioso, rico em material clínico e em ideias. Sabe que definitivamente não me oponho à sua tentativa de uma solução que reduza a neurastenia a uma ausência de primazia genital...".[19] Contudo, em 1925, embora admitisse a necessidade de que outros autores se dedicassem ao aprofundamento de suas teses, Freud, referindo-se ao posicionamento de Reich em relação à neurastenia, ter-lhe-ia escrito o seguinte:

Sei há bastante tempo que o meu postulado e a minha ideia sobre as neuroses atuais eram superficiais e pedem correções pormenorizadas. Esperava-se que fossem esclarecidas por investigações posteriores inteligentes. Os seus esforços dão-me a impressão de que está entrando em um caminho novo e cheio de esperança [...] Não sei se a sua hipótese realmente resolve o problema. Tinha, e ainda tenho, certas dúvidas a respeito. Você mesmo não consegue explicar alguns sintomas mais característicos, e *toda a sua ideia do deslocamento da*

Orgone – I. The Function of the Orgasm, traduzido para o português como: *A função do orgasmo*: problemas econômico-sexuais da energia biológica, citado anteriormente. Para evitar maiores confusões com esse livro, o de 1927, após modificações realizadas pelo próprio Reich em 1937 e 1945, foi publicado com um novo título (*Genitality*: in the theory and therapy of neurosis).

17 Reich, 1984a, p.147.
18 Reich, 1977b, p.23.
19 Reich, 1984a, p.147.

libido genital ainda não está muito boa para mim. Entretanto, espero que continue a estudar o problema e chegue, finalmente, a uma solução satisfatória...[20]

Reich, por sua vez, parecia convicto em reforçar os laços com a psicanálise, inclusive afirmando que o germe da economia sexual teria ocorrido no seio da psicanálise de Freud, entre 1919 e 1923. Além disso, não hesita em dizer a Freud que se a psicanálise considerava que as "estases de libido" ou "estases de energia" estavam no núcleo da neurose, do processo neurótico, e se a potência orgástica era uma chave para vencer ou lidar com a estase, então a teoria da prevenção das neuroses de Reich estava correta. Era a própria teoria de Freud, sendo que ele, Reich, limitava-se a lhe descrever as consequências.

Na verdade, Reich nunca deixou de reconhecer as influências da psicanálise (leia-se Freud) sobre a teoria da economia sexual, sobretudo no que diz respeito ao "princípio científico natural, da energia – a 'teoria da libido'", da qual teria derivado seu "trabalho bioenergético sobre as emoções", segundo ele, "uma *continuação directa* desse princípio da energia em psicologia".[21] É neste sentido que, em 1944, afirmará que "a economia sexual nunca se afastou do conteúdo central das conquistas científicas de Freud", e é taxativo: "A economia sexual não é rival da psicanálise [...] representa a continu-

---

20 Ibid., p.147-8. Reich, ao procurar o "núcleo somático, encontrou ampla evidência clínica para fundamentar a conclusão de que a estase de energia sexual era o denominador comum de todas as neuroses", ponto de partida para sua teoria do orgasmo e desdobramentos posteriores acerca da natureza da energia sexual (cf. Higgins; Raphael, 1979, p.73-4).

21 Higgins; Raphael, 1979, p.30. Contudo, fará, em 1952, uma diferenciação entre elas dizendo que a economia sexual seria a "teoria das leis básicas da sexualidade", determinada pela fórmula do orgasmo: tensão-carga-descarga--relaxamento, e a psicanálise seria a "doutrina da vida emocional inconsciente" (ibid., p.235). "O objectivo da investigação psicanalítica é a descoberta dos mecanismos emocionais inconscientes. O objectivo da investigação sexoeconómica, sustentada pelos métodos carácter-analíticos e vegetoterapêuticos, é a descoberta dos mecanismos físicos vegetativos" (p.235). E complementa: "A psicanálise é uma psicologia; a economia sexual é sexologia" no sentido de "ciência dos processos biológicos, fisiológicos, emocionais e sociais da sexualidade" (p.237).

ação da psicanálise freudiana e dá-lhe uma base científica natural na esfera da biofísica e da sexologia social".[22] Ainda mais enfático, Reich, em 1952, destaca:

> Se Freud não tivesse existido e feito o seu trabalho, não teria sido possível penetrar para além da linguagem verbal, para além do inconsciente até à expressão bioenergética, até à forma bioenergética de expressão do organismo. Então, não teríamos aprendido o que se seguiu, que nenhum psicanalista sabe hoje. (Higgins; Raphael, 1979, p.39)

Contudo, reconhece que Freud, tendo descoberto a sexualidade infantil,

> estava a orientar-se muito logicamente na direcção do problema da genitalidade, onde me encontrei muito mais tarde, cerca de quinze anos depois. Mas ele não conseguiu chegar lá. Tentou-o em *As três contribuições*. Mas já aí apareceu algo que não era bom. Era que a genitalidade estava "ao serviço da procriação". Está em *As três contribuições*. Não é verdade, como vê. No fundo ele sabia-o. Nas nossas discussões, era bem evidente que ele estava condicionado pela sociedade, que não queria que ele chegasse até à genitalidade dos bebês e crianças e adolescentes porque isso iria virar o mundo do avesso. Sim, Freud sabia isso. Mas socialmente ele não conseguiu chegar lá. A teoria da sublimação, que ele desenvolveu como um absoluto, era uma consequência disso, era uma evasiva. Tinha que ser assim.[23]

---

22 Reich, 1995, p.10. Somente em 1948, no prefácio da 3ª edição, é que salienta que hesitara em publicar uma nova edição desse livro que "emprega ainda a terminologia psicanalítica e faz uma descrição *psicológica* das neuroses", e utilizava o "método caractero-analítico" apenas em determinadas situações, partindo das atitudes do caráter para as profundidades da experiência humana, mas procedendo "bioenergeticamente" e não mais psicologicamente (p.11). Numa visão diferente da psicanálise, Reich alerta que somente a "análise do caráter" seria insuficiente para lidar com o "núcleo bioenergético" do paciente, é preciso que o psiquiatra que não estudou as funções bioenergéticas das emoções encontre "o caminho que o levará à origem e à base *bioenergéticas* de cada tipo de emoção" (p.12). Neste sentido, essa edição, ampliada, substitui o termo vegetoterapia por orgonoterapia, embora mantenha a estrutura central do livro.
23 Higgins; Raphael, 1979, p.32. Reich refere-se ao texto de Freud de 1905, em que, mencionando as fases de desenvolvimento da vida sexual infantil, em

Há quem considere que Reich nada mais fez do que tomar o conceito de sexualidade de Freud "interpretando-o sob o ponto de vista econômico, ressaltando a importância da genitalidade como fator fundamental e imprescindível para uma saúde sexual e psíquica", enfatizando um dos aspectos da genitalidade sem, contudo, alterar o conceito de sexualidade ou reduzi-lo ao de genitalidade biológica, comum antes de Freud (Wagner, 1994, p.70). Contrariamente a certas interpretações, Reich não teria reduzido o conceito psicanalítico de sexualidade ao de genitalidade, e sim utilizado o mesmo conceito de sexualidade da psicanálise, embora tenha ampliado esse conceito que, para Freud, parecia estar, segundo Reich, atrelado à função da "reprodução". Ao contrário de Freud, Reich apostou na evidência da energia sexual, fato que o impulsionou, sobretudo entre as décadas de 1930 e 1940, à pesquisa de laboratório para descobrir a "energia palpável, física", ou melhor, a "libido *in vitro*", apesar das consequências.[24]

Referindo-se a Freud, Reich, em carta a Neill, escreve: "Freud me disse uma vez, em conexão com o conceito analítico de 'repressão cultural': 'Ou você está num caminho inteiramente errado ou você terá que carregar a terrível carga da psicanálise completamente sozinho'" (Placzek, 1981, p.6-7). Desejaria que ele não tivesse tanta razão, desabafa Reich em 1952.

De qualquer forma, parece inegável a presença de uma herança freudiana nas ideias reichianas, particularmente quanto à premissa de que as patologias são resultantes da repressão exercida pela sociedade – leia-se moral – sobre a sexualidade. Reich, então, acompanha o Freud do início do século XX, naquilo que foi denominado por

---

especial, à "primazia dos genitais", diz que sua formação "a serviço da reprodução" é, portanto, a "última fase da organização sexual" (cf. Freud, 1996a, p.1210; cf. Freud, 1976h, p.187).

24 Cf. Higgins; Raphael, 1979, p.9. Certa ocasião, Reich chega a comentar a frieza da atitude de Freud em relação aos desdobramentos reichianos de teses psicanalíticas: "A princípio, não a entendi. Por que rejeitou Freud a solução contida na 'teoria do orgasmo' [...] Não tive ideia de que ele e os outros estavam embaraçados pelas consequências que a minha teoria acarretava para toda a teoria das neuroses" (Reich, 1984a, p.148).

alguns como uma "expressão de otimismo" que "encontra na liberalização dos costumes e na diminuição dos rigores da moral uma esperança na luta contra as neuroses, pelo incremento do bem-estar geral e os progressos da própria civilização" (Millot, 1992, p.30). Muito mais do que se supõe, isso serve como base para adiantarmos que Reich se apoiou em Freud, sobretudo no texto "A moral sexual 'cultural' e o nervosismo moderno", antes mencionado,

> para justificar as esperanças que depositava, tanto em matéria político-social quanto para a profilaxia das neuroses, na "liberação sexual". Reich via na repressão da sexualidade a maior arma da opressão política, enquanto o recalque sexual oferecia a melhor garantia da submissão das massas. Freud lhe havia mostrado aqui o caminho, ao denunciar o vínculo existente entre as proibições sexuais, a interdição ao pensar e a lealdade "cega dos bons sujeitos" (sic)[25] de que os governantes se assegurariam. Reich preconizou, como remédio para o mal-estar na civilização, uma revolução política e sexual que deveria retirar todos os obstáculos à eclosão do desenvolvimento individual e coletivo. (Millot, 1992, p.30)

Ao que parece, as ideias freudianas iniciais serviram a Reich como uma referência básica para fundar a esperança, também reichiana, de que uma reforma educacional que prevenisse os excessos de repressão sexual poderia evitar – ou ao menos amenizar – as consequências nocivas sobre o desenvolvimento do indivíduo. Isso não apenas o influenciou como entusiasmou toda uma geração de educadores – e também de psicanalistas – que se consagrou a promover uma educação inspirada na descoberta da psicanálise aliando, com isso, a profilaxia das neuroses à educação. Ou seja:

> se a responsabilidade pelas neuroses cabe à atitude moral diante da sexualidade, a educação que veicula essa moral se torna um agente direto de propagação da neurose, e a reforma dessa educação constituiria assim a via mais curta para uma transformação da moral sexual.

---

25 Talvez a tradução de "sujeitos" por "súditos" fosse a mais adequada.

> A profilaxia das neuroses está nas mãos do educador, que pode ser influenciado pelo ensino da psicanálise. (Ibid., p.10)

Assim, com a constatação do caráter patogênico, gerador de neurose, da educação, Freud nutriu a esperança de que a pedagogia, esclarecida pela psicanálise, pudesse reformar seus métodos e seus objetivos, tornando-se assim um instrumento profilático, ideia claramente evidenciada em teses reichianas posteriores acerca da educação. Ou seja, herdeiro fiel desta perspectiva inicialmente freudiana, Reich apodera-se desta ideia para então desenvolvê-la por meio de teoria própria, embora esta vertente seja negligenciada pelos estudiosos da área, que preferem realçar uma outra: as aproximações e distanciamentos entre ambos no campo conceitual clínico. Ainda que a polêmica em torno da existência de um primeiro ou jovem Freud otimista e um segundo ou velho Freud pessimista esteja longe de ser algo consensual, há quem não deixe de mencionar que Reich "pode ser lido como um resgate e uma reatualização de um jovem Freud", adepto de ideias "rebeldes" e "revolucionárias" (Wagner, 1994, p.60).

De qualquer forma, o que nos interessa enfatizar é que tanto em Freud como em Reich é possível identificar a presença da possibilidade de profilaxia – leia-se prevenção – das neuroses, embora em Freud essa ideia se faça presente apenas em alguns textos, sobretudo do início do século XX, ao passo que em Reich, apesar das variações de sentido antes apontadas, parece permear o desenvolvimento de toda a sua obra. Ou seja, num primeiro momento, acompanhando Freud dentro daquilo que era possível ser feito, Reich, como veremos, procura formas e graus de intervenção adequados a fim de minimizar as neuroses; num segundo momento, investindo na possibilidade de que era possível evitá-las, aposta na perspectiva de prevenção das neuroses, então rejeitada por Freud, centrando seu trabalho sobre as crianças, particularmente após ter chegado à conclusão de que

> *Nada se pode fazer com adultos*. Digo isto como uma pessoa com bastante experiência em psiquiatria e biologia humana. Nada se pode fazer. *Se uma árvore cresceu torta, não se pode endireitá-la*. E aqui, exactamente à luz disto, a sua rejeição da profilaxia das neuroses foi

muito importante para mim. Se algum factor faz com que a árvore cresça torta porque não tentar prevenir que isso aconteça? É bem simples. Mas, não, ele não queria. Neste ponto, perdi-o, como se no nevoeiro. (Higgins; Raphael, 1979, p.75)

Legado educacional

Mais do que se pensa, as premissas reichianas, sobretudo as educacionais, parecem estar calcadas nas proposições freudianas para a educação. Contudo, quando se abordam as questões educacionais, presentes ao longo da obra de ambos os autores, nota-se a ausência de pesquisas particularmente voltadas à leitura dos pressupostos educacionais reichianos tendo como base aquilo que fora também abordado por Freud.

Respeitadas as peculiaridades inerentes a essa afirmação, é possível dizer que Reich foi sucessor de Freud em termos conceituais, além de sucessor dos pressupostos educacionais de Freud. Essa tese tem como premissa básica que as referências à educação presentes ao longo da obra de Wilhelm Reich refletem a influência das ideias de Freud das primeiras décadas do século XX acerca da temática. A base desta argumentação assenta-se no fato de que Reich entra em contato com a psicanálise a partir de 1919-1920 e, consequentemente, com a discussão nela constituída ao longo dos anos acerca da possibilidade de profilaxia das neuroses calcada na educação. Reich, aparentemente, herdou o trato freudiano com a problemática da educação que surgiu na esteira de outra preocupação de Freud – também herdada por Reich –: "as relações entre o padecimento psíquico e a moral sexual de finais do século XIX" que, em última instância, revelavam a "possibilidade de uma psicoprofilaxia educativa na infância" (Lajonquière, 2000a, p.91).

Todavia, o alerta de que não é possível encontrar tratado algum de educação em Freud[26] é também válido para Reich, embora este

---

26 O próprio Freud revela os limites de suas contribuições sobre a educação em: Freud, 1996g; Freud, 1976f, embora, em outras oportunidades – sobretudo em *O interesse científico da psicanálise*, de 1913 –, expressasse sua pretensão de

último se refira a esta temática ao longo de toda sua obra, ora como pano de fundo de outras preocupações, ora dedicando-se à elaboração de textos em que a problemática da educação aparece de forma mais evidente. A exemplo de Millot, não temos o intuito de construir um tratado de pedagogia, no caso, reichiana. Pretendemos apenas reunir subsídios para refletir sobre a seguinte questão: será possível uma educação profilática em relação às neuroses? Se Freud, inicialmente, acredita na possibilidade de profilaxia das neuroses, isto é, defende a possibilidade de uma educação psicoprofilática à luz da psicanálise, como prefere Lajonquière, Reich a ela dará crédito em suas próprias elaborações teóricas. Talvez por isso lhe seja dado um caráter utópico; aliás, essa é a trilha freudiana (a da profilaxia das neuroses) que elege para fomentar sua teoria, ligando-a, como o fez Freud inicialmente, aos desígnios da educação. Antes de Reich, Freud pensou ser possível "depositar esperanças em tal função profilática da educação",[27] o que faz dele (Reich) um discípulo legítimo quanto à apropriação de pressupostos educacionais freudianos, cujo desenvolvimento perspicaz por parte de Reich fez que alguns fossem tomados como sendo genuinamente reichianos, dada a importância que assumem no campo da teoria da economia sexual.

Inevitavelmente, a busca das relações existentes entre os pressupostos reichianos e as ideias freudianas voltadas à educação atravessa a polêmica em torno de uma possível periodização do pensamento de Freud. Ainda que nosso intuito seja apenas demonstrar que as abordagens nesse campo estão longe de ser consensuais, vale registrar que, embora haja aqueles que atribuem a Freud uma fase otimista que logo cede espaço ao pessimismo, há os que defendem um otimismo sempre presente no pensamento freudiano – em particular quando vin-

---

    que a psicanálise não ficasse "restrita ao âmbito da 'cura de certas formas de nervosidade'" (Lajonquière, 2000a, p.91).

27 Tendo em vista que não é objetivo deste livro averiguar os desdobramentos posteriores da teoria freudiana, sugerimos a leitura de alguns textos que observam, de modo próprio, que Freud, mais tarde, foi levado a *enterrar* essa ideia, apesar da polêmica em torno de como isso ocorreu (cf. Millot, 1992 e Lajonquière, 2000a).

culado à temática educacional –, sobretudo quando consideram que Freud foi um eterno preocupado com a cultura, fazendo de suas críticas à pedagogia da época uma constante em sua obra. Reforçando esse particular, diríamos que existem aqueles que, na esteira de Millot, defendem a existência de um *primeiro* e de um *segundo* Freud, acoplando-o às modificações em torno da possibilidade de profilaxia das neuroses; e há aqueles que, como Lajonquière, não negam o declínio no investimento da ideia de profilaxia das neuroses até o seu abandono, ainda que não enterrem a perspectiva crítica freudiana em relação à cultura e ao ideário pedagógico da época. Em última análise, essa perspectiva apregoa que a desilusão freudiana em relação à psicoprofilaxia não arrastou consigo a esperança de que a aplicação da psicanálise à educação das futuras gerações pudesse alterar o *status quo* pedagógico (Lajonquière, 2000b, p.34), fazendo da expectativa de mudanças na educação uma constante no pensamento freudiano, embora a vinculação à ideia de "ilusão profilática" em alguns textos contribua para as nuances nesse campo.

'Ainda que a problemática da educação fizesse parte das preocupações freudianas desde finais do século XIX, de modo que o "mal--estar, pensado, até certo ponto, como o efeito de uma defesa psíquica perante a contradição entre o *desejo* sexual e as prescrições morais da época" revelasse a possibilidade de uma "psicoprofilaxia educativa na infância", logo, "na medida em que Freud avançou na formulação do *modelo* pulsional – explicação *metapsicológica* do *aparelho* psíquico, a forma de se pensar a relação entre o indivíduo e a cultura, bem como o estofo da educação, foram se definindo paulatinamente" (Lajonquière, 2000a, p.91). Assim, a ideia de "ilusão profilática" sobre a educação, presente em textos de Freud de 1907, 1908, 1913, 1916-1917 e 1926, sofrerá modificações ao longo de sua obra até o sepultamento, em 1937, da possibilidade de uma educação psicoprofilática pautada na psicanálise. Contudo, reforçando esse particular, nota-se que "a impugnação de se pensar numa profilaxia do mal-estar psíquico não levou consigo a esperança de Freud numa educação infantil diferente à subministrada na sua época", de modo que, embora reconheça a questão da profilaxia como problemática, não abandona a crítica à educação então vigente, mantendo uma aposta na "troca dos fins educativos" (ibid., p.92).

Vale lembrar que esta discussão não foi, entretanto, privilégio das abordagens freudianas nem tampouco das posteriores abordagens reichianas.[28] Ao que parece, o debate entre psicanálise e educação[29] predominava no período vivido por esses autores, cujas contribuições estão inseridas no bojo de uma discussão que se avoluma entre os profissionais, sobretudo psicanalistas, que almejavam uma aproximação – quiçá, uma aplicabilidade – entre ambas as áreas em prol de uma "pedagogia psicanalítica", cuja viabilidade era motivo de suas investigações.[30] Um verdadeiro "incêndio" a se propagar no campo educacional, como previu Freud em 1909 (cf. Cifali & Imbert, 1999, p.9). A disseminação da psicanálise entre os professores primários demonstrava a conquista de outros terrenos para além do campo médico, aliás, como era seu objetivo.[31] Realçando o alto valor social do trabalho realizado por seus amigos pedagogos, Freud não

---

28 Reich chega a afirmar que um educador poderia dar maiores contribuições ao tema em voga do que ele próprio (cf. Reich, 1975e, p.279).
29 Cabe observar que a palavra alemã *Erziehung*, traduzida para o inglês como *education* e para o português como *educação*, tem, na língua alemã, um significado mais amplo que engloba o sentido genérico de criação. Cf. Freud, 1976g, p.180. Contudo terá em alguns momentos esse significado restringido ao campo pedagógico, quando então se acentuará uma discussão entre a psicanálise e a pedagogia propriamente dita.
30 No trato desta temática, Filloux aborda quatro períodos, a saber: 1. período iniciado em 1908, referente às relações de Freud com seus discípulos educadores; 2. período entre 1926-1937, referente às publicações da *Zeitschrift für psychoanalytische Pädagogik* [Revista de Pedagogia Psicanalítica]; 3. período iniciado em 1945, referente à pedagogia de inspiração psicanalítica; 4. período posterior a 1970, referente ao desenvolvimento de pesquisas dedicadas à abordagem psicanalítica no campo pedagógico (cf. Filloux, 2000).
31 Em 23 de janeiro de 1912, Jung escreve a Freud: "Fiz no dia 20 deste uma palestra para 600 professores. Tive de falar aos gritos da ψa [psicanálise] durante uma hora e meia como a corneta de Roland, de ilustre memória" (Cifali; Imbert, 1999, p.10). Ainda nesse ano, Freud escreve a Pfister: "Estou para ceder à tentação de ter certeza de obter no mundo dos pedagogos um novo círculo de leitores, círculo que de outro modo permaneceria fechado [...] Nossa capacidade de expansão nos meios médicos é infelizmente muito restrita; é preciso ganhar terreno, onde o pudermos" (ibid., p.10).

apenas reconhece sua extraordinária importância e possibilidade de desenvolvimento, sobretudo no que se refere à aplicação da psicanálise à pedagogia, à educação das gerações seguintes, como se diz recompensado por sua filha, Anna Freud, ter feito deste tema – por ele negligenciado – a missão de sua vida.

Embora Freud considerasse restritas suas contribuições a essa discussão, o mesmo não se pode dizer de alguns de seus discípulos, os quais eram até mesmo incentivados por ele para que se aprofundassem no estudo da psicanálise dentro de suas especialidades e, com isso, ampliassem as descobertas concernentes à sua aplicação. Foi, portanto, com esse objetivo que, num dos primeiros congressos de psicanálise, realizado em Salzburgo em 1908, Sandor Ferenczi, em conferência que tratava do tema "Psicanálise e pedagogia", questionava, em nome da primeira, o caráter repressivo da educação da época, identificando a pedagogia como um "caldo de cultura das neuroses mais diversas" (Filloux, 1997, p.8). Outro exemplo é Oskar Pfister – pastor pedagogo e não propriamente psicanalista –, cujo livro *Método psicanalítico* introduz a psicanálise em seu programa de ensino aos pastores e educadores, merecendo, em 1913, o seguinte comentário de Freud: "Possa o uso da psicanálise ao serviço da educação trazer a realização das esperanças que educadores e médicos põem nela! Um livro como este de Pfister, que se propõe dar a conhecer a psicanálise aos educadores, poderá então contar com a gratidão das gerações futuras" (ibid., p.8). Entretanto, com exceção da carta aberta que escreve em 1907 sobre *O esclarecimento sexual das crianças*[32] ao dr. M. Fürts, Freud, até 1908, não havia abordado, numa tentativa de aplicação de uma à outra, a relação entre psicanálise e educação. Contudo, dada sua posição no âmbito psicanalítico – no qual seguidores e detratores o consideram como o "pai" da psicanálise –,[33] e das relações pessoais e intelectuais antes descritas que tanto influenciaram Reich, não seria demais considerar que, das reflexões freudianas acerca da relação entre ambas as áreas que

---

32 Freud, 1996i, p.1244-8; Freud, 1976i, p.133-44.
33 Cf. Lajonquière, Freud e a educação. Disponível em: <http://www.educacao.pro.br/freud.htm>. Acesso em: 5 fev. 2000.

emergem, por sua vez, em meio às demais postulações psicanalíticas, ao menos três, acompanhadas pela ideia de profilaxia das neuroses, indicam pontos comuns entre o discurso *educacional* de Freud e o de Reich, pontos estes que propiciaram ao segundo o desdobramento de pressupostos manifestos na obra do primeiro: o esclarecimento sexual das crianças, a educação de educadores e o grau necessário de frustração e satisfação pulsionais.

Ideias psicanalíticas, desdobramentos reichianos

Mais do que a ideia de profilaxia das neuroses, Freud, no período inicial de sua obra, tinha um "sonho possível",[34] ou seja, apostava que as "neuroses e perversões poderiam ser prevenidas graças a uma educação apropriada" (Lajonquière, 1999, p.14). Fiel a Freud, Reich centra seus esforços na demonstração de que é possível prevenir ou agravar a neurose dependendo do tipo de educação empregada.

Além dessa ideia, Freud, no texto de 1907 antes mencionado, revela que, sob justificativas que variavam desde o receio de despertar um interesse prematuro na criança até que esta, por ter sido poupada dessa discussão por pais e professores, pudesse considerar como degradante e desprezível tudo aquilo que estivesse relacionado ao sexual, o esclarecimento acerca dos enigmas do sexo era tão fundamental quanto negligenciado pelos pais, que pareciam cegos ao interesse intelectual das crianças. Dando-lhes respostas evasivas a perguntas do tipo "de onde vêm os bebês?" ou repreendendo-as por sua curiosidade sexual, estes não apenas as decepcionavam como as deixavam tão desconfiadas de que algo proibido estava sendo escondido que em suas investigações posteriores não faziam mais do que se manterem em segredo.[35] Talvez por isso, e considerando que,

---

[34] Expressão utilizada por Kupfer (1995, p.33) em contraposição ao "sonho impossível" correspondente à desilusão de Freud com a educação, em período subsequente.

[35] Cf. Freud, 1996c, p.1264; cf. Freud, 1976b, p.217. Se adequadamente satisfeita a cada etapa da aprendizagem, a curiosidade da criança não atinge uma intensidade exagerada, sendo dever da escola mencionar a esfera sexual.

se adequadamente satisfeita a cada etapa da aprendizagem, a curiosidade da criança não atingiria uma intensidade exagerada, fosse melhor poupar os pais desta função, atribuindo-a à escola, sobretudo no período em torno dos dez anos de idade da criança. Tomada, neste particular, como sinônimo de pedagogia, a educação elementar permaneceria incompleta enquanto não abrangesse o campo da vida sexual, lacuna que deveria merecer esforços por parte de pedagogos e reformadores. Freud, então, deposita suas esperanças de prevenção das neuroses nos progressos do esclarecimento, mesmo reconhecendo que seria impossível efetuar uma reforma isolada sem alterar as bases de todo o sistema. Confrontando ambas as áreas do conhecimento, numa espécie de complementação múltipla, Freud dirá que a educação deve ser profilática – prevenindo a formação das neuroses –, enquanto a terapia deveria corrigir a patologia por meio da reeducação. Mais do que isso, Freud dirá em 1913 que uma "educação baseada nos conhecimentos psicanalíticos pode constituir a melhor profilaxia individual das neuroses".[36] Assim, se iniciado na psicanálise, o educador poderia identificar quais as disposições que comprometem o desenvolvimento da criança, exercendo uma influência profilática ainda enquanto esta é sadia ou detectando as primeiras indicações na direção de uma neurose futura, e evitando que esta se desenvolva posteriormente.[37]

Para além disso, Freud defende, então, a necessidade de uma espécie de educação de educadores – pressuposto *educacional* que mais tarde merecerá a atenção de Reich –, argumentando sobre a necessidade de o educador *educar-se* tendo em vista a importância de seu inconsciente na determinação da ação educativa (cf. Cifali & Imbert, 1999, p.54). Nessa perspectiva, permite, em 1925, que outros – além de médicos – que estejam empenhados na educação também exerçam a psicanálise, dizendo:

> Uma vez que este tenha aprendido a psicanálise pela experiência em sua própria pessoa, adquirindo a capacidade de aplicá-la como

---

36 Cf. Freud, 1996e, p.1867; cf. Freud, 1976d, p.225-6.
37 Cf. Freud, 1996g, p.1935-6; cf. Freud, 1976c, p.416.

coadjuvante de seu trabalho em casos mistos ou limítrofes, não há dúvida de que deveria permitir-lhe o exercício da análise e não tratar de impedi-lo por motivos mesquinhos.[38]

A aposta na profilaxia das neuroses por meio da educação, capaz de resultar numa nova geração de homens, é tida como um otimismo da época (1913) – isto é no mínimo curioso, haja vista que se estava à beira da Primeira Guerra Mundial –, que logo cede espaço a outro tipo de interpretação, evidente no prefácio do livro de Aichhorn, de 1925, mas que retoma a ideia de que os interessados pela educação de crianças deveriam receber uma formação psicanalítica, submeter-se à análise e experimentá-la em si próprios, além de não confundir a educação com intervenção psicanalítica ou querer substituí-la, embora persista a ideia de que a psicanálise poderia ser aplicada pela educação como um recurso auxiliar no trato com a criança.[39] Ou seja, se Freud, num primeiro momento, afirma que a psicanálise acrescentada ao processo educativo pode ter fins profiláticos numa espécie de tratamento misto e análise de crianças, num segundo momento declara ter a educação uma tarefa *sui generis* que não pode ser confundida nem substituída pela influência psicanalítica, ainda que possa intervir como um "recurso auxiliar" quando for necessário (Lajonquière, 2000b, p.36-7).

Menos otimista em relação à possibilidade de profilaxia, Freud indica que a educação, mais propriamente a pedagogia, não poderia ser concebida apenas sob este aspecto, embora defendesse a ideia de um educador analisado ou com informação psicanalítica que não visasse a uma profilaxia individual, mas à elaboração de um processo educativo direcionado para uma educação voltada para a realidade, em oposição àquela promovida pela pedagogia religiosa própria de sua época, que impunha severas restrições às atividades e curiosidades intelectuais. Assim, considerando que a crítica à educação é uma constante nos textos freudianos, notamos que se Freud, num primeiro momento, se iludiu com uma educação menos repressiva

---

38 Freud, 1996g, p.3217; Freud, 1976f, p.343.
39 Cf. Freud, 1996g, p.3217; cf. Freud, 1976f, p.342.

sempre apostou na possibilidade de um trato diferenciado dos adultos para com as crianças, que pudessem a elas se dirigir de uma forma diferente da moral de seu tempo, em nome da então proposta *educação para a realidade*. Mesmo diante dessa perspectiva modificada, mencionará que a aplicação da psicanálise à pedagogia, à educação das futuras gerações, é um tema especialmente importante da psicanálise, ainda que sua ênfase recaia sobre os problemas oriundos da psicanálise infantil, em que busca determinar como a educação pode realizar o máximo e prejudicar o mínimo.

Ao abordar as dificuldades inerentes ao trabalho de um educador, responsável, por exemplo, pelo reconhecimento da individualidade e vida psíquica da criança, pelo fornecimento de uma quantidade exata de amor, mas mantendo a autoridade, Freud considerará que a única preparação adequada para esta profissão é uma preparação psicanalítica que envolva uma análise pessoal (nos moldes da antes mencionada educação de educadores) como uma medida profilática mais eficaz do que a própria análise das crianças.[40]

Assim, "apesar de se iludir por algum tempo com a possibilidade de profilaxia", Freud

> nunca cifra suas esperanças num manejo quantitativo das restrições *pulsionais* inerentes à intervenção educativa e, portanto, suas constantes críticas à pedagogia da época visam uma modificação do *status quo* educativo em prol de uma qualidade diferente de intervenção dos adultos junto às crianças. (Lajonquière, 2000a, p.93)

Um terceiro pressuposto *educacional* freudiano que merece destaque, já que terá desdobramentos em Reich, diz respeito ao estabelecimento de um grau adequado de frustração e satisfação pulsio-

---

40 Cf. Freud, 1996h, p.182-3. Millot comenta que: "Os métodos educacionais empregados, quaisquer que sejam eles, parecem ter pouca importância frente à parte incontrolável que está sob influência do inconsciente. Isto justifica a aspiração de Freud de que os educadores recebam uma formação analítica que lhes permita, por um lado, compreender melhor a criança, e, por outro, exercer uma ação corretiva sobre seu desenvolvimento psíquico mediante o método psicanalítico" (Millot, 1992, p.74).

nais. Freud dirá, em 1913, que a repressão violenta das pulsões por meios externos não provoca seu desaparecimento, mas gera uma predisposição a doenças neuróticas ulteriores. Em outras palavras, uma educação inadequadamente severa, que preza a normalidade tão exigida pelos educadores, tem grande participação na produção de neuroses. Por outro lado, uma educação baseada nos conhecimentos psicanalíticos, que reconhece, entre outras coisas, a importância do direcionamento das pulsões por meio da sublimação, pode, como vimos, se constituir na melhor profilaxia individual das neuroses.

Reconhecendo, em 1932, ser preciso que a educação iniba, proíba e reprima (embora essa repressão traga consigo o perigo da doença neurótica), Freud ressalta que a educação deve buscar um "caminho ótimo" que possibilite à criança o máximo com o mínimo de dano, escolhendo seu caminho entre o "deixar fazer" e a "proibição", devendo, portanto, decidir quando proibir, em que momento e com que meios, sobretudo tendo em vista que o mesmo método educativo não pode ser igualmente bom para todas as crianças.[41]

Com base em Freud, Millot observa que, embora necessária, a repressão não deve ser excessiva, pois no excesso de recalque poderia estar um desserviço, talvez uma neurose futura. A educação deveria levar a criança a "aprender a dominar seus *instintos* [*Triebe*]", pois seria impossível conceder-lhe liberdade total, o que inviabilizaria a vida dos pais, além de elas mesmas sofrerem graves prejuízos, em parte imediatamente, em parte nos anos subsequentes. Portanto, ao considerar que a maioria das crianças passa, em seu desenvolvimento, por uma fase neurótica, Freud reforça ser preciso implementar medidas de profilaxia; por exemplo, auxiliar a criança com uma análise, mesmo que ela não demonstre sinais de perturbação, como uma medida para defender sua saúde, assim como se faz com as crianças que são vacinadas contra a difteria, antes de contraí-la. Isso

---

41 Cf. Freud, 1996h, p.3186; cf. Freud, 1976g, p.182-3, onde o original *Optimum* foi traduzido como "ponto ótimo". Cabe também ressaltar que os rochedos e sorvedouro existentes no estreito da Sicília, cujos nomes têm inspiração mítica, servem de metáfora na referência ao caminho a ser trilhado pelo educador: entre o Cila da permissividade (do *laissez-faire*) e o Caribdes da frustração.

não quer dizer que não reconheça as dificuldades que, em última instância, tornavam impraticável qualquer perspectiva de generalização dessa prática de profilaxia da neurose que pressupunha uma constituição distinta da sociedade.[42]

Na esteira dessas formulações também Reich se vale da ideia de que havia uma relação entre educação e constituição das neuroses – cuja raiz, nitidamente, se apresenta em textos freudianos das primeiras décadas do século XX –, proclamando, em prol da profilaxia das neuroses, um esclarecimento sexual das crianças, uma educação de educadores e um grau adequado de frustração e satisfação pulsionais, influência freudiana que se fará presente em vários escritos reichianos.

Sobre a *Zeitschrift für psychoanalytische Pädagogik*

Freud e alguns de seus discípulos consideravam, no início do século XX, que a *pedagogia de inspiração psicanalítica* parecia ser um meio de garantir a erradicação das neuroses do adulto. Essa perspectiva de profilaxia ganhou um ímpeto considerável entre 1926 e 1937, fazendo-se presente nos escritos publicados na *Zeitschrift für psychoanalytische Pädagogik* [Revista de Pedagogia Psicanalítica], cujos onze anos de existência foram interrompidos pelo nazismo (cf. Brainin & Kaminer, 1985, p.32).

Esse órgão de divulgação e de fomento ao debate em torno da relação entre psicanálise e educação recebeu, por parte de Freud, o seguinte cumprimento: "Os senhores[43] obrigarão por esta criação um grande número de pessoas ao reconhecimento" (cf. Filloux,

---

42 Cf. Freud, 1996h, p.3185-6; cf. Freud, 1976g, p.182. Termos originais no alemão: cf. Freud, 1990, p.160.

43 Freud refere-se aos editores da revista em Stuttgart: o médico Heinrich Meng e o pedagogo suíço Ernest Schneider (1878-1957). Também editada em Berlim e Zurique, a revista foi em seguida editada em Viena, ficando, a partir de 1932, sob os cuidados da Internationaler Psychoanalytischer Verlag (cf. Cifali; Moll, 1985, p.2).

1997, p.9). Ao que consta, entre relatórios de experiências inspiradas na psicanálise e atas de colóquios, foram publicados cerca de trezentos artigos de autores diversos,[44] entre os quais o próprio Freud[45] e Wilhelm Reich. Os temas eram os mais diversos: a "clínica com crianças", a "curiosidade sexual infantil", as "punições", a "inspiração de novos métodos educativos", "estudos analíticos sobre a transferência no eixo professor-aluno, a personalidade do próprio educador, bem como, por exemplo, informações acerca do lugar da própria psicanálise na formação de professores" (Lajonquière, 1999, p.15-6), em que a *pedagogia psicanalítica* é abordada como um ramo autônomo da psicanálise. Se há, num primeiro momento, uma busca pela teorização da ideia de um "educador psicanalítico" que, munido de meios, tornar-se-á mais sensível à realidade educativa, capaz de inventar técnicas de "ajuda educativa", num segundo momento, é a própria personalidade do educador (do pedagogo) que se torna objeto de estudo, sendo ambos os temas, como já mencionamos, motivo de elucidações freudianas.

Na verdade, a opção de Freud de se voltar aos pedagogos não deixou de ter consequências no campo pedagógico propriamente dito, dando origem a uma *educação psicanalítica* – ou *pedagogia psicanalítica*, como sugere o próprio nome da *Zeitschrift für psychoanalytische Pädagogik* – nutrida por "elaborações teóricas freudianas" (Cifali & Imbert, 1999, p.11). Tal perspectiva, própria de uma época em que "os sonhos de uma nova sociedade e a revolução das mentalidades estavam na ordem do dia", desejosa de novas formas de viver o sexo, a liberdade, a criação artística, apregoando um "novo homem, liberto dos grilhões do capitalismo e da família burguesa",

---

44 Dos quais, cerca de 22 – inclusive "Os pais como educadores: a compulsão a educar e suas causas" de Reich – foram republicados em coletânea citada anteriormente (cf. Cifali; Moll, 1985, p.16-28). Em 1986, a revista *Études Psychothérapiques* reeditou, no número especial 65, intitulado *L'inconscient dans l'éducation*, alguns outros textos (cf. Lajonquière, 1999, p.16).

45 Filloux ressalta que, em 1935, por iniciativa de Freud, ter-se-ia publicado, na *Zeitschrift für psychoanalytische Pädagogik*: Sobre la psicologia del colegial (1996f); Freud, 1976e, p.281-8 (cf. Filloux, 2000, p.19).

fazia-se sentir de diferentes formas em diferentes lugares,[46] embora Freud fosse cauteloso no trato de mediações entre uma *educação psicanalítica* e a revolução – tema nem sempre benquisto por aqueles vinculados à Associação Psicanalítica Internacional.

Também Reich presta sua contribuição, participando da discussão fomentada pela *Zeitschrift für psychoanalytische Pädagogik*. Datam da segunda metade dos anos 1920, mais precisamente 1926 e 1928, quatro artigos por ele escritos que se consubstanciam em exemplos claros – embora não únicos – da apropriação de pressupostos *educacionais* de origem freudiana, como o esclarecimento sexual das crianças, a educação de educadores e a necessidade de um grau adequado de frustração e satisfação pulsionais, entre outros a serem tratados no capítulo seguinte, quando, então, nos deteremos pormenorizadamente nas preocupações de Reich com a educação.

Por ora, vale salientar que Reich inicia a publicação de seus artigos na *Zeitschrift für psychoanalytische Pädagogik*, com "Eltern als Erzieher: I: Der Erziehungszwang und seine Ursachen"[47] [Os pais como educadores: I. A compulsão a educar e suas causas],[48] em 1926, e sua continuação "Eltern als Erzieher: II. Die Stellung der Eltern zur kindlichen Onanie"[49] [Os pais como educadores: II. A atitude dos pais a respeito do onanismo infantil], em 1927. Numa contribuição à discussão então reinante entre psicanálise e educação, Reich realça, no primeiro texto, a necessidade da educação do educador; do reconhecimento dos motivos que levam o indivíduo a converter-se em educador; das razões inerentes à compulsão a educar e as consequências dos exageros tanto da severidade como da permissividade no trato das frustrações, enfatizando que, embora sejam necessárias, estas ocorrem, muitas vezes, desnecessariamen-

---

46 Em Paris, "Marie Bonaparte prometia um futuro radioso à profilaxia infantil das neuroses"; em Moscou, como veremos adiante, "Vera Schmidt criou um instituto onde se aplicavam métodos educacionais igualitários e não repressivos"; e, em Berlim, "Wilhelm Reich procurava desenvolver experiências terapêuticas na classe trabalhadora" (Roudinesco, 1986, p.144).
47 Reich, 1926.
48 Reich, 1975g, p.53-8.
49 Reich, 1927.

te. No segundo texto, Reich continua a se preocupar com a relação entre o educador e a criança, contudo centraliza sua argumentação em torno da educação sexual infantil, mais propriamente do caso do onanismo, com destaque para o esclarecimento do educador acerca desta temática.

Em 1928, outros dois artigos serão publicados na *Zeitschrift für psychoanalytische Pädagogik*. O primeiro deles, "Wohin führt die Nackterziehung?"[50] [Para onde conduz a educação da nudez?], será republicado mais tarde como parte integrante de *A revolução sexual*.[51] Porém, antes disso, provocou sérias polêmicas, expressas, por exemplo, em carta escrita a Freud por Erik Carstens, em nome da Associação Psicanalítica Dinamarquesa, em 10 de novembro de 1933. Nela, Carstens solicitava a "ajuda" de Freud ante a posição das autoridades dinamarquesas e dos psicanalistas "selvagens",[52] a fim de autorizar a permanência de Reich na Dinamarca e, consequentemente, suas atividades desempenhadas na Associação Psicanalítica Dinamarquesa, sobretudo como analista didático e diretor científico no seminário técnico. Justificando-se, Carstens diz:

> O seu afastamento não só iria desfazer o nosso programa de análises didácticas mas também causar grandes danos pessoais uma vez que as nossas análises didácticas seriam bruscamente suspensas. Muitos de nós estão impedidos por circunstâncias exteriores de o seguir para o estrangeiro. Mas para vários analisandos com fortes sentimentos de transferência tal separação seria tão prejudicial como uma operação

---

50 Reich, 1928a.
51 Cabe salientar que o original de 1928 foi integrado em: *Geschlecht reife, Enthaltsamkeit, Ehemoral*: Kritik der bürgerlichen Sexualreform (1930). [Maturidade sexual, abstinência, moral conjugal: uma crítica da reforma sexual burguesa], que, por sua vez, veio a integrar, em 1936, a primeira parte de *Die Sexualität im Kulturkampf*: Zur sozialitischen Umstrukturierung des Menschen [A sexualidade no combate cultural – por uma reestruturação socialista do homem], o qual em 1945 foi publicado como *A revolução sexual*, onde o texto "Wohin führt die Nackterziehung?", mencionado anteriormente, foi traduzido e ampliado como "O beco sem saída da educação sexual" (cf. Reich, 1979a, p.94-103).
52 Rótulo dado àqueles que, entre outras coisas, praticavam a psicanálise sem nunca terem sido analisados ou fazerem uso da análise didática.

interrompida para um paciente cujo médico o abandonasse a meio da intervenção cirúrgica. (Higgins & Raphael, 1979, p.159)

Reconhecendo a valiosa contribuição de Reich, o autor da carta, mencionando a situação que envolvia o processo iniciado pelo procurador-geral da Justiça sob a alegação de pornografia contra uma revista que havia publicado uma tradução de "Wohin führt die Nackterziehung?", pede que o "fundador da ciência psicanalítica" interfira perante as autoridades, por meio de um veredicto: afinal, o artigo é pornográfico ou não? Apesar do apelo aflito, Freud, em resposta de 12 de novembro de 1933, embora confira a Reich o estatuto de analista, critica sua ideologia política sob a alegação de que esta interferia em seu trabalho científico, recusando-se assim à "ajuda" solicitada por Carstens.

Em meio a isso tudo, Reich foi ainda alvo da acusação de incompetência profissional por parte dos psiquiatras Clemmensen e Schroeder, diante da tentativa de suicídio de uma paciente considerada histérica, internada em um hospital dias após ter se submetido a "sessões de diagnóstico" feitas por Reich, que havia dito que a encaminharia a um de seus estudantes dinamarqueses para o tratamento. Com base nisso iniciou-se uma campanha da imprensa que chegou a ponto de requerer a expulsão de Reich do país a fim de "evitar que um desses chamados sexologistas alemães enganem nossos jovens, convertendo-os a essa pseudociência perversa da psicanálise" (Boadella, 1985, p.109). Com a mudança de Reich para Malmö, alguns estudantes e candidatos à sua supervisão propuseram-se a navegar três milhas pelo estreito existente entre a Dinamarca e a Suécia, provocando certo movimento no local, acompanhado de perto pela polícia de ambos os países.

Também em 1928 foi editado pela Internationaler Psychoanalytischer Verlag um número da *Zeitschrift für psychoanalytische Pädagogik* dedicado exclusivamente à discussão da sexualidade infantil. Reich, então, publica seu artigo "Über die Onanie im Kindesalter"[53] [Sobre

---

53 Reich, 1928b. Também integra as seguintes referências: Reich, 1950b, e Reich, 1984d, p.140-5.

o onanismo na infância], escrito com base numa discussão realizada na Associação Psicanalítica de Viena em 2 de novembro de 1927 (publicado apenas no ano seguinte), quando se encontrava tanto à frente da Clínica Psicanalítica de Viena como integrado ao Partido Comunista Austríaco. Essa combinação gerou, entre outras coisas, a fundação da *Sozialistische Gesellschaft für Sexualberatung und Sexualforschung* [Associação Socialista para Aconselhamento e Investigação Sexual], responsável pela abertura de centros de higiene sexual cujo objetivo era, *grosso modo*, o fornecimento de informações acerca da sexualidade, como veremos a seguir. Aliás, este era também o propósito do artigo mencionado, que foi escrito objetivando um maior esclarecimento de pais e educadores acerca da masturbação infantil, de modo a enfatizar, ao contrário do que se pensava, que esta não era patológica, imoral ou prejudicial à criança, mas deveria ser exercida sob o princípio da "afirmação" – e não apenas da "tolerância" – da sexualidade genital infantil, responsável pelo desenvolvimento de uma criança saudável.

Esses quatro textos integrantes da *Zeitschrift für psychoanalytische Pädagogik* demonstram, assim como outros textos de Reich, a incidência de uma discussão entre psicanálise e educação em que a profilaxia das neuroses – com raiz em Freud – assume uma importância crucial quando articulada aos desígnios da educação, tal como veremos a seguir.

Parte II

1
Rumo a uma pedagogia econômico-sexual

> Fui acusado de ser um utopista, de querer eliminar do mundo a insatisfação e salvaguardar apenas o prazer. Entretanto pus o preto no branco ao afirmar que a educação convencional torna as pessoas incapazes para o prazer – encouraçando-as contra o desprazer.
>
> *Wilhelm Reich*

Relacionar as ideias de Freud e as de Reich sobre educação não é tarefa fácil, pois tanto um quanto outro são autores de vasta obra que, entre tantas outras coisas, faz referência a questões educacionais. Mas se, num primeiro momento, objetivamos pontuar em Freud algumas ideias que impulsionaram o desenvolvimento das de Reich, procuraremos, a partir de agora, demonstrar, por meio dos próprios textos reichianos, a herança freudiana implícita no trato de questões educacionais que ganharam fôlego pelo seu investimento na ideia de que era possível prevenir as neuroses com o auxílio da educação.

As dificuldades no trato da questão sugerem uma análise temática dos escritos de Reich, embora seja preciso ressaltar que esta não deve ser tomada como indicadora de fases estanques ou como mera periodização das ideias do autor tratado. Sua função será, apenas, servir-nos para demonstrar que se, num primeiro momento, Reich fala *da* e *na* psicanálise, numa fase posterior não estará mais a ela vinculado, o que, para a apreciação das questões educacionais, tem um significado peculiar. Ou seja, primeiramente Reich se insere numa discussão iniciada na psicanálise acerca de questões educacionais, mas logo, e com um tom que lhe é característico, substitui os pressupostos psicanalíticos por ideias que lhe são próprias e que em última instância resultarão naquilo que denominou "pedagogia econômico-sexual", orientada pela possibilidade de profilaxia das neuroses.

Frustração ou satisfação, eis a questão!

Embora as primeiras publicações de Reich datem do início dos anos 1920, suas preocupações educacionais se tornam mais evidentes a partir de 1925, com seu primeiro livro *Der triebhafte Charakter – Eine psychoanalytische Studie zur Pathologie des Ich*[1] [O caráter impulsivo: um estudo psicanalítico da patologia do ego]. Pautado numa visão psicanalítica evidente já no subtítulo, esse texto chama a atenção para os fatores, sobretudo educacionais, responsáveis pelo processo de formação do caráter infantil e das neuroses, enaltecendo, como em outros escritos da época, o sentido de educação como *criação*, nos moldes da *Erziehung*, portanto vinculada aos pais ou responsáveis pela primeira formação da criança.

Nesse livro, sob o título "Einflüsse der Erziehung"[2] [Influências da educação], Reich analisa as interferências da *criação* na formação do caráter a partir daquilo que denomina como *Triebversagung* [frus-

---

1 Embora o original seja: Reich, *Der triebhafte Charakter*, 1925a, utilizamos como referência a reedição de 1997: Reich, Der triebhafte Charakter, *Frühe Schriften 1920-1925*, 1997b, p.246-340, e a versão em inglês de 1975: Reich, The Impulsive Character: A Psychoanalytic Study of Ego Pathology, *Early Writings*. v.1 (1975e).
2 Cf. Reich, 1925a, p.285-90. No inglês, este tópico foi traduzido como: "The Influence of Upbringing" (cf. Reich, 1975e, p.277-82).

tração pulsional],[3] cuja necessidade é ressaltada, desde que em graus toleráveis. A ideia que persistirá em textos posteriores é a de que se

---

3 Não é demais frisarmos as diferenças terminológicas que se encontram nas traduções/versões da obra de Wilhelm Reich, particularmente quanto à utilização dos termos "pulsão", "instinto", "impulso" e seus desdobramentos. Assim como na obra de Freud, cuja revisão tem se intensificado nos últimos tempos, as traduções da obra reichiana enfrentam problemas quanto ao significado do termo alemão *Trieb*, traduzindo-o ora de uma maneira, ora de outra, reforçando a tese de que sua tradução é uma das mais polêmicas "devido à extensa gama de significados e conotações do termo alemão" (Hanns, 1996, p.338). É nítido nos textos reichianos – e as citações aqui mencionadas demonstrarão bem isso – o uso dos diferentes termos, sem que nos deem segurança quanto à utilização de "moduladores de sentido" – nos moldes ressaltados por Souza –, mas vertem-se muito mais como "níveis de certeza" em que o autor "como que sinaliza o grau de segurança do terreno em que pisa", que nos deixam céticos e propensos a uma investigação pormenorizada sobre o tema (cf. Souza, 1998, p.30). Por ora, podemos esclarecer alguns pontos. Na língua alemã existem os dois termos: *Trieb*, que é de "raiz germânica, de uso muito antigo, e conserva sempre a nuança de impulsão (*treiben* = impelir); a ênfase se coloca menos numa finalidade definida do que numa orientação geral e sublinha o caráter irreprimível da pressão mais do que a fixidez da meta e do objeto"; *Instinkt*, que ao ser utilizado por Freud, "qualifica um comportamento animal fixado por hereditariedade, característico da espécie, pré-formado no seu desenvolvimento e adaptado ao seu objeto" (Laplanche & Pontalis, 1983, p.394). Os autores das citações precedentes ressaltam – embora isso seja motivo de discordância por parte de alguns – que, se o segundo termo for utilizado para traduzir o primeiro – ou seja, traduzir *Trieb* por instinto –, "falseia o uso da noção em Freud" (p.394). Seguindo a orientação desses autores, recorremos, quando nos foi possível, ao uso do termo "pulsão" e seu derivado "pulsional", preservando, no caso de citações textuais de Reich, o termo utilizado originariamente pelo tradutor – salientando-o em itálico – que, muitas vezes, inclui mais um: "impulso", cuja utilização se encaixa perfeitamente no contexto da teoria reichiana. Outras observações poderiam ainda ser feitas. Em estudo sobre o vocabulário freudiano e suas versões, Souza menciona as diferenças entre as edições inglesa e francesa das obras de Freud, sobretudo considerando que a primeira utiliza, para traduzir *Trieb*, o termo "instinct", quando, na verdade, os críticos consideram que o melhor seria o termo "drive"; a segunda, por sua vez, utiliza na tradução o termo "pulsion", embora Souza faça sérias restrições a esse respeito (cf. Souza, 1998, p.243-61). Mas, mesmo considerando que o termo "pulsão" não é de uso corrente no português, como o seria "instinto" ou "impulso", consideramos que a opção pela tradução de *Trieb* por "pulsão" atende perfeitamente às necessidades dos textos de Reich a serem aqui mencionados, basicamente por dois motivos. Primeiro: o termo "pulsão"

deve estar atento à forma pela qual se instaura a relação educacional, salientando que a formação do caráter não depende apenas do fato "de a pulsão e a frustração chocarem-se uma com a outra, mas também da *maneira* como isso acontece".[4] São, portanto, fundamentais: a fase na qual a pulsão é frustrada; a frequência e intensidade das frustrações; as pulsões contra as quais a frustração é principalmente dirigida; a correlação entre indulgência e frustração; a atitude da criança para com os pais no momento da frustração; o sexo do principal responsável pela frustração, entre outras coisas, a fim de que não se instaure uma patologia.

A princípio, diz Reich, existem quatro possibilidades. A primeira corresponde a uma satisfação pulsional parcial e frustração gradativa [*Partielle Triebbefriedigung und stückweise Versagung*], que, segundo ele, seria a situação ótima no processo de desenvolvimento, pois nela a criança aprende a amar a figura paterna durante a satisfação pulsional parcial e, então, suporta a frustração por amor a essa pessoa. A educação, diz Reich, deveria impor uma frustração que não conduza à inibição pulsional total, mas que permita, ao mesmo tempo, espaço para a satisfação da criança desde a mais tenra idade. A segunda ocorreria quando a frustração pulsional não se efetua de

---

é quase um "neologismo do jargão psicanalítico", diríamos, brasileiro (cf. Hanns, 1996, p.344), e segundo: os textos reichianos que se pautam na utilização deste termo estão, em sua grande maioria, centrados num período dito "psicanalítico". Além disso, *Trieb* foi traduzido para os textos de Reich em inglês como "drive", aqui considerado como "pulsão", embora devêssemos ressaltar sua propriedade de "impulso". Com base nisso, alguns termos serão assim traduzidos: "drive denial" [frustração pulsional] e "drive gratification" [satisfação pulsional] (cf. Reich, 1975e, p.278). Por outro lado, cabe destacar, tendo como base esta última referência, que o original alemão *Der trie bhafte Charakter* foi traduzido para o inglês como "The Impulsive Character" [O caráter impulsivo], respeitando o sentido do vocábulo alemão que significa, entre outras coisas, "impulso, ímpeto, propulsão", o que nos alerta para a indicação de Souza, aproveitando-a sempre que possível, quando diz: "O fato é que *Trieb* cobre os sentidos – ou partes dos sentidos – de 'instinto', 'impulso' e 'ímpeto' (e, por isso, uma sugestão sensata seria talvez utilizar uma das três palavras, segundo o contexto, incluindo o original entre colchetes)" (Souza, 1998, p.255).
4 Reich, 1995, p.155.

forma gradual, mas abrupta e excessivamente, no início de cada fase. Esse tipo de intervenção educativa repercute numa inibição pulsional total, resultante de um acúmulo de frustrações fruto de normas educacionais inibidoras, cuja consequência é a formação de um caráter inibido. Numa análise posterior, Reich dirá que as frustrações ocasionadas por este tipo de intervenção produzem, de maneira geral, um retraimento da libido e, consequentemente, timidez e sentimento de angústia. A terceira ocorre quando a frustração pulsional está completa ou praticamente ausente durante os estágios iniciais do desenvolvimento, devido à educação sem vigilância [*Aufsicht*], ou seja, não há inibição pulsional (leia-se frustração). A criança cresce sem vigilância até que interferências externas se encarregam da frustração, sem que ela esteja preparada para tanto. Logo, uma educação orientada pelo *laisser-faire* não garante a inexistência de conflitos infantis, dadas as possibilidades de outros tipos de interferências e frustrações durante o processo de desenvolvimento da criança. A quarta possibilidade abrange parcialmente a terceira. Inicialmente inexistente, a frustração surgirá tardiamente, de forma imprevista e traumática, propiciando as condições para o desenvolvimento do caráter *impulsivo*. Assim, crianças pouco vigiadas desenvolvem inibições deficientes das pulsões, desenvolvendo-as inteiramente, até o dia em que os pais julguem que a situação está fora de controle e com veemência queiram nela colocar um fim definitivo.[5]

Ao restringir suas observações a essas quatro possibilidades, Reich se poupa de enumerar outras, sob o argumento de que qualquer educador observador teria muito a dizer sobre o assunto. Todavia, não deixa dúvidas de que, nesta busca por um "caminho ótimo" entre frustração e satisfação pulsionais – cuja necessidade também foi aventada por Freud –,[6] a contenção externa (frustração)

---

5 Reich diz ser comum que crianças submetidas a intervenções educacionais severas em dadas situações sejam deixadas ao léu em outras. Um pai, por exemplo, pode ser extremamente rígido com a pontualidade da alimentação e negligenciar a brincadeira com excrementos e a masturbação de seus filhos (cf. Reich, 1975e, p.279).
6 Cf. Freud, 1996h, p.3186; cf. Freud, 1976g, p.182.

por parte do educador é necessária, sobretudo por favorecer o desenvolvimento infantil e o consequente êxito em termos educacionais.[7] Reich insiste em que se esteja atento para a forma como isso ocorre, não optando pela permissividade do *laisser-faire* – cujos perigos não seriam menores do que os implicados na compulsão a educar –, nem pela severidade de frustrações brutais, mas pela busca de uma *situação ótima*, de um grau adequado de frustração e satisfação pulsionais.

Limitando-se à investigação dos pressupostos psicológicos da educação e às suas deficiências, antes de "pensar sequer em formular uma práxis congruente", já que considera que, não à toa, a primeira regra fundamental da psicanálise prescreve que, "antes de atuar é preciso entender bem", Reich, não como "educador nem psiquiatra" nem como "pedagogo, cuja responsabilidade é de ordem social, mas como médico interessado sobretudo na formação e cura das neuroses", apresenta aquilo que considera como "modestas contribuições à psicologia do educador", integrando-se à discussão, então reinante, entre psicanálise e educação, sobretudo daquela veiculada pela *Zeitschrift für psychoanalytische Pädagogik*, em que publica algumas de suas ideias em finais dos anos 1920, conforme vimos anteriormente.

Reich, então, retoma o papel fundante da educação na formação do caráter infantil para destacar os possíveis excessos, tanto em termos de severidade como de permissividade, decorrentes da compulsão a educar, própria daqueles responsáveis pela *criação* da criança. O alerta de que haveria de se dar uma atenção especial à forma e à intensidade das interferências externas (positivas ou negativas) é retomado numa análise que procura diferenciar as frustrações necessárias das desnecessárias ao êxito educacional.[8] A interferência

---

7 Uma boa ou má educação estaria associada ao grau de satisfação e frustração pulsionais, portanto, associada a um prisma quantitativo em que o fator economia energética (ligado ao ponto de vista econômico psicanalítico) é determinante (cf. Albertini, 1994, p.62).

8 Reich escreve "Os pais como educadores: a compulsão a educar e suas causas" com base na indagação de uma mãe sobre a educação da filha, aliás, situação semelhante à vivida por Freud, que teria dito à mãe de uma criança: "Faça como quiser, qualquer que seja a maneira, ela será igualmente má" (cf. Albertini, 1994, p.65). Na interpretação de Albertini isso parece ter significado

do meio ambiente como determinante na formação do caráter infantil será por ele ressaltada, embora enfatize não serem poucos os que atribuíam, de forma exagerada, características hereditárias à personalidade da criança, talvez por recearem – ainda que inconscientemente – as "consequências de uma correta avaliação da influência exercida pela educação".[9] Essa controvérsia, diz ele, não será resolvida até que algum importante instituto decida desenvolver uma experiência que busque, por exemplo, "isolar algumas centenas de crianças de pais psicopatas imediatamente após o nascimento, educá-las num ambiente educacional uniforme e mais tarde comparar os resultados com os de outras centenas de crianças educadas num meio psicopático",[10] ideias que prenunciam, em parte, alguns dos propósitos do futuro Orgonomic Infant Research Center [Centro de Pesquisa Orgonômica Infantil], objeto de nossa análise posterior.

Dando margem ao aprofundamento daquilo que denominaremos em tópico subsequente como educação de educadores, Reich admitirá que "até nas melhores condições possíveis surgem problemas de educação que têm origem na atitude inconsciente do educador para com a criança", repercutindo em medidas educativas que transitam entre uma severidade e uma tolerância excessivas, cujas consequências são também deveras nocivas à criança. Não à toa Reich ressalta que os pais, muitas vezes, ao vivenciarem situações conflituosas no casamento, se amparam numa pretensa finalidade educativa, para evocarem, por meio da compulsão a educar, frustrações desnecessárias que nada mais fazem do que provocar na criança um acesso de rebeldia. Assim, chamando a atenção para

---

    que, "uma vez que o conflito entre indivíduo e cultura é inevitável, não existe prevenção possível para a neurose" (p.65). Segundo essa interpretação, Reich teria endossado, nesse período, teses freudianas que atestavam a inevitabilidade das neuroses, abandonando-as somente mais tarde em prol da defesa da possibilidade de desenvolvimento sadio dadas determinadas condições sociais.

9 Reich, 1995, p.161. Chega a afirmar, por exemplo, que uma criança criada entre bêbados ou por uma mulher "desgraçada" padeceria de "graves danos psíquicos por causa do meio ambiente" (cf. Reich, 1975g, p.53).

10 Reich, 1995, p.161.

impedimentos e restrições do tipo "isso não se faz", impostos como "atitudes educativas" de pais e educadores, Reich enfatiza que estas são incompatíveis com a lógica infantil do princípio de prazer, quando deveriam, na verdade, com ele se harmonizar, já que uma educação sem amor ou com base na severidade conseguiria apenas uma adaptação artificial e falsa à realidade. Ainda que considere ser inviável permitir que uma criança não se alimente ou que não fique em um parque à noite, Reich enfatiza que a maioria das intervenções educativas são do tipo das frustrações "desnecessárias". Ou seja, não importa "arraigar na criança as exigências culturais", mas sim a maneira como isso é feito, de forma que ela possa assimilar como próprias as exigências da sociedade, ao mesmo tempo que satisfaz os pais e adapta-se à realidade. Nesse sentido, o entendimento reichiano de educação, na segunda metade dos anos 1920, "consiste, nada mais nada menos, em pôr diques ao desejo primitivo da criança, exclusivamente orientado para a obtenção do prazer, e em substituí-lo, até certo ponto, por inibições dos *instintos*"[11] [*Triebhemmungen*]. Portanto, as frustrações "necessárias" têm como objetivo "controlar" e "canalizar" as pulsões [*Triebe*] infantis que representariam um impedimento para a sua adaptação à sociedade. Elas "não só servem aos interesses da sociedade mas também aos da própria criança", que deve aprender que não está só no mundo, que é preciso contar com os outros, sem, contudo, permanecer primitiva, egoísta, só preocupada com a obtenção do prazer. O autodomínio, diz Reich, ser-lhe-á útil mais tarde, para o seu próprio bem, a fim de que não sucumba na luta pela vida.

Ao que parece, ao menos nessa fase, o crivo daquilo que é ou não necessário em relação à satisfação e frustração pulsionais é ditado pela sociedade, cabendo aos educadores operarem estas restrições.[12]

---

11 Ibid., p.58 (grifo nosso).
12 É interessante notar que, nesse período, Reich entende que a educação tem como propósito a adaptação do indivíduo à sociedade – ou, se preferirmos, "adaptação social" –, sem, contudo, aventar a necessidade de *outra* sociedade, como o fará em textos subsequentes. Chega, contudo, a considerar que a "adaptação social" refere-se a uma espécie de subjugação da natureza do

Grosso modo, isso ocorre de duas formas, a saber: pela severidade na sufocação pulsional precoce e pela permissividade extrema que propicia o desenvolvimento pulsional pleno. No primeiro caso, diz ele, os pais consideram qualquer "*impulso instintivo*" [*Triebregung*] da criança como um "fenômeno patológico", como um "sintoma de perversidade congênita" que requer "medidas disciplinares", embora nada mais façam do que desenvolver na criança um caráter inibidor de tipo patológico, paralisando sua "vida afetiva no plano sexual e no plano social", inferiorizando sua capacidade de lutar pela existência, dificultando, assim, o processo sublimatório; no segundo caso, a permissividade excessiva aliada à "vigilância negligente" ou ao "mimo", fazem que as pulsões [*Triebe*] atinjam pleno desenvolvimento até assumirem uma "força nociva". Nesse momento, recorre-se aos "processos corretivos" dos educadores de crianças "mimadas" ou "malcriadas", que se valem de medidas educacionais cada vez mais severas e brutais, sem qualquer efeito, a não ser um grave conflito, cujos elementos fundamentais são os *instintos* [*Triebe*] já incontroláveis, o ódio contra os pais brutais e o amor por eles.

Retomando constatações de estudos anteriores, Reich enfatiza que, embora as frustrações sejam *necessárias* para a adaptação da criança ao meio em que vive, nem a total inibição pulsional [*totale Triebhemmung*], "nem a frustração tardia", "brutal", são capazes de demonstrar, por parte dos educadores, a "menor compreensão do conflito criança-mundo". Uma solução ideal, ao menos em teoria, "é uma educação que permita aos *instintos* [*Triebe*] alcançar primeiro certo grau de desenvolvimento, para depois, sempre num ambiente de boas relações com a criança, introduzir paulatinamente as frustrações".[13] Delineando aquilo que talvez seja o germe de suas formulações posteriores que consideram que, desde o núcleo protoplasmático do futuro recém-nascido, deve-se atuar em prol da profilaxia das neuroses, Reich dirá que as "tarefas da educação" têm início com o nascimento. Portanto,

---

    indivíduo às exigências da sociedade, dizendo que os valores, a concepção de mundo de um indivíduo, gerarão diferenciações em relação a essa adaptação de acordo com sua classe social.

13 Reich, 1975g, p.60.

se forem cometidos erros graves em relação à *criação* das crianças, depois dificilmente será possível corrigi-los. Os conflitos da infância, diz Reich, sobretudo antes dos quatro anos de idade, época em que se constitui a formação do caráter, moldado por elementos do mundo externo, a partir de proibições, inibições pulsionais e as mais variadas formas de identificação, são determinantes na constituição das neuroses. Reich, então, salienta a importância da educação neste processo, sobretudo na forma em que os conflitos infantis serão resolvidos, tendo peso determinante a "natureza do próprio conflito familiar (intensidade do medo de punição, amplitude da satisfação pulsional, caráter dos pais etc.), o desenvolvimento do ego na criança pequena *até*, e incluindo, a fase edípica".[14]

Considerando que o conflito de ambivalência,[15] inerente à relação educacional, merece destaque nesse processo, Reich dirá que qualquer frustração *"suscita ódio e ambivalência em relação ao objecto que impõe os limites à satisfação"*.[16] Ou seja: "Gosto de X; como educador ele proíbe-me muitas coisas e por isso odeio-o e quereria destruí-lo, suprimi-lo; mas ao mesmo tempo gosto dele e é por isso que também quereria conservá-lo".[17] Esse conflito entre as reivindicações pulsionais e as exigências morais que proíbem a sua satisfação são provenientes, sobretudo, da infância e da ação dos pais ou substitutos, e na puberdade reverter-se-ão em "maldade, arrogância, tendência para armar barulho com os pais e educadores, vontade de brigar ou fazer desporto".[18] Embora paradoxal, é inegável que outra consequência deste processo é a identificação mais ou menos completa com

---

14 Reich, 1995, p.155.
15 Num sentido psicanalítico, a ambivalência corresponde a uma presença "simultânea, na relação com um mesmo objeto, de tendências, de atitudes e de sentimentos opostos, fundamentalmente o amor e o ódio" (Laplanche; Pontalis, 1983, p.17).
16 Reich, 1977c, p.78. Reich observa que: "Quanto mais forte tiver sido a irrupção da frustração, mais a fase do ódio será grande; quanto mais a educação tiver conseguido rápida e brutalmente fazer com que a criança renuncie aos seus *instintos* [*Triebe*], mais o ódio será intenso".
17 Reich, 1977a, p.84-5.
18 Reich, 1977c, p.75.

o agente da frustração, que nos leva a assimilar *"caracterialmente o que odiamos porque nos é proibido amá-lo"*.[19] Tal identificação consiste em "um sujeito 'se apropriar' do seu educador (ou 'identificar-se' com ele); este educador é simultaneamente amado e odiado, e o sujeito faz seus os princípios e as qualidades daquele."[20]

Prosseguindo em suas reflexões acerca das relações entre os principais responsáveis pela educação da criança e a formação do caráter infantil, Reich dirá que, numa sociedade autoritária, com um "sistema educacional montado com base em unidades familiares, os pais funcionam como os principais executores da influência social".[21] Neste sentido, o sexo e o caráter daquele que educa são determinantes na formação da criança, sobretudo no que diz respeito à vida sexual posterior desta. Explica que, devido a uma atitude sexual geralmente inconsciente em relação aos filhos, o pai, que revela preferência pela filha, é menos propenso a reprimi-la e a educá-la, e a mãe, que prefere o filho, é menos propensa a reprimi-lo e a educá-lo. Portanto, na maioria dos casos, o genitor do mesmo sexo torna-se o principal responsável pela formação da criança, embora, de maneira geral, a mãe assuma essa responsabilidade em seus primeiros anos de vida.

Mas, afinal: "Como se devem educar as crianças?", indaga-se Reich sobre a existência de uma atitude mais indicada. Não é, contudo, sem a expressão de um pessimismo atípico em suas elaborações que Reich irá ressaltar não ser fácil dar conselhos, mesmo porque o "desenvolvimento psíquico é imensamente complicado".[22] Contudo é categórico ao afirmar que a educação, "para ter algum sentido, tem que ser uma tarefa de massa. O efeito sobre a sociedade será

---

19 Ibid., p.78.
20 Reich, 1977a, p.84.
21 Reich, 1995, p.158.
22 Reich, 1975g, p.67. Reich justifica este seu posicionamento dizendo que o otimismo no trato destas questões de nada serve, a não ser tranquilizar a consciência dos adultos, limitando-se a "dissimular a gravidade das dificuldades". Por outro lado, uma visão mais pessimista pode ser a longo prazo mais frutífera, pois "obriga ao autocontrole e leva a uma formulação positiva de problemas" (ibid., p.67).

mínimo se numa cidade de milhões de habitantes se educarem correctamente cinco ou cinquenta crianças".[23] Embora considere essa ideia fruto de um projeto utópico, já que o ponto "ótimo desejável" – também mencionado por Freud – em relação à educação poderia ser conseguido apenas mediante a psicanálise do educador, sendo, por conseguinte, impensável em relação à massa, Reich diz que

> alguns educadores plenamente conscientes poderiam incutir a compreensão necessária à massa de educadores. Quando os pais e educadores souberem porquê e para quê na realidade educam, quando as autoridades competentes deixarem de acreditar que a sua actuação se orienta unicamente pelo "bem da humanidade", quando a massa compreender que a relação entre criança e adulto representa a oposição entre mundos distintos – talvez então exista uma possibilidade de pensar em medidas [ativas] de educação.[24]

Enquanto isso não ocorre, predomina a ineficácia de todas as medidas educativas atuais, o fato de que, "faça-se o que se fizer, sempre se fará mal", permitindo registrar uma "norma educativa: extrema abstinência na educação, restrição das medidas educativas às frustrações absolutamente indispensáveis, consciência do facto de que, por motivos perfeitamente naturais, um pai não apenas ama o filho mas também o odeia."[25]

Anunciando necessidades de mudança, Reich, ainda nesse texto de 1926, nos alerta – num tom mais otimista – para o fato de que não devemos nos esquecer que

> a primitiva força vital que a compulsão a educar pretende dominar foi capaz de criar cultura. É lícito outorgar-lhe uma ampla margem de confiança. Será excessivamente ousado declarar que a vida sabe criar melhor do que ninguém as suas necessárias formas de existência?[26]

---

23 Ibid., p.68.
24 Ibid. Efetuamos a correção, haja vista que os termos *aktive Erziehungsmassnahmen* foram traduzidos como "medidas positivas de educação".
25 Ibid.
26 Ibid.

Ainda que inseridas no universo psicanalítico, essas palavras aparecem no interior do pensamento reichiano dessa época como indício dos desdobramentos posteriores de sua teoria que, em última instância, evidenciarão a possibilidade de investimento no desenvolvimento natural, autorregulado do indivíduo. Albertini enfatiza essa passagem como um reflexo do abandono da tese freudiana de "inevitabilidade das neuroses" endossada por Reich nesse período, investindo na tentativa de encontrar *"fórmulas educativas"* que, ao menos, "minimizassem as neuroses", numa "busca do possível [...] dentro do impossível" (Albertini, 1994, p.65). É, portanto, nesse sentido que Reich revela já nesse texto o quão preocupado estava com a *forma* de intervenção educativa e seus resultados na relação entre frustração e satisfação pulsionais, cujo leque de opções poderia variar, *grosso modo*, entre a adaptação social do indivíduo, proveniente das frustrações "necessárias", e a instauração da neurose, resultante das frustrações "desnecessárias".

Entretanto, mais interessante do que notar que Reich, em finais da década de 1920, divide-se entre teses freudianas daquele período e o desenvolvimento de pressupostos próprios, é observar que ele começa a investir em ideias postuladas por Freud em período precedente. Ainda que concorde, por exemplo, com o pressuposto psicanalítico de que o indivíduo tem que renunciar aos seus próprios objetivos pulsionais, direcionando suas energias – por amor ao objeto amado ou devido à coação da educação – para objetivos importantes para a sociedade e a civilização, a fim de adaptar-se socialmente, Reich irá contestar a ideia de sublimação de Freud por considerar que, na maior parte dos casos, corresponde apenas a "uma solução momentânea e restrita do conflito".[27] Com isso retoma teses freudianas de 1908 que sublinhavam a necessidade de uma quantidade de satisfação direta,[28] insistindo em considerar que o modo pelo qual compreendia a genitalidade e, em particular, o orgasmo genital seria o prolongamento direto das teorias da psicaná-

---

27 Reich, 1977c, p.121.
28 Cf. Freud, 1996b, p.1253; Freud, 1976a, p.193.

lise, capaz de permitir uma melhor aplicação da teoria das neuroses à terapêutica.[29]

Além desta, Reich retomará a tese psicanalítica de outros tempos, que versava sobre a possibilidade de profilaxia das neuroses, salientando, como fizera Freud em textos do início do século XX, a importância da educação neste processo.

Educação de educadores

Herdado de certas ideias de Freud, o tema da educação de educadores perpassa a obra de Reich com base nas contribuições de Siegfried Bernfeld, pedagogo, autor de textos tais como *Sisyphos oder die Grenzen der Erziehung* [Sísifo ou as fronteiras da educação] publicado pela Internationale Psychoanalytischer Verlag, em 1926. Apesar das possibilidades para o desdobramento dessa ideia, é fato que Reich se assenta no pressuposto freudiano de que o educador deveria iniciar-se na psicanálise não apenas teoricamente, mas experimentando-a em si próprio, já que os resultados das intervenções educativas dependeriam também do estado emocional do educador.

Será, portanto, analisando as atitudes "inconscientes" de pais e educadores para com a criança que Reich compreenderá a utilização de formas educativas extremas (permissividade e severidade excessivas) como características daquilo que denomina "compulsão a educar" [*Erziehungszwang*]. Em outras palavras, diríamos que Reich observou que "a agitação ou a desordem entre as crianças era normalmente o resultado de atitudes neuróticas inconscientes por parte dos educadores", fato que o fez registrar que "o educador deve

---

29 Articula, por exemplo, questões da prática do tratamento psicanalítico e a relação entre as reações positivas e negativas com a genitalidade dos pacientes, sobretudo no que diz respeito às razões pelas quais a impotência e a frigidez acompanham com regularidade as neuroses. Freud insistia que seu conceito de sexualidade era "mais lato do que o conceito corrente, que 'genital' e 'sexual' não significavam a mesma coisa..." (Reich, 1977b, p.33). Enquanto Freud considerava que "nenhuma neurose se podia desenvolver sem conflito sexual", Reich afirmava que não havia *"neurose sem perturbações da função genital"* (ibid., p.35).

agir constantemente sobre si próprio", já que uma "educação de acordo com a economia sexual é absolutamente impossível enquanto os educadores não estiverem libertos de atitudes inconscientes ou, pelo menos, não tenham aprendido a conhecê-las e a controlá-las".[30] Ou seja, diante de manifestações pulsionais das crianças, o educador recorda os seus próprios desejos reprimidos e proibições educativas de que foi alvo, devendo

> primeiramente libertar-se, através de um trabalho de análise de si mesmo, dos preconceitos que a sua própria educação lhe legou. Deve tentar tornar conscientes as próprias tendências instintivas recalcadas e reconhecer nelas as semelhanças com as manifestações que encontra nas crianças.[31]

Deve-se, portanto, "educar o educador" para que este possa "assistir calmamente à manifestação natural do instinto da criança" e se "apesar dos esforços não conseguir considerar as manifestações sexuais infantis sem repulsa e desgosto, então faria melhor em renunciar de forma geral ao trabalho de educador".[32] Mas, pelo contrário, muitos educadores, demonstrando um total desconhecimento da "idiossincrasia da criança", consideram que devem intervir de alguma forma, até mesmo impondo frustrações desnecessárias. Sob o pretexto de estarem agindo pelo bem da criança, consideram como "doentio" ou "inadequado" tudo aquilo que lhes é "desagradável", "incômodo" e,

---

30 Reich, 1975f, p.48.
31 Schmidt, 1975, p.27. Explicando esse particular, Vera ressalta que o adulto recalca em seu inconsciente diferentes aspectos de seu ser ao longo de seu desenvolvimento e quando encontra tais propriedades no mundo exterior, nas crianças, por exemplo, causam-lhe irritação e aversão. Mas, se formado numa linha psicanalítica, o educador procuraria tomar consciência do processo de recalcamento, descobrindo a origem dessa aversão exagerada, fazendo que desapareça e dispense a mesma atenção a todas as crianças, sem distinção. Muitas vezes, devido a processos inconscientes, o educador perde o interesse pelas crianças, fechando-se em si mesmo, sem perceber que os caprichos e agitações das crianças não são mais do que reações a comportamentos pedagógicos falsos de sua parte.
32 Ibid., p.27.

com irritação, por meio de seus atos educativos, tratam-na injustamente, muitas vezes cometendo barbaridades. A criança, por sua vez, se sente injustiçada, pois, apesar de ter que ser "boa", "adulta", "tranquila", "modesta", "obediente", é, frequentemente, proibida pelos pais de fazer coisas que eles mesmos fazem, sob a justificativa de que é ainda "muito pequena". Esse argumento é, segundo Reich, motivado por duas atitudes análogas da parte dos pais: "querem realizar na criança as suas próprias aspirações, e por isso fazer com que ela cresça quanto antes, mas ao mesmo tempo exigem que os seus próprios direitos não sejam perturbados".[33] Ou seja, o educador se julga obrigado a fazer algo, a "educar, ainda que nada haja a educar", sentindo como "ofensa pessoal", como um "testemunho negativo da sua arte educativa", quando a sua "vítima" não se comporta de forma adulta, provocando, com isso, reações infantis que vão desde a manifestação de uma "heroica indiferença" a reações violentas.

Este seria, segundo Reich, um dos motivos responsáveis pela compulsão a educar: uma "ambição insatisfeita" que se caracteriza por um verdadeiro "bombardeio educativo", ao qual os pais submetem seus filhos, muitas vezes já neuróticos. Assim, com o intuito de que a criança se comporte de maneira adulta, os pais insistentemente utilizam frases como: "Sente-se direito"; "fique quieto"; "diga bom dia"; "venha cá"; "tire a roupa"; "não suje as mãos"; "sem pausa nem descanso" etc., o que, certamente, um adulto não suportaria. Com base nisso, Reich afirma que as "intervenções educativas são do tipo das frustrações desnecessárias", que fazem da educação um "equivalente neurótico dos adultos", já que todos os conflitos conhecidos como ambição doentia, insatisfação sexual, discussões matrimoniais, enfim, tudo o que pertence ao inventário de uma neurose repercute na educação da criança. Assim, o pai-educador, por sua própria patologia, produziria uma frustração "desnecessária" no educando, já que a tendência é zangar-se com quem o colocou nessa situação incômoda de sentir a própria ignorância ou "instâncias afetivas inconfessadas".[34]

---

33 Reich, 1975g, p.63.
34 Ibid., p.62-4.

O segundo motivo da compulsão a educar está atrelado a uma tentativa de corrigir a própria infância, isto é, reparar noutras crianças os males que foram causados a ele, educador. Todavia, as tendências inconscientes de vingança contra quem o educou interferem, certamente, na realização de seu "propósito consciente", que poderá aparecer, em relação aos educandos, como um "verdadeiro sadismo". Assim, o intuito de "corrigir a própria meninice só pode significar vingar-se", uma vez que "a vontade educativa comporta em si uma compulsão sádica para educar, fundamentada no inconsciente".[35] Um terceiro motivo seria o "desejo de ter filhos" frustrado, o que leva algumas mulheres a se tornarem melhores educadoras ao adotarem como seus os filhos de outros, embora o desejo de ser educador desapareça com a realização efetiva desse desejo.[36]

Isso tudo indica que as "motivações conscientes" que levam o educador a educar nada mais são do que "racionalizações secundárias", já que "inconscientemente" o educador teria outras motivações. Negligenciado, este aspecto talvez justifique "a dificuldade extrema de apreender os problemas da educação".[37] O único caminho, ressalta Reich, seria a psicanálise individual dos educadores, a fim de convencê-los do verdadeiro significado de sua atuação – aliás, caminho já aludido por Freud em textos anteriores –, mesmo que se defendam alegando estar sempre agindo pensando "no bem" da criança. Assim, com base em pressupostos *educacionais* freudianos e sem deixar de observar que "a questão da educação é inseparável da organização social e das neuroses", Reich aponta para a educação de educadores, observando que o educador, livre de suas neuroses, poderia se tornar capaz de educar interferindo (negativamente) o menos

---

35 Ibid., p.66.
36 Num outro texto, Reich dirá que embora, para alguns, somente a vinda de um filho possa consolidar o casamento este somente se consolidará mediante condições prévias, como a "harmonia psicogenital" dos pais, pois, quando esta não se estabelece, as crianças tornam-se, pelo contrário, uma nova fonte de mal-estar, receptoras ora de uma "pesada" coação, ora de um amor excessivo não saciado na relação conjugal, que só podem ter consequências prejudiciais para o seu desenvolvimento. Reich, 1977c, p.100.
37 Reich, 1975g, p.66.

possível na formação da criança, estando pronto para reconhecer e corrigir os erros que poderiam implicar consequências graves.

Partindo do campo terapêutico (médico), Reich pretendia ser útil no campo educacional. Ou seja, objetivava "chegar a uma *teoria de economia psíquica* que poderia ser de uso prático no campo da educação", embora considerasse que a sociedade deveria tornar possível ou rejeitar sua aplicação prática.[38] Mas será realçando as dificuldades de consenso de ideias em relação à criança que Reich analisará os problemas da educação, a partir de uma perspectiva de *"prevenção das neuroses"* [*Neurosenverhütung*], apoiando-se em pesquisas psicanalíticas da época que sublinhavam não haver meio mais adequado para "evitar o conflito neurótico". Seguindo esta linha de argumentação, o conflito independeria da posição econômica, da classe social, da nacionalidade ou da raça, tendo sua origem em "circunstâncias muito mais primitivas, que remontam à relação criança-pais (complexo de Édipo)".[39] Somente o seu resultado, isto é, a neurose, é que dependeria, "segundo a forma e gravidade, da natureza das vivências acidentais, em particular do carácter dos pais", de modo que a gravidade de uma doença psíquica seria diretamente proporcional "ao número de frustrações necessárias e desnecessárias e à severidade com que foram infligidas".[40] Dada esta proporcionalidade, Reich parece considerar a possibilidade de mitigar a neurose pela supressão das frustrações "desnecessárias". Logo, se atentos às relações que se reportam ao processo educacional, poderíamos eliminar as interferências externas consideradas "desnecessárias", amenizando, com isso, os prejuízos causados pela neurose. Contudo, admite que sua investigação acerca da formação do caráter não passaria de teoria estéril enquanto não conseguisse diferenciar o caráter saudável do patológico, de modo a oferecer, com isso, "linhas diretrizes no campo da educação", mesmo reconhecendo as "dificuldades impostas pela moral sexual ao educador que deseja criar homens e mulheres saudáveis".[41]

---

38 Cf. Reich, 1995, p.162-3.
39 Reich, 1975g, p.61.
40 Ibid., p.61.
41 Reich, 1995, p.155.

Esclarecimento sexual e onanismo infantil

A ênfase reichiana no trato de questões educacionais tem uma particularidade: é indissociável da discussão acerca da sexualidade. Não por acaso, os textos de Reich procuram articular ambos os temas (educação e sexualidade) à possibilidade de profilaxia das neuroses. De diferentes formas e com intensidades variáveis, essa articulação avança em direções diversas. Assim, a discussão da educação como *criação* dá margem a outros aprofundamentos, por exemplo, uma interlocução com aquele que, entre pais e professores, é o responsável pela educação da criança. Embora isso também possa ter desdobramentos diversos, o que nos interessa ressaltar é a ênfase dada por Reich ao esclarecimento sexual [*Sexualaufklärung*][42] de educadores, sobretudo acerca do onanismo infantil.

Curiosamente, grande parte dos textos de Reich que se encaixam nesta perspectiva são de finais dos anos 1920 e foram, em sua maioria, publicados na *Zeitschrift für psychoanalytische Pädagogik*, acompanhando, portanto, a discussão antes mencionada acerca da relação entre psicanálise e educação. Para além dela, Reich começa a sedimentar as bases daquilo que na sequência dos acontecimentos de sua vida extrapolaria o campo teórico, atingindo o campo prático do "aconselhamento sexual", a ser analisado em tópico subsequente. Por ora, cabe destacarmos algumas de suas ideias relacionadas às inconvenientes e habituais atitudes dos educadores perante o onanismo infantil, entre outros esclarecimentos concernentes às questões sexuais.

Inicialmente influenciado por Freud, Reich considerará o onanismo como uma decorrência do desenvolvimento infantil natural, e não como um vício doentio que precisa ser tolhido.[43] Caracterizando-se por uma reação às excitações corporais provenientes do apa-

---

42 Cf. Reich, 1988, p.79. É interessante ressaltar a nota preliminar da tradução de Almeida ao livro *Dialética do esclarecimento* que enfatiza que o termo *Aufklärung* – aqui traduzido por esclarecimento – corresponde, tanto no sentido da linguagem ordinária no alemão como no português, ao "processo pelo qual uma pessoa vence as trevas da ignorância e do preconceito em questões de ordem prática (religiosas, políticas, sexuais etc.)". Cf. Adorno; & Horkheimer, 1985, p.7.
43 Cf. Reich, 1927, p.263.

relho genital, por uma espécie de comichão, de coceira, enfim, de uma tensão que procura ser eliminada por meio de fricções que propiciam sensações de voluptuosidade, o onanismo, ao contrário do que pensam alguns, não é característico apenas de algumas crianças, mas se faz presente em diferentes fases entre a infância e a puberdade, como um sintoma de que o grau genital do desenvolvimento da libido foi atingido.

Lamentavelmente, diz Reich, pais e educadores, em sua ignorância, fazem da questão sexual um tabu, levando a criança a perceber desde cedo que este é um assunto do qual não se fala. Não entendem que a "brincadeira de médico" que proporciona o ato de apalpar e examinar a genitália é apenas uma consequência, e não a causa do processo de excitação que surge na infância; que o fato de a criança querer ser abraçada e beijada é apenas uma necessidade do cotidiano e que a proibição do onanismo pode desenvolver uma "atração pelo proibido", aumentando a excitação, levando-a a explorar outras possibilidades para atingir o seu intento: da cama, passa a se masturbar no banheiro; não o faz mais com a mão, mas pela compressão das coxas, pela pressão dos genitais, pela fricção dos membros etc. Masturbando-se secretamente, a criança se sujeita a efeitos colaterais, como o sentimento de culpa e dificuldades sexuais posteriores.

Embora a proibição do onanismo não seja a única responsável pela produção de neuroses, a forma como ela ocorre é determinante. É neste sentido que a habitual "prevenção da educação contra o onanismo" é passível de recriminação, já que interrompe a excitação sexual natural de uma forma patológica, costumeiramente com base em ameaças de que lhe vão cortar as mãos, de que seu membro sexual cairá, de que uma doença fatal se instalará, de que um espírito maligno a virá pegar, entre outras que nada mais fazem do que desestabilizá-la, podendo até conduzi-la ao onanismo duradouro. Enfim, o processo natural do onanismo é passível de punição, atitude que, por sua vez, corresponde a um dos motes da compulsão a educar. Embora inconsciente, esta atitude está relacionada ao medo que os próprios pais têm em relação ao onanismo. Muitas vezes, ao verem os filhos se masturbarem, veem despertar sua própria vontade reprimida, agindo, em relação aos filhos, da mesma forma com que seus pais o fizeram: abominam o onanismo, punem severamente aqueles que o praticam, quando o mais saudável seria deixar que este processo ocorresse naturalmente. A masturbação infantil, dirá Reich, não é sinal de anormalidade, pelo contrário, é um pré-requisito para a futura primazia genital, para a vida sexual estável e para a saúde mental. A proibição é seu único problema, já que, sem reprimi-lo completamente, gera "sentimentos de culpa", entre outras coisas que perturbam o curso da excitação durante o ato sexual, causando "neurastenia". Mas, se praticado sem sentimento de culpa, sem remorsos periódicos e sem interromper o curso da excitação, o onanismo não é prejudicial.[44] Ele apenas demonstra que o indivíduo, com treze ou catorze anos, "já é sexualmente maduro numa fase em que não tem condições de casar-se, e em que a possibilidade de encontrar uma parceira sexual é muito relativa",[45] embora enfatize que há limites para a satisfação sexual por essa via, já que a excitação é sempre maior. Contudo, desde que surge pela primeira vez, por volta dos dois anos, não deve ser tolhido. Deve-se deixar, por exemplo, que o menino brinque com seu membro sem que se instaure uma proibição, capaz, apenas, de propiciar a base para transtornos sexuais, para o surgimento do sentimento de culpa e do medo que, como vimos, aumentam a excitação e, consequentemente, a frequência da masturbação. Ainda assim, Reich avalia ser preferível uma educação que cause fixação na masturbação do que uma que a reprima completamente, não deixando de salientar, para além disso, que a atitude de "pais progressistas" que "gentilmente" distraem seus filhos da masturbação também deve ser avaliada, já que as crianças são sensíveis o suficiente para perceberem que o inconsciente adulto nada mais quer do que evitar o prazer genital.

---

44 Cf. Reich, 1980a, p.31. Originalmente, esse livro foi publicado em 1932 como *Wenn dein Kind dich fragt* pela Verlag für Sexualpolitik [Editora Sexo-política] em Berlim, onde era utilizado em discussões de grupos comunistas (cf. Reich, 1976d, p.156-7).
45 Reich, 1980a, p.31.

Visando ao esclarecimento sexual dos pais e educadores que consideravam inadmissível a ideia de que as brincadeiras genitais infantis deviam ser toleradas por se tratar de exteriorizações de um desenvolvimento natural e sadio, Reich destaca, mais uma vez, que o onanismo é inofensivo, saindo em defesa da preservação dos direitos genitais das crianças e dos jovens. É com esse objetivo que se empenha em orientar pais e educadores na condução da educação das crianças, embora observe os limites de suas contribuições, dado que tudo o que está relacionado ao sexo é tratado, desde a primeira infância, como algo "proibido", "nocivo" e "criminoso". Assim, embora alguns conscientemente se libertem dessas falsas acusações, tais ideias ficam de tal forma arraigadas no inconsciente que uma simples explicação, no nível consciente, de que o onanismo é inofensivo muitas vezes não consegue nenhum resultado. De toda forma, o esclarecimento sexual é de suma importância, sobretudo quando se tenta desmistificar as artimanhas de uma educação *antissexual*, que relaciona o onanismo a possíveis danos dos órgãos sexuais, principalmente das meninas, ou à possibilidade de se tornar alvo de ejaculações precoces posteriores, no caso dos meninos.

Esse tipo de educação, dirá Reich em 1936, destrói desde a infância os ritmos biológico e natural, fazendo que a maioria das pessoas desenvolva formas "artificiais" de atividade genital, quando não a abandonam completamente.[46] Contudo, o fato de a criança ter sido educada sexualmente não garante que não se torne "difícil" ou apresente problemas sexuais, sendo determinantes o tipo de vida sexual e a forma como é educada até o momento em que é *esclarecida* sobre questões sexuais.[47] Embora, algumas vezes, seja difícil compreender como uma criança *esclarecida* sexualmente possa apresentar "angústia genital",[48]

---

46 Cf. Reich, 1984c, p.152. Publicado originalmente como: Reich, Gespraech mit einer vernuenftigen Mutter, *Zeitschrift für Politische Psychologie und Sexualökonomie*, 1936.
47 No texto supracitado, a mãe considera que o fato de a filha ter "timidez genital", problemas com a masturbação, não gostar da escola – apesar do bom rendimento –, seja fruto de uma "educação sexual excessiva".
48 Uma inquietação que nada mais é do que a tentativa de reprimir a excitação. Da fase de retenção das fezes, por exemplo, provém, muitas vezes, um medo

Reich explica que isso não basta, pois, na maioria das vezes, o meio em que a criança vive a impede de ser sexualmente ativa. Logo, embora *esclarecida* sexualmente, a criança age como se não o fosse, já que não tem oportunidades para utilizar seu corpo como a natureza desejaria. Esse é o grande erro de muitos "pedagogos progressistas", incluindo os da "escola freudiana", critica Reich. Embora não neguem a educação sexual (ao menos teoricamente), parecem desconsiderar que o meio em que a criança vive – e aqui se inclui a escola – limita suas ações das mais diferentes formas, demonstrando-se hostil à sexualidade.

Para além disso, nota-se que a criança é vítima de uma educação que a proíbe, de maneira geral, de fazer coisas quando ela ainda não consegue entender o porquê; age de forma inofensiva e é repreendida severamente por pais e educadores que temem por seu futuro cultural. É por isso que Reich enfatiza ser preciso que os educadores, de maneira geral, estejam atentos ao cotidiano das crianças e às suas próprias atitudes em relação à educação, verificando, entre outras coisas, se estão prontos para colocar em prática aquilo que aceitam intelectualmente, lembrando que frequentemente são suas experiências anteriores que os impedem de implementar suas convicções e conhecimentos.

Tendo em vista suas críticas à educação *antissexual*, grande responsável pelos homens e mulheres perturbados em suas capacidades sexuais, Reich retomará, com base na educação existente – em especial, na educação sexual [*Sexualerziehung*] –, a necessidade (ou não) de se esclarecer sexualmente [*sexuell aufklären*] as crianças e a acostumá-las à contemplação do corpo humano nu. Segundo afirma, embora sejam comuns, na infância, a exibição e a observação de partes eróticas do corpo, as crianças sofrem repressões de uma educação que não tem quaisquer preocupações com preceitos higiênicos, mas

---

que surge como consequência de ordens prematuras de que não pode sujar a cama, que a deixam tensa a fim de reter seus excrementos, diante de uma sensação intestinal. Quando entra na fase genital, a criança, marcada por esta fase anterior, conecta as sensações do intestino – as quais aprendeu a associar ao perigo – às sensações genitais, desenvolvendo angústia genital.

que, pautada em princípios éticos, apenas valoriza negativamente a sexualidade. A criança logo aprende que não deve exibi-las nem tampouco observá-las em outras pessoas, e, quando o faz, é tomada ou pelo sentimento de culpa por fazer algo que lhe fora proibido, ou pela transformação de sua curiosidade natural em "curiosidade lasciva". Dependendo do grau e do volume da repressão, enfatiza Reich, as crianças desenvolvem desde "timidez", "vergonha" e "lascívia" até uma posterior "atrofia da vida amorosa", resultados que, segundo ele, nenhum educador pode considerar como desejáveis. Por outro lado, ressalta Reich, não basta simplesmente que se aceite a educação da nudez e se tente implementá-la sob o risco de se confundir a criança e de tornar ilusória qualquer experiência educacional prática. Antes de se estabelecer uma "nova educação sexual", diz ele:

> é preciso decidir sem sofismas a própria situação perante a afirmação ou negação sexual; devemos ser contra ou a favor da moral sexual predominante; sem tal clareza sobre a própria posição perante a questão sexual, qualquer discussão será inútil; ela é a pressuposição para um entendimento nesses assuntos.[49]

Reich, contudo, não apela simplesmente para o extremo oposto, ou seja, a instauração de uma educação sexual pura e simplesmente, mesmo porque demonstra que, embora isso seja importante, não pode se resumir a uma medida isolada. E é neste sentido que dirá:

> quem almeja não apenas ilhas no oceano da moral social, mas a reforma geral no concernente à nudez e à sexualidade natural, examinará a relação da nudez para com os demais aspectos da vida sexual e terá que decidir se também as consequências de seus esforços [...] estão de acordo com as suas intenções.[50]

Assim, não basta que o educador recuse a educação sexual *negativa* ou antissexual que gera perigos à saúde e passe a defender a educação sexual *afirmativa* que reconhece o valor da sexualidade,

---
49 Reich, 1984c, p.95.
50 Ibid., p.96.

mas é preciso formular as condições e consequências de uma educação deste tipo. Não basta que os pais eduquem seus filhos sexualmente de acordo com suas convicções, pois, além de serem poucos e não terem influência social alguma, exporiam seus filhos a conflitos graves ante a ordem e a moral social existentes. A educação sexual, diz Reich, "fornece problemas muito mais sérios e cheios de consequências do que pensa a maioria dos reformadores sexuais", e justamente por isso progride tão pouco, provocando hesitações e cuidados diante do temor de entrar em conflito grave com a ordem social conservadora. Reich, então, dirá que

> com nossa aprovação da nudez, com nossa educação sexual – não sobre a fecundação das flores, mas dos *seres humanos* – e mais outras coisas bonitas, estamos retirando uma pedra após outra do próprio edifício da moral conservadora; que o ideal da virgindade feminina até o casamento também perde a sua substância, bem como o da monogamia eterna, e com este o próprio ideal do casamento. Pois nenhum indivíduo sensato afirmará que as pessoas que tiveram uma educação sexual séria, firme e cientificamente fundamentada, isto é, verdadeira, se sujeitará à compulsão dos costumes e da moral vigentes.[51]

Pelo exposto, nota-se que o esclarecimento sexual e as possibilidades efetivas de exercício da sexualidade faziam, entre outras coisas, parte de uma intenção – talvez tímida no início – de transformação social, cuja ideia foi sendo amadurecida ao longo da obra de Reich, visando, em última instância, à prevenção das neuroses, como veremos a seguir.

EDUCAÇÃO SEXUAL E POLÍTICA

> [...] o que interessa de fato é a *profilaxia* das neuroses, objetivo para cuja realização prática, no moderno sistema social, faltam todas as condições prévias; que, em suma, só a mudança radical das instituições e ideologias sociais (mudanças que de-

---

51 Ibid., p.99.

pendem do êxito das lutas políticas de nosso século) criará as condições necessárias a uma ampla profilaxia das neuroses.

Wilhelm Reich

Não há como desconsiderar que a atmosfera política vivida por Reich entre finais dos anos 1920 e início dos 1930, período de extrema efervescência cultural, de discussões acaloradas acerca do marxismo, de problemas étnicos, de crises políticas e econômicas que contribuíram para o crescimento do movimento nacional-socialista alemão e das consequentes perseguições nazistas (cf. Wagner, 1994, p.53), tenha interferido em suas formulações científicas e militância política, sobretudo tendo em vista que essa foi, segundo ele, uma época de "grandes dúvidas" e muita "turbulência".[52]

Até então, Reich, como vimos, vinha trilhando seu caminho na psicanálise e foi por seu intermédio, particularmente pelo trabalho que desenvolvia na Clínica Psicanalítica de Viena até 1928, que estabeleceu um contato mais estreito com a classe trabalhadora, empenhando-se no estudo da origem social das enfermidades mentais e da importância da profilaxia das neuroses, realizando, entre outras atividades, palestras e cursos em locais como a Associação de Médicos Socialistas de Berlim e a MASCH – Marxistische Arbeiter Schule [Escola de Trabalhadores Marxistas]. Ainda com esse intuito e visando aplicar conceitos da economia sexual à vida social, Reich lidera um movimento de política sexual – que, como veremos, ficou conhecido como Sexpol – cuja meta era, *grosso modo*, orientar as massas em seus problemas sexuais e, a partir disso, prepará-las politicamente, no que muito lhe serviram os ensinamentos de Marx e Engels[53] e sua experiência como filiado ao Partido Social-democrata

---

52 Cf. Reich, 1976b, p.73-5.
53 Reich relata ter lido, em 1927, *O capital*, de autoria de Karl Marx (cf. Reich, 1976b, p.53). Ainda nesse ano, leu *A origem da família*, de Friedrich Engels (cf. ibid., p.72).

Austríaco, ao Partido Comunista Austríaco e, mais tarde, ao Partido Comunista Alemão.[54]

Uma das primeiras ações de Reich nesse sentido ocorreu ainda em Viena, entre 1928-1929, por meio de um grupo do qual fazia parte Lia Laszky.[55] Com o intuito de aconselhar e prestar esclarecimentos sobre questões sexuais à população, o grupo – que era composto por um(a) pediatra, um(a) ginecologista que falava com as mulheres, por Lia, que falava com as crianças e por Reich, que, além de arcar com as despesas do furgão, dos panfletos e anúncios, falava com os adolescentes e os homens – percorria o subúrbio e áreas rurais da cidade, muitas vezes de porta em porta. Além de promover palestras com temas políticos de perspectiva socialista, o grupo realizava atividades de entretenimento, como, por exemplo, quando se reuniam para cantar músicas conhecidas, cujas letras eram trocadas por temas sexuais e políticos.

Embora se tornasse evidente que havia um maior interesse da população pelas questões sexuais do que pelas políticas propriamente ditas, Reich defendia a ideia de que isso era apenas uma das consequências da repressão sexual que devia ser utilizada a favor do movimento. Ou seja, a partir do contato com questões sexuais poder-se-ia levá-los a refletir acerca da ideologia política. Não por outro motivo fundou, em 1928, juntamente com outros quatro psicanalistas – Annie Angel, Edmund Bergler, Annie Reich, Richard Sterba –, três médicos obstetras e um advogado (Dahmer, 1983, p.220) a Sozialistische Gesellschaft für Sexualberatung und Sexualforschung [Associação Socialista para Aconselhamento e Investigação Sexual] em Viena, que, em colaboração com o Partido Comunista Austríaco, abriu em 1929 a primeira Sexualberatungs-Klinik für Arbeiter und

---

54 Cf. Roudinesco; Plon, 1998, p.651. Ao que consta, o apoio e estrutura do Partido Comunista proporcionou dimensões mais amplas para o movimento, sobretudo quando do envolvimento da juventude comunista (cf. Dadoun, 1991, p.360).

55 Estudante de psicanálise e militante do Partido Comunista, Lia – que se tornou sua amante – parecia ser a companhia ideal para que Reich discutisse seu trabalho sexopolítico.

Angestellte [Clínica de Aconselhamento Sexual para Trabalhadores e Empregados], dedicando-se intensamente aos objetivos de propiciar informações sobre o controle de natalidade, problemas conjugais e sexuais, criação dos filhos, educação sexual para crianças e adolescentes, entre outros temas dos quais Reich dizia tratar, nessa época, como "um médico interessado em promover a saúde da população, e não como militante comunista" (Albertini, 1994, p.41). Em dezoito meses, a clínica havia atendido setecentos casos, 30% dos quais com sucesso e 70% demonstrando a necessidade de um tratamento mais prolongado. Para Reich, nessa época, somente uma economia socialista poderia propiciar melhores condições ao homem, como moradia e alimentação adequadas, anticoncepcionais, possibilidade de aborto, apoio social para a educação de crianças, mudanças nas leis do divórcio e do casamento etc. Relembrando esse período, Reich diz: "Oh, havia muitos [indivíduos]. Mas eu tinha o cuidado de estabelecer uma base concreta, médica e educacional para toda a questão de modo a estar plenamente preparado para quaisquer problemas que pudessem surgir" (Higgins & Raphael, 1979, p.86).

Paralelamente, Reich, como membro do Partido Social-democrata, criou em 1929 o Komitee revolutionär Sozial demokraten [Comitê dos Revolucionários Social-democratas], composto por dez membros, cujo intuito era criticar a atitude reservada de seus líderes em relação às posições do governo cristão socialista. Acusado pelos social-democratas de violar a disciplina interna do partido com essa atitude pretensamente "comunista", Reich foi expulso em 16 de janeiro de 1930. Esse, entre outros acontecimentos, como a pressão crescente sobre seu trabalho "social-higiênico", fruto da atitude de Freud contra seu trabalho "sexopolítico" e suas relações conflituosas com os colegas vienenses que o acusavam de não estar fazendo psicanálise, levaram-no a acabar com a *"florescente clínica médica em Viena, bem como com o magistério psicanalítico"*,[56] motivando-o a mudar-se – em setembro desse ano – para Berlim, onde, em pouco tempo, se integrou à Sociedade Psicanalítica de Berlim e ao Partido Comunista Alemão,

---

56 Cf. Reich, 1979a, p.14.

rejeitando qualquer função oficial para dedicar-se ao "trabalho de política sexual na base" (Dadoun, 1991, p.113-4). Lá instaurou um seminário técnico similar ao que dirigia em Viena, além de se envolver com diferentes organizações concentradas em temas sexopolíticos, com apoio das quais fundou clínicas de aconselhamento sexual. Diferente da Áustria, a atmosfera na Alemanha – em especial de Berlim – era propícia para o desenvolvimento dessas atividades, já que reunia, num total aproximado de oitenta organizações, 350 mil membros que reivindicavam reformas sexuais. Apesar de aglutinarem um número de pessoas muito superior a qualquer partido político, tais organizações, além de não terem muita influência sobre a legislação, não tinham uma discussão clara acerca da sexualidade – sobretudo da juventude – ou orientações sociopolíticas, ainda que reivindicassem coisas importantes como a legalização do aborto, o fim da educação compulsiva e da penalização dos "desvios sexuais", como a homossexualidade. Relembrando esse trabalho, Reich diz:

> Desapontavam-se quando lhes faziam palestras eruditas sobre a demografia em vez de ensinar-lhes como deveriam educar os filhos para serem vitalmente ativos; como deveriam os adolescentes enfrentar as suas necessidades sexuais e econômicas; e como deveriam as pessoas casadas tratar os seus conflitos típicos.[57]

Com o intuito de defender questões sexuais em comum, Reich propôs ao Partido Comunista Alemão uni-las numa "organização de massas com base num programa de política sexual revolucionária", que seria, então, dirigida por ele, por outros dois médicos, por um deputado do Parlamento Alemão (*Reichstag*) e pelos dirigentes da IFA – Interessengemeinschaft für Arbeiterkultur [Comunidade de Interesses para uma Cultura dos Trabalhadores]. Na primavera de 1931, no primeiro congresso da então denominada Deutscher Reichs verband für proletarische Sexualpolitik [Associação Alemã para uma

---

57 Reich, 1984a, p.205. Reich ressalta que, embora muitos de seus membros fossem filiados ao Partido Cristão, ao Partido Social-democrata e ao Partido Comunista, não misturavam seus papéis entre a organização e os partidos políticos.

Política Sexual Proletária], Sexpol, realizado em Düsseldorf, reuniram-se oito organizações que representavam 20 mil pessoas e que, com as crescentes filiações e ramificações – em Stettin, Dresden e Leipzig –, logo reuniu cerca de 40 mil membros filiados. A ideia era que, ao abordarem problemas políticos a partir das necessidades pessoais, os oradores da Sexpol ampliassem os interesses dos indivíduos "não politizados" pela política, embora "este método que consistia em atingir os grandes problemas da política de classes partindo do que é mais pessoal, em vez de se fechar na alta política, os representantes do partido chamaram-lhe 'desviacionismo contrarrevolucionário'".[58]

Nessa ocasião, Reich apresentou a "plataforma de política sexual" que visava: à distribuição gratuita de contraceptivos e propaganda maciça pelo controle da natalidade; à abolição das leis contra o aborto, com possibilidade de realização em clínicas públicas e apoio financeiro e médico às gestantes e mães enfermas; à abolição de distinções legais entre casados e não casados, liberdade para o divórcio e erradicação das causas que geravam a prostituição; à ampla educação sexual para eliminação das doenças venéreas; à prevenção das neuroses e problemas sexuais por meio de uma "educação afirmativa da vida" e estabelecimento de clínicas terapêuticas; ao treinamento de profissionais no campo da higiene sexual; ao tratamento das transgressões sexuais e proteção das crianças e adolescentes contra a sedução adulta. Apesar de o Comitê Central do Partido Comunista tê-la aprovado, o corpo executivo da WLSR – World League for Sexual Reform [Liga Mundial para a Reforma Sexual] recusou-a por considerá-la "muito comunista". Entre os oponentes das ideias de Reich estava o dr. Magnus Hirschfeld (1868-1935),[59] líder da WLSR, para quem a defesa das ideias das organizações deveria ser independente de quaisquer alianças políticas, sobretudo comunistas, pois o intuito era que não se *provocasse* ninguém e se agisse de forma apolítica.[60]

---

58 Reich, 1976a, p.89.
59 De origem alemã, o médico, psiquiatra e sexólogo judeu, fundador do Instituto de Ciências Sexuais em Berlim, defendia a ideia de que não se deveria punir quaisquer formas de expressão sexual, em particular a homossexual.
60 Cf. Reich, 1994, p.85.

A EDUCAÇÃO EM WILHELM REICH   113

Por outro lado, a "vitalidade", a "expansão" do movimento, assim como a "inevitável comoção de toda a linha política que se produziu a partir da irrupção da questão sexual e da psicologia", ao que consta, "assustaram" os dirigentes do Partido Comunista, "bem como muitos quadros que não se sentiam em condições de controlar e explorar, para sua propaganda e recrutamento, a jovem e dinâmica organização de Reich" (Dadoun, 1991, p.114-5). A partir disso, teve início uma campanha para denegrir sua imagem e a de seu trabalho, frequentemente atacados por declarações do tipo: "*Entre nós se faz política e não política sexual!*" ou "*Para nós não é a questão sexual que está em primeiro plano, mas a questão econômica [...] Devemos acabar com esta maldita filosofia sexual*".[61] Ou seja, temendo que a atividade da Sexpol a favor da sexualidade enfraquecesse o "ardor revolucionário das massas", o Partido Comunista Alemão acusou Reich de "querer transformar os ginásios em bordéis e de não privilegiar a luta econômica" (Roudinesco, 1988, p.61). Portanto, não tardou que fosse acusado de substituir a economia política pela política sexual, embora se defendesse insistindo no argumento de que era preciso resgatar o interesse das massas por questões sexuais para poder inseri-las no âmbito das questões políticas.

Além disso, o Partido Comunista Alemão proibiu a publicação de textos como *Der Sexuelle Kampf der Jugend*[62] [O combate sexual da juventude],[63] pela Worker's Cultural Press [Imprensa Cultural dos Trabalhadores],[64] fazendo dele o estopim para a expulsão de Reich do Partido Comunista em 23 de novembro de 1933. Comen-

---

61 A primeira declaração teria sido dada por um dos dirigentes do Partido Comunista Alemão e a segunda por um dirigente da IFA (cf. ibid., p.116-7).
62 Reich, 1932. Submetido à apreciação de representantes de diferentes organizações da juventude cuja análise foi incorporada no texto, esse livro foi, mais tarde, revisto por Reich, que fez modificações significativas (cf. Reich, 1984b, p.161-222).
63 Reich, 1978.
64 Cf. Reich, 1976d, p.155. Isso o levou a fundar a Verlag für Sexualpolitik em 1932, por meio da qual publicou este, entre outros textos rela cionados à temática da educação sexual que se tornaram extremamente populares no âmbito da classe trabalhadora, como, por exemplo: *Ween dein Kind Dich Fragt* [Se teu filho te pergunta] – antes mencionado – e *Das kreidedreieck* [O triângulo de

tando o episódio, Reich diz: "De acordo com o Comitê Central do Partido Comunista Alemão [que deixou de existir em março], comunicamos que o dr. Wilhelm Reich foi excluído do Partido Comunista Dinamarquês [do qual eu nunca fui membro]". Entre os motivos da exclusão estavam: seu comportamento "anticomunista" e "antipartido"; a publicação de um livro "contrarrevolucionário"; a abertura de uma editora sem a aprovação do partido, entre outras coisas.[65]

Não é difícil notar que eram comuns os ataques aos textos de Reich. Exemplo disso foi a publicação de artigo no *Rot Sport* [Esporte Vermelho], em 5 de dezembro de 1932, dizendo *"Parem a distribuição!"*, ao se referir aos seus textos que estavam sendo retirados de circulação sob a alegação de tratarem a educação revolucionária das crianças e dos adolescentes de forma contraditória.

Mais tarde, relembrando esse período, Reich diz:

> Quando trabalhei nos grupos socialistas e comunistas em Viena, de 1927 a 1930, os analistas disseram que eu era comunista. Era uma arma útil para os meus inimigos, sabe. Eu não era um comunista. Não era um marxista. Compreendi Marx, mas vi que o marxismo, como o provei nos meus escritos, era insuficiente para lidar com os problemas [...] Agora, em relação aos comunistas: Nunca fui um comunista no sentido usual. *Nunca fui um comunista político*. Gostaria que isso ficasse bem gravado. Nunca. Oh, sim, trabalhei na organização. Trabalhei com eles. (Higgins & Raphael, 1979, p.110)

Apesar de declarar: "Não sou político e não sou versado em política, mas sou um cientista socialmente consciente",[66] existem disposições em contrário que enfatizam que, embora tenha sustentado nunca ter sido militante político, estava comprometido politicamente, ainda que agisse mais no terreno da higiene mental dos movimentos e das organizações. Exemplo disso foi sua atuação em "organizações culturais liberais, socialistas e comunistas", em que habitualmente

---

giz], ambos escritos por Annie Reich e publicados pela Verlag für Sexualpolitik em 1932 (cf. Sharaf, 1983, p.168-9).
65 Cf. Reich, 1976e, p.200.
66 Reich, 1984a, p.23.

utilizava os "conceitos convencionais da sociologia marxista" nas exposições sobre a economia sexual, o que o colocou, anos antes, na mira dos defensores do nazismo.[67] Contudo, depois do incêndio no Reichstag, atribuído pelos nacional-socialistas aos comunistas e diante do ataque que lhe foi endereçado pelo jornal nazista *Völkischer Beobachter* em 2 de março de 1933, Reich – que, além de membro do Partido Comunista, tinha ascendência judia – não teve outra escolha a não ser deixar Berlim rumo a Viena,[68] onde tentou estabelecer-se sem sucesso devido à não receptividade dos psicanalistas, que queriam distância de suas posições políticas enquanto, ironicamente, os comunistas o atacavam como sendo um freudiano.

Dois meses depois – em 1º de maio de 1933 –[69] foi para Copenhague,[70] a convite de um dos fundadores da WLRS – J. H.

---

67 Depois da subida de Adolf Hitler ao poder em 1933, tornaram-se comuns as monstruosidades contra os livros de determinados autores, sobretudo judeus, "pregados no pelourinho, ou, porque infelizmente não era permitido queimar pessoas, eram incinerados em grandes fogueiras enquanto se recitavam sentenças patrióticas" (Zweig, 1960, p.542).

68 Inúmeros militantes comunistas, intelectuais, deputados e sindicalistas estavam sendo perseguidos, presos ou assassinados, entre os quais estavam três operários responsáveis por grupos de defesa, amigos de Reich que foram detidos e fuzilados nas dependências da SA. Mais tarde, em 9 de abril de 1935, a Gestapo comunicava que, pela segurança pública e manutenção da ordem, alguns livros de Reich – *O que é consciência de classe?*, *Materialismo dialético e psicanálise*, entre outros publicados pela Verlag für Sexualpolitik – deveriam ser retirados de circulação.

69 Vale destacar que, desde maio de 1932, mantinha um romance extraconjugal com Elsa Lindenberg, uma comunista militante, dançarina da ópera City de Berlim. Com o divórcio em 1934, Reich assumiu publicamente esta relação, sem oficializá-la, ainda que a considerasse como sua segunda esposa (cf. Reich, 1999, p.5). Quando deixou Berlim rumo à Dinamarca, Elsa, embora hesitante, o acompanhou, fato que não se repetiu quando Reich foi para os Estados Unidos da América em 1939. A relação já não era mais a mesma, pois foi sendo minada por fatores como a distância de Reich de suas filhas, as dificuldades que surgiram diante dos comunistas dinamarqueses e o aborto que Reich quis que Elsa fizesse (cf. Sharaf, 1983, p.245), embora, em outra ocasião, tenha admitido que gostaria de ter um filho com ela (cf. Reich, 1994, p.56).

70 Nesta época publicou: *Die Massenpsychologie des Faschismus* – Zur Sexualökonomie der politischer Reaktion und zur proletarischen Sexualpolitik (Reich, 1933). Em agosto de 1942, nos Estados Unidos da América, Reich publicou

Leunbach[71] –, onde ficou até 1° de dezembro de 1933, quando, então, por não ter seu visto prorrogado, foi temporariamente para Malmö. Em meados de 1934, voltou ilegalmente para a Dinamarca, fixando-se temporariamente em Shetten sob o pseudônimo de Peter Stein, mas logo depois se transferiu para Oslo, onde – a convite do professor Harald Schielderup, diretor do Instituto de Psicologia da Universidade de Oslo[72] – residiu até o verão de 1939, além de criar o Institut für Sexualökonomische Lebensforschung [Instituto de Pesquisas Biológicas de Economia Sexual], em que se reuniam médicos, psicólogos, educadores, sociólogos e assistentes de jardins de infância.[73]

Com base nas particularidades desse período, é possível dizer que estas certamente interferiram em suas publicações de finais dos anos 1920 e início dos anos 1930, nitidamente marcadas pelo abandono de uma perspectiva basicamente familiar concernente à *criação* de crianças e esclarecimentos sexuais próprios do período precedente, em prol de uma perspectiva social e política,[74] ainda que passe por

---

a terceira edição em língua inglesa, aumentada e corrigida, abolindo-se os termos marxistas, sob a seguinte justificativa: "O conhecimento biológico da economia sexual havia sido comprimido dentro da terminologia marxista comum como um elefante numa toca de raposa. Já em 1938, quando revia o meu livro sobre a juventude, observei que, decorridos oito anos, todos os termos da economia sexual tinham conservado seu significado, enquanto as palavras de ordem dos partidos, que incluíra no livro, se tinham esvaziado de sentido. O mesmo aconteceu com a terceira edição de *Psicologia de Massas do Fascismo*" (Reich, [s.d.]b, p. XXVII).

71 Médico dinamarquês, membro da Sexpol (cf. Reich, 1994, p.82). Reich, então, enfatiza: "Deste modo não foi a polícia ou a falta de emprego que causaram minha imigração da Áustria, mas meus colegas de profissão" (Reich, 1976e, p.196).

72 Onde tinha acesso aos laboratórios para o desenvolvimento de suas primeiras experiências biofísicas (cf. Robinson, 1971, p.46).

73 Também nesse período Reich conheceu, como veremos, Alexander Sutherland Neill e começou a desenvolver a técnica terapêutica da vegetoterapia, ligando o tratamento pela palavra à intervenção no corpo e à possibilidade do reflexo do orgasmo (cf. Roudinesco; Plon, 1998, p.652).

74 É interessante ressaltar a seguinte observação de Reich: "O mais complicado a respeito da minha posição objetivamente inexpugnável era que, enquanto ninguém quisesse ouvir os fatos que eu apresentava, ninguém poderia negá-los. Todos sabiam, naturalmente, que a terapia individual, no plano social, não

questões acerca da educação e da família autoritárias, da educação sexual da juventude, entre outros temas voltados a uma perspectiva de modificação social e econômica em benefício da profilaxia das neuroses, tal como veremos a seguir.

A família como fábrica de neuroses

Definida como uma "*fábrica de ideologias autoritárias* e estruturas conservadoras", a família era considerada por Reich um "instrumento de educação" pelo qual passa, quase sem exceção, todo membro da sociedade. Atuando como mediadora entre a estrutura econômica da sociedade e sua superestrutura ideológica, a família transmite, a cada um dos seus membros e pela educação, não apenas atitudes gerais com respeito à ordem social e maneira de pensar conservadora, mas também exerce influência imediata sobre a estrutura sexual. Será, portanto, por meio de uma educação familiar, sexualmente repressora, que a criança será educada de modo a não ousar praticar, por exemplo, jogos sexuais, mesmo quando tiver oportunidade de fazê-lo. Assim, torna-se séria candidata a graves prejuízos em sua vida sexual posterior, além de enfraquecer suas funções intelectuais e emocionais, principalmente de autossegurança, de força de vontade e de capacidade crítica, tornando-se incapaz para a democracia.[75] Portanto, o papel da família neste processo, sobretudo no que diz respeito à repressão sexual, é não apenas determinante como também reprodutor do próprio sistema. Ou seja, os pais, ao exigirem obediência dos filhos, os estão preparando para a ulterior obediência à autoridade do Estado e do capital, além de paralisar as "faculdades intelectuais críticas das massas oprimidas"

---

tinha consequências; que a educação era desesperadora e que as ideias e as conferências sobre educação sexual não eram suficientes" (Reich, 1984a, p.178).

75 Para Reich, uma característica corriqueira da educação familiar é o fato de os pais, sobretudo as mães, que não trabalham fora do lar, procurarem nos filhos o "conteúdo da vida", tratando-os como "cachorrinhos de estimação", os quais podem amar, mas também maltratar à vontade, tornando-se, portanto, "completamente inadequados" para a educação da criança.

e prejudicar a "capacidade psíquica", criando inibições, falta de espírito crítico e de opinião pessoal que os impedem de rebelar-se.[76] Em síntese, a conexão entre a repressão sexual e a ordem social autoritária evidenciava o comprometimento da sexualidade natural e, portanto, do desenvolvimento caracterológico repercutindo na formação de crianças submissas, temerosas de toda e qualquer autoridade, incapazes de qualquer rebelião.

Considerando que a família "representa provisoriamente para a criança a própria sociedade",[77] Reich enfatiza que é com o seu auxílio que a sociedade autoritária se reproduz, fazendo dela a principal *"célula germinativa da política reacionária*, o centro mais importante de produção de homens e mulheres reacionários",[78] que, por terem recebido e conservado uma "educação autoritária", não conhecem as "leis naturais da autorregulação", não têm confiança em si próprios, temem a própria sexualidade, rejeitam a responsabilidade por seus atos e têm necessidade de direção e orientação, já que a inibição sexual os impede de pensar e agir racionalmente. Considerando que tanto a estrutura social como a econômica determinam "modos definidos de vida familiar", que "não só pressupõem formas definidas de sexualidade como também as produzem, na medida em que influenciam a vida pulsional da criança e do adolescente, do que resultam mudanças de atitudes e de modos de reação", Reich dirá que

> um conhecimento exato dos mecanismos que fazem a ligação entre a situação econômica, a vida pulsional, a formação do caráter e a ideologia, tornaria possível um grande número de medidas práticas, sobretudo no campo da educação e, talvez, até na maneira de influenciar as massas.[79]

---

76 Cf. Reich, [s.d.]a, p.176-7. Mais do que isso, Reich relaciona as consequências deste tipo de educação à submissão na escolha de governantes, cujo exemplo mais claro foi a ascensão de Hitler ao poder com o apoio do proletariado alemão, demonstrando, segundo ele, que o fascismo não era "produto de uma política ou de uma situação econômica de uma nação ou de um grupo", mas o reflexo da "insatisfação sexual das massas" (cf. Roudinesco; Plon, 1988, p.653).
77 Reich, 1977a, p.62.
78 Reich, [s.d.]b, p.99.
79 Reich, 1995, p.7-8.

A EDUCAÇÃO EM WILHELM REICH 119

A educação, diz ele, continua a educar as crianças para o ascetismo e os jovens para a abstinência, para o casamento monogâmico,[80] responsabilizando, num primeiro momento, os pais pela repressão que repercute na "miséria psíquica e sexual das crianças", no que são seguidos pela escola, que exerce uma "repressão intelectual", pela Igreja, que promove um "embrutecimento espiritual" e, finalmente, pela "opressão" e "exploração material" dos patrões.[81] Ou seja: "Fomos educados numa família e no sistema capitalista", que nos propiciaram, em consequência da repressão, "deformações sexuais" que estão "ligadas a atitudes inconscientes e recalcadas", fazendo que "não sejamos absolutamente donos de nós próprios na nossa vida sexual",[82] o que não significa imaturidade biológica, mas é *"consequência da educação*, que reprime qualquer pensamento nesse sentido".[83]

---

80 Reich enfatiza o matrimônio como um freio da reforma sexual, a família autoritária como instrumento educacional e a abstinência sexual como elemento fundamental para a educação do matrimônio monogâmico e vitalício e para a família patriarcal, evidenciando que moral, sexualidade, educação, família estão inter-relacionadas.
81 Reich, 1978, p.102. Reich acrescenta que, salvo raras exceções, os "pais proletários [...] vingam-se em casa, nos filhos, da sua servidão na empresa. Aqui, ao menos, é o senhor, pode dar ordens e mandar em alguém. Se não é o cão, é o filho. É evidente que o facto de bater no filho resulta deste estado de espírito [...] Toda a mãe que bate no filho na rua devia ser publicamente repreendida. A organização de uma medida deste gênero levaria rapidamente a opinião pública a participar na luta pela reintegração da criança na sociedade, contra o seu estatuto de escrava da família" (Reich, 1976a, p.47).
82 Reich, 1978, p.125-6. Defendendo-se das críticas, diz: "Acusam a economia sexual de querer destruir a família. Falam do 'caos sexual' que a vida com amor livre acarretaria, e as massas dão ouvidos às palavras dessas pessoas e confiam nelas porque usam casaca e óculos de aro dourado, podendo assim falar como líderes" (ibid., p.125-6). "*Nós* não queremos forçar ninguém a abandonar a vida familiar, mas também não queremos permitir a ninguém que obrigue aquele que *não* a quer a aceitá-la. Quem pode e quer passar toda a vida como monógamo, que o faça; quem, entretanto, não o pode e talvez se arruíne por causa disso, deve ter a possibilidade de organizar a sua vida de outra forma" (Reich, 1979a, p.61).
83 Ibid., p.135.

Realçando a necessidade de uma "educação preventiva" que, em vez de curar, prevenisse as "doenças mentais" criadas diariamente pelos "condenáveis velhos métodos" de educação, Reich observa que, embora a severidade de uma mãe seja capaz de tornar seu filho doente, também o torna "disciplinado", como, aliás, talvez seja o seu objetivo principal. Com base nisso, Reich dirá que o ponto nevrálgico do combate à educação autoritária consiste em convencer o educador que se apega aos princípios autoritários, que "isso *pode* ser eliminado, na medida em que se evitar que a criança se torne neurótica".[84] Em outras palavras, isso significa que a inibição da sexualidade natural não tem causa biológica, mas satisfaz interesses definidos daqueles que detêm o poder social, do qual pais e professores são executores inconscientes, raramente capazes de adivinhar o que se passa com a criança. Esta, por sua vez, sem poder expressar e verbalizar seus sentimentos e desejos, apela, em vão, para uma compreensão, até que desiste, *paralisando-se*. Ou seja:

> A inibição moral da sexualidade natural na infância, cuja última etapa é o grave dano da sexualidade *genital* da criança, torna a criança medrosa, tímida, submissa, obediente, "boa" e "dócil", no sentido autoritário das palavras. Ela tem um efeito de paralisação sobre as forças de rebelião do homem, porque qualquer impulso vital é associado ao medo; e como sexo é um assunto proibido, há uma paralisação geral do pensamento e do espírito crítico. Em resumo, o objetivo da moralidade é a criação do indivíduo submisso que se adapta à ordem autoritária, apesar do sofrimento e da humilhação. Assim, a família é o Estado autoritário em miniatura, ao qual a criança deve aprender a se adaptar, como uma preparação para o ajustamento geral que será exigido dela mais tarde.[85]

Vítimas da incompreensão de pais e professores, entre outras autoridades, os delinquentes são, segundo Reich, mais vitalmente vigorosos do que os jovens bem comportados, justamente por terem se rebelado, se amotinado contra uma ordem social que lhes negava

---

84 Reich, [s.d]b, p.252.
85 Ibid., p.28.

o direito mais primitivo da natureza. Por outro lado: "Parecia que a inibição sexual de uma garota bem educada da classe média era exatamente o que deveria ser",[86] não revelando quaisquer motivos para preocupações por parte da maioria de pais e educadores. A "educação familiar sexualmente repressiva e autoritária" – ao lado das deficiências das condições sociais – era, segundo Reich, a fonte mais importante do "flagelo neurótico", produzido em três estágios: na *primeira infância*, por meio da atmosfera de um lar neurótico; na *puberdade* e finalmente no *casamento compulsivo*. No primeiro estágio, o trato com a limpeza, a insistência no "bom comportamento", nas boas maneiras e no autocontrole absoluto, produz, na criança, efeitos prejudiciais: tornam-na dócil e complacente à proibição da masturbação. Quando chega à puberdade, "repete-se o princípio prejudicial da educação, que leva à estagnação psíquica e ao encouraçamento do caráter. Repete-se sobre a sólida base da inibição anterior dos *impulsos* da infância".[87] Na verdade, diz Reich:

> Os pais reprimem a sexualidade das crianças pequenas e dos adolescentes, sem saber que o fazem obedecendo às injunções de uma sociedade mecanizada e autoritária. Com a sua expressão natural bloqueada pelo ascetismo forçado, e em parte pela falta de uma atividade fecunda, as crianças desenvolvem pelos pais uma fixação pegajosa, marcada pelo desamparo e por sentimentos de culpa [...] As crianças educadas assim tornam-se adultos com neuroses de caráter, e depois transmitem as suas neuroses aos seus próprios filhos. Assim de geração em geração. Dessa forma é que se perpetua a tradição conservadora, que teme a vida.[88]

Reich, então, reforçará que, sob o ponto de vista social, a posição da psicoterapia individual é "desanimadora",[89] o que faz que a pro-

---

86 Reich, 1984a, p.88.
87 Ibid., p.173 (grifo nosso).
88 Ibid., p.172.
89 Reich, 1995, p.2. Em 1952, Reich reforçará essa ideia dizendo que a "*terapia individual não vale a pena. Não vale a pena. Ah, sim, para fazer dinheiro e para ajudar aqui e ali, vale a pena. Mas do ponto de vista do problema social, do problema da higiene mental, não vale a pena. Por isso, desisti. Só as crianças*

filaxia das neuroses somente seja possível se houver uma mudança radical das instituições e ideologias sociais cujo êxito dependeria das lutas políticas, capazes de modificar o regime então vigente de repressão social, política e, sobretudo, sexual. Apesar de advertir não possuir nenhum método rápido e eficiente aplicável a uma "terapia de massas da neurose", Reich indica três caminhos a serem seguidos na pesquisa dos aspectos sociais da psicoterapia: a profilaxia das neuroses, a reforma sexual e o problema geral da cultura, ressaltando a necessidade de "um completo estudo das causas e curas do distúrbio psíquico individual" mesmo sob o risco de ser acusado de promover uma "valorização extravagante e unilateral da psicoterapia e da caracterologia do indivíduo".[90]

Como vimos, também a educação teria um lugar de destaque nesse processo de profilaxia das neuroses. Assim, propondo uma "nova ordenação da vida sexual" a partir da educação da criança, Reich ressalta ser indispensável que "os professores sejam reeducados"[91] e que a população critique os "velhos educadores sexualmente mal instruídos".[92] Com base nas *Teses sobre Feuerbach*, Reich retoma – desta vez pelas mãos de Marx e Engels?,[93] o pressuposto de que o próprio educador precisa ser educado. Ou seja:

> A doutrina materialista, que sustenta que os homens são produto de circunstâncias e da educação, portanto que os homens transformados são produto de outras circunstâncias e de uma educação modifi-

---

valem a pena. É necessário recuar até ao protoplasma não afectado" (Higgins; Raphael, 1979, p.55).
90 Reich, 1995, p.2. Cabe ressaltar que Reich escreve isso em 1933, no prefácio da primeira edição de um de seus livros mais conceituados em termos clínicos numa época em que os conflitos sociais e políticos permeavam os desdobramentos de seus escritos.
91 Reich, 1979a, p.303. No original: "[...] die Pädagogen umgeschult werden [...]" (cf. Reich, 1988, p.262).
92 Ibid., p.303.
93 Cf. Marx; Engels, 1986, p.126. É interessante observar que se, outrora, Reich se remetera a essa temática pelas indicações de Freud, agora o faz pelos de Marx e Engels.

cada, esquece que são precisamente os homens quem transformam as circunstâncias e que o próprio educador precisa ser educado.[94]

Reich explica que:

> O próprio educador deve ter tido uma educação sexual negativa; casa paterna, escola, igreja e todo o meio ambiente conservador o imbuíram de conceitos sexualmente negativos; estes entram em choque com seus próprios pontos de vista afirmativos da vida. Apesar disso, ele tem de se libertar da visão reacionária, se quiser educar positivamente e não hostilmente à vida, tem de formar sua própria conceituação fundamental e impô-la na educação das crianças. Nisso tomará de empréstimo uma grande parte da ciência educativa conservadora, rejeitará muito disso como antissexual (sic) e adaptará outras coisas. Esta é uma tarefa grande e difícil.[95]

Assim, devido a uma "educação sexualmente defeituosa", "a grande maioria dos homens e mulheres é sexualmente perturbada, i. e., permanece insatisfeita durante as relações sexuais", o que demonstra a necessidade de criação de um número de clínicas suficiente para tratar as perturbações sexuais, pois: *"Uma educação sexual que seja sexualmente afirmativa e racional é imprescindível"*.[96] Em outras palavras, isso significa que os "educadores da nova geração, pais pedagogos, dirigentes estatais, políticos, economistas, têm de ser, eles mesmos, sexualmente sãos em primeiro lugar antes de poderem permitir que se eduquem as crianças e jovens corretamente no sentido sexual-econômico".[97] Todo e qualquer impedimento à sexualidade infantil e juvenil por parte dos pais, professores ou autoridades, reforça Reich, deve ser eliminado, pois já não há mais dúvidas *"da necessidade de proteção legal para a sexualidade infantil e juvenil"*.[98] As coisas seriam

---

94 Reich, 1977a, p.31-2.
95 Reich, 1979a, p.290.
96 Reich, 1984a, p.212 (grifo no original).
97 Reich, 1979a, p.301.
98 Ibid., p.304. Reich ressalta: "O médico, ou o professor, tem uma única responsabilidade, i.e., praticar inflexivelmente a sua profissão, sem levar em conta os poderes que suprimem a vida, e ter em mente apenas o bem-estar

mais simples se os próprios pais e professores não tivessem sido educados erroneamente, se não estivessem doentes, mas capazes de fornecer às crianças e adolescentes melhores condições educacionais. Como este não é o caso, diz Reich, o estabelecimento de instituições educacionais modelares para uma educação coletiva – educandários-modelo – em diversas regiões, onde educadores bem instruídos, realistas e sexualmente sadios pudessem observar e resolver os problemas do desenvolvimento dos adolescentes, seria uma importante medida para determinar, de forma completamente diferente da adotada até o momento, a "fisiologia da sexualidade", a "prevenção das doenças mentais" e as "condições da higiene sexual".[99]

Educação coletiva

Não foram poucas as vezes que Reich se posicionou em prol de uma "educação favorável à sexualidade da criança".[100] Em algumas delas, chega a defender a instauração de "outro sistema pedagógico", localizando no jardim de infância experimental[101] de Moscou, idealizado pela pedagoga e psicanalista russa Vera Schmidt (1889-1937), um dos exemplos mais ilustres. Tal experiência concreta de educação coletiva, sem coação e permissiva à sexualidade, registro, segundo Reich, de uma educação correta de crianças, ocorreu por meio da primeira pedagoga "a compreender de uma forma intuitiva

---

    dos que lhe são confiados. Ele não pode representar quaisquer ideologias que contradigam a ciência médica, ou pedagógica" (Reich, 1984a, p.24).
99 Cf. Reich, 1979a, p.305.
100 Cf. Reich, 1975f, p.45. Parte desse texto pode ser encontrado como: Reich, [s.d.]c, p.25-38, resultado de uma recompilação de textos de Reich integrantes do livro *A revolução sexual*, sobretudo do capítulo: "Alguns problemas da sexualidade infantil".
101 Originalmente, utilizaram-se os termos "Kindergärten" e "Kinderheim" para referência aos jardins de infância, embora em outros textos apareça o termo "Kinderladen" ["loja" ou "butique" de crianças]. Em algumas traduções, o primeiro termo foi considerado como "laboratório-lar de infância" (cf. Schmidt, 1975, p.39), enquanto, em outras, como "jardim de infância" (cf. Ibid., p.15). O segundo termo foi traduzido como "home" (cf. Reich, 1975f, p.52) ou como "lar" (cf. Reich, 1979a, p.289).

a necessidade e a natureza de uma reestruturação prática do homem", tornando-se, segundo ele, a primeira tentativa na história da pedagogia a *"dar um conteúdo prático à teoria da sexualidade infantil"*.[102]

Como uma das pioneiras da psicanálise na URSS e um dos grandes nomes do freudomarxismo europeu, Vera Schmidt interessou-se pelas questões relacionadas à educação coletiva, implementando entre 1921 e 1924 uma experiência que serviu, posteriormente, como inspiração para outras análogas, sobretudo na Alemanha. Foi por iniciativa de Tatiana Rosenthal e com o apoio de Ivan Dimitrievitch Ermakov e do Comissariado do Povo para a Instrução Pública, responsável pela concessão dos recursos financeiros, que Vera e seu marido Otto Schmidt fundaram, em 19 de agosto de 1921, um jardim de infância experimental oficialmente ligado ao Instituto de Neuropsicologia de Moscou[103] que oferecia, "além da oportunidade para observações científicas, a possibilidade de pesquisar novas pistas e métodos de educação baseados nos conhecimentos psicanalíticos" (Schmidt, 1975, p.15).

Sua estrutura organizacional contava, inicialmente, com cerca de trinta crianças – todas filhas de pais da classe operária, camponeses, círculos intelectuais, dirigentes e funcionários do Partido Comunista – que viviam em regime de internato, divididas em três grupos, a saber: o primeiro com seis crianças entre um ano e um ano e meio; o segundo com nove crianças entre dois e três anos; o terceiro com quinze crianças entre três e cinco anos, embora, em setembro de 1923, houvesse apenas doze crianças: um grupo de seis crianças entre três e três anos e meio e outro com crianças entre quatro e cinco anos. Cada um dos grupos tinha em média três educadoras que com eles permaneciam durante seis horas nas instalações que compreendiam uma sala de jogos e uma de jantar, um quarto de dormir e um isolado

---

[102] Ibid., p.52. Ainda que em diferente escala de alcance histórico, Reich a colocou no mesmo plano que a Comuna de Paris.
[103] Há quem se refira a esta instituição como "casa pedagógica" ou "lar experimental para crianças" (cf. Roudinesco; Plon, 1998, p.689).

para os doentes, sendo responsáveis pelo cuidado físico, atividades pedagógicas e "relatórios caracteriais" que descreviam, entre outras coisas, as atividades corporais (relacionadas à limpeza), as horas de sono, o estado da pele, o apetite e o humor de cada criança.

O êxito dos princípios pedagógicos desse trabalho dependia de três condições: "do estabelecimento de uma relação entre o educador e a criança"; "do crescimento da criança numa comunidade de crianças da mesma idade" e "do estabelecimento de condições exteriores favoráveis", isto é, de um ambiente são, do ponto de vista pedagógico. Assim, a educação deveria, desde os primeiros anos de vida, promover o controle "das funções de excreção", a facilitação da "sublimação das tendências sexuais infantis" e a "adaptação progressiva às exigências da realidade", tornando-a tão atraente quanto possível, para que a criança pudesse renunciar a determinadas satisfações instintivas ou se sujeitar às "limitações necessárias", sem que houvesse uma coação exterior ou "determinações arbitrárias dos adultos" (idid., p.22-5). A ideia era que se desenvolvessem a confiança e o sentimento de independência para que, ao identificar-se com o ambiente com alegria, a criança pudesse adaptar-se com mais facilidade às necessidades da vida do que se fosse guiada do exterior, realizando, por amor aos adultos, uma espécie de "renúncia voluntária a um tipo de satisfação que se tornou socialmente impossível" (idid., p.48). Assim, os maus-tratos, as punições corporais, as repreensões ou demonstrações afetivas exageradas, tais como beijos, abraços e carícias, que "excitam sexualmente a criança e degradam o seu amor-próprio", atendendo mais à satisfação dos adultos que à necessidade delas próprias, muito comuns na educação tradicional, eram substituídos por relações "racionais" que as levavam a compreender por que lhes eram feitas determinadas solicitações. Além disso, ressaltavam-se valores educativos que privilegiavam o coletivo; dava-se liberdade e autonomia para que se satisfizesse a curiosidade sexual em relação à nudez e à masturbação; julgava-se apenas o resultado objetivo da ação da criança e não ela própria; permitia-se que a atividade motriz e as "tendências naturais" fossem exercidas sem limitações, de modo que as crianças podiam correr, saltar e gritar à vontade, compartilhando da ideia de que, se inibidas, poderiam apresentar alterações alarmantes em seu comportamento, deixando de ser "naturais", "vivas" e "ativas" para se tornarem "calmas", "bem-educadas" e "frias", fundamentando a "falsa ideia, comum a toda a pedagogia burguesa, de que a mobilidade natural da criança está em contradição com a sua capacidade de adquirir cultura" (idid., p.50). Partia-se do pressuposto de que, se a sexualidade natural fosse reprimida, modificar-se-ia o caráter da criança, tornando-a "tímida", "cheia de apreensões", temente à autoridade, propícia a desenvolver "impulsos sexuais não naturais, como as tendências sádicas", substituindo seu comportamento "livre" e "ousado" pela "obediência" e "dependência". Assim, crianças de quatro, cinco ou seis anos se tornavam "rígidas", "frias" e encouraçadas contra o mundo exterior, já que, ao perderem o "vigor motriz", a "agilidade", a "coragem", perdiam o "encanto natural" e tornavam-se "com frequência acanhadas (*ungelenk*), tacanhas, insolentes (*trotzig*), 'difíceis' (*chwererziehbar* [*sic*])",[104] sendo que aquilo que perdiam em "motricidade natural" era substituído por "ideais imaginários", tornando-as introvertidas, neuróticas e sonhadoras.[105]

Foi com base nesses pressupostos que Vera Schmidt desenvolveu seu trabalho no jardim de infância experimental, o qual, vinculado ao Instituto Estatal de Psicanálise em 1922, foi por ele inspecionado duas vezes durante aquele ano. Ainda que tivesse obtido pareceres favoráveis quanto à atividade pedagógica e científica, as dificuldades financeiras não tardaram a aparecer, apesar do apoio financeiro e ideológico concedido por um representante da confederação dos mineiros alemães União, em nome dos sindicatos dos mineiros rus-

---

104 Em alemão, o correto seria *schwererziehbar*.
105 Cf. Reich, 1975f, p.41. Reich irá além, ao considerar que uma criança deste tipo está "predisposta a aceitar qualquer espécie de ideologia", enquanto uma criança "não inibida e cuja motricidade é livre, não é receptível a ideologias e costumes reacionários" (ibid., p.44). Pelo contrário, diz ele, uma criança cuja "motricidade é perfeitamente livre e cuja sexualidade se exerce naturalmente, resistirá com energia à influência das ideologias ascéticas e autoritárias", do que conclui que *"para formar uma estrutura revolucionária na criança, é preciso salvaguardar a sua mobilidade vegetativa e sexual"* (ibid., p.45).

sos e alemães, a partir de abril de 1922, quando, então, passou a se chamar Laboratório Lar de Crianças Solidariedade Internacional. Logo, seus colaboradores, que eram pagos pelo Centro Acadêmico do Comissariado do Povo para a Instrução Pública, ao qual estavam subordinadas todas as instituições científicas da URRS, foram reduzidos à metade, provocando o questionamento de sua validade pelos organismos superiores do Estado.

Em setembro de 1923, Vera e Otto Schmidt foram a Berlim e Viena para pedir a Karl Abraham e Sigmund Freud que apoiassem o jardim de infância e a Sociedade Psicanalítica da Rússia, fundada em 1922. Embora Freud tenha se disposto a ajudá-los, a verdade é que Vera ficou isolada no debate sobre a psicanálise de crianças, sem nunca ter sido realmente apoiada pela Associação Psicanalítica Internacional. Pelo contrário, foram muitos os boatos em torno dessa experiência educacional. Dizia-se, por exemplo, que os educadores, para fins experimentais, praticavam a estimulação sexual prematura das crianças, o que, inevitavelmente, levou as autoridades que haviam aprovado sua fundação a ordenar a realização de um inquérito, instaurando a polêmica sobre se era desejável ou não que se mantivesse um estabelecimento cujo sistema de educação estivesse calcado em conhecimentos psicanalíticos. Em vista disso, uma comissão de cinco membros foi nomeada para "vigiar" as atividades do jardim de infância durante o outono de 1923, deixando incertas quaisquer possibilidades de apoio, embora se mantivesse vivo o interesse de pedagogos e psicólogos pela aplicação da psicanálise às questões da educação. Criticado pelos funcionários do Ministério Soviético da Saúde, o jardim de infância de Vera Schmidt, depois de um longo inquérito e a despeito do apoio provisório de Nadejda Krups kaia, mulher de Lenin, encerrou suas atividades em novembro de 1924, sob a pressão das autoridades soviéticas.

Posteriormente, avaliou-se essa experiência educacional enfatizando-se que, embora esse tipo de "educação coletiva", "sem coação", tenha sido considerada, por alguns, como uma "ilha pedagógica",[106]

---

106 Da educação, 1975, p.144.

era possível dizer que uma educação pautada "numa larga satisfação não repressiva dos instintos" não era "uma utopia mas uma possibilidade real",[107] capaz de demonstrar às crianças que viviam em grupo que a satisfação de suas necessidades individuais estava, muitas vezes, condicionada a uma interação coletiva com outras crianças.

Apesar de algumas críticas,[108] Reich referiu-se a essa experiência educacional dizendo: "aquilo que a economia sexual hoje nos ensina se tinha lá manifestado espontaneamente, graças a uma atitude de proximidade com a vida e afirmação do prazer. O seu trabalho era inteiramente orientado no sentido de uma afirmação da sexualidade infantil".[109] Na verdade, o contato com essa experiência foi decorrência de seu interesse pela Revolução Russa e pelos desdobramentos soviéticos no campo da higiene mental e da sexualidade entre 1917 e 1918, tais como o divórcio, o aborto, a homossexualidade, o controle da natalidade, a educação – leia-se criação – de crianças e a delinquência juvenil. Como "único intelectual da Europa a conhecer a realidade dos debates russos sobre a psicanálise" (Roudinesco & Plon, 1998, p.652), Reich, após visita a jardins de infância durante uma viagem à URSS em 1929,[110] passou a compartilhar e a defender a educação coletiva de crianças que, separadas dos pais, deveriam ser criadas por "pessoal especificamente treinado".[111] Como um

---

107 Conselho Central dos Jardins de Infância de Berlim, 1975, p.13.
108 Enquanto a prática de afirmação da sexualidade e da vida em geral estava de acordo com a economia sexual, suas concepções teóricas eram divergentes, já que Vera defendia a "superação do princípio de prazer" pelo "princípio de realidade", não se libertando, segundo Reich, da "falsa concepção psicanalítica de uma oposição mecânica entre o prazer e o trabalho" e não reconhecendo que a "realização do princípio de prazer é sempre o melhor factor de sublimação e adaptação social". Para Reich, o trabalho prático de Vera estava "em contradição com as concepções teóricas que defendia" (Reich, 1975f, p.51).
109 Ibid., p.45.
110 Cabe ressaltar que, nesta altura, o jardim de infância de Vera Schmidt já havia fechado as portas.
111 Cf. Sharaf, 1983, p.142. Para Reich: "Uma criança que a partir do terceiro ano de vida tivesse sido educada juntamente com outras crianças, sem influência do pai e da mãe, desenvolveria a sua sexualidade de maneira completamente diferente [...] Não se pode subestimar o fato de que a educação familiar é pra-

método eficaz para abolir o complexo de Édipo[112] e as neuroses decorrentes[113] – uma vez que sua prevenção seria inconcebível enquanto a educação ficasse a cargo da família,[114] Reich, nessa época, enfatizava que uma educação que estivesse de acordo com a economia sexual era irrealizável na família e somente seria possível na coletividade das crianças. Além disso, e considerando que "a repressão sexual burguesa dos pais e da escola era a causa das perturbações e da brutalidade sexuais", Reich defendia a sua supressão para que o conjunto da vida econômica e social se transformasse, transformando, com isso, as atitudes no campo da sexualidade infantil.[115] Assim, ao retornar da URSS, inaugurou de forma incisiva uma perspectiva política visando a modificações sociais, enfatizando que

> a repressão sexual era um dos meios ideológicos cardeais da classe dominante para escravizar a população laboriosa, e que a questão da

---

ticamente individualista, exclui a influência favorável de uma coletividade de crianças mesmo nos casos em que a criança passa algumas horas num jardim de infância. A ideologia familiar influencia praticamente o jardim de infância muito mais do que este influencia a educação familiar. A criança é, pois, forçada para dentro do seio da família e por isso adquire uma fixação aos pais de forma sexual e autoritária" (Reich, 1979a, p.110).

112 Esse, diz Reich, "Não é tanto causa como, muito mais, consequência da repressão sexual exercida pela sociedade sobre a criança. No entanto, os pais realizam, sem saber, os desígnios da sociedade autoritária" (Reich, [s.d.]b, p.54).

113 Freud, ao comentar essa ideia de Reich que não perdurou para além da metade da década de 1930, teria dito: "[...] o complexo de Édipo não é a causa específica da neurose. Não é uma causa específica na etiologia da neurose. Reich negligencia o fato de que há muitos componentes da pulsão pregenital (*sic*) que não podem ser descarregados, nem pelo mais perfeito orgasmo" (Molnar, 2000, p.87).

114 Ideia que, em última instância, repercutia na defesa de uma sociedade socialista, cuja "base social, a família patriarcal, perde a sua razão de ser e desaparece. E a educação coletiva das crianças é de tal forma desfavorável ao desenvolvimento de posições psíquicas idênticas às que atualmente se manifestam na família, as relações das crianças entre elas e com os educadores de tal forma múltiplas e móveis, que a noção do 'complexo de Édipo' – que significa que se deseja a mãe e se quer matar o pai, o rival – perde o seu significado" (Reich, 1977a, p.110).

115 Cf. Reich, 1978, p.130.

miséria sexual das massas só [poderia] ser resolvida pelo próprio movimento de massa proletário, e isto no âmbito da luta revolucionária contra a exploração econômica.[116]

Para Reich, a *"questão social básica"* estava calcada nas provas fornecidas pela pesquisa da economia sexual e individual de que a *"repressão da vida amorosa infantojuvenil"* era o mecanismo básico da criação de *"indivíduos submissos e escravos econômicos"*,[117] o que o fez ver que deveria desenvolver uma política de higiene mental dirigida, sobretudo, à juventude, assimilando a luta sexual à luta de classes.

Aposta na juventude

Embora tenha se empenhado em abranger as organizações existentes de reforma sexual, os livre-pensadores e grupos de mulheres e crianças num trabalho de esclarecimento sexual e político, Reich certificou-se de que, além de orientações sobre as *coisas* sexuais, deveria integrar a juventude no movimento de política sexual conscientizando-a, por essa via, das consequências do capitalismo e da necessidade de uma revolução socialista.[118] Ou seja, mais do que promover o esclarecimento sobre a prática sexual propriamente dita, Reich tinha outro objetivo: propiciar uma educação sexual para além dos "freios da moralidade" e da ideia de procriação inculcada pela Igreja, pela escola e pela ciência, instrumento que seria eficaz na preparação das massas, em especial da juventude, para aquilo que denominara "revolução sexual", além de considerar que a formação política aprofundada da juventude revolucionária era a primeira condição para a "revolução social".

Naquela época, as influências sexuais que pairavam sobre os jovens eram, basicamente, de dois tipos: ou eram alvo da moral e da abstinência pregadas por "padres disfarçados de educadores" ou ficavam vulneráveis à sórdida literatura sexual, que fazia que a maior

---

116 Reich, [s.d.]a, p.XX-I.
117 Reich, 1979a, p.18.
118 Cf. Reich, 1978, p.11-2.

parte da vida sexual da juventude se desenrolasse "subterraneamente". Não à toa, o interesse dos jovens não era outro senão sobre os *mistérios* da vida sexual então negligenciados pela escola, pela família e pela opinião pública, embora muitos deles já estivessem deformados e "intimidados" por uma moral e por uma educação que os proibia de aceitar a informação sexual, contrariando sua própria organização biológica. O mais comum era encontrar jovens que eram fruto de uma educação sexualmente repressiva e punitiva – caso desfrutassem de relações sexuais ou da masturbação – que lhes causava perturbações na potência sexual. Aliás, das mais prejudicadas, as mulheres eram as maiores vítimas dessa educação sexual atrofiadora da sexualidade,[119] que fazia das crianças e adolescentes seres sem autoconfiança, com pensamento inibido, impotentes diante da vida e sem capacidade de reação ante a dominação, já que, em última instância, eram incapazes de exercer a função natural de sua sexualidade.

Partindo de informações que iam desde as especificidades da reprodução, fecundação, anatomia do aparelho reprodutor masculino e feminino até a discussão de temas com repercussões sociais mais amplas, como o aborto, a gravidez na juventude e formas de controle da fecundidade, Reich *convoca* os jovens para um "combate sexual", partindo do pressuposto de que não havia uma "juventude politicamente esclarecida e sexualmente avançada", mas uma "massa de jovens" "presos sob a palmatória de pais moralmente severos, da Igreja e de professores reacionários",[120] que não tinham como exercer uma vida sexual satisfatória quando lhes faltavam condições básicas de subsistência. Para Reich, o "movimento da juventude proletária" tinha um objetivo claro: completar a "amizade sexual" dos jovens com a "camaradagem política", para o que observa:

---

119 Reich ressalta o quanto é importante a participação das moças, fazendo delas "camaradas com igualdade de direitos, porque a educação burguesa ainda as inibe demasiado; elas têm demasiados sentimentos de inferioridade, para lutar lado a lado com os rapazes, como o desejamos. É por isso que devemos fazê-las tomar consciência que elas têm os mesmos direitos no seio da organização" (ibid., p.128).
120 Ibid., p.65.

Os jovens, as moças assim como os rapazes de todos os meios, terão assim o sentimento invencível que a juventude e o Partido Comunista são os únicos a compreender verdadeiramente a fundo as suas necessidades pessoais tanto do ponto de vista médico como social e a vir não somente em sua ajuda nos limites do possível, fazendo instalar pelas organizações de massa centros de consulta sexual para os jovens e criando uma atmosfera mais livre, mais sã e convindo mais naturalmente à juventude, mas também mostrando-lhes uma saída para a sua miséria; esta, certamente, não leva imediatamente ao paraíso, mas representa para a juventude uma realização verdadeira e um reconhecimento da sua natureza mais profunda, representa a luta contra a classe dominante, contra a Igreja, a escola, a família burguesa e a reação política, a luta pela libertação material e sexual não somente dos jovens, mas de todos aqueles que são material e sexualmente oprimidos, das grandes massas exploradas em geral.[121]

Demonstrando a influência de instrumentais teóricos alheios à psicanálise, Reich passa a afirmar que por detrás do moralismo impregnado pela Igreja, pela Escola e pela Universidade "reacionárias" estava a "horrenda e grotesca figura" do capitalismo, que, por meio de uma "educação sexual capitalista", destruía a capacidade de satisfação sexual do indivíduo, além de esgotar suas forças corporais dado o processo de exploração do trabalho. Na sociedade capitalista, diz Reich, "não existe libertação sexual da juventude, não existe vida sexual sã e satisfatória", ao contrário da sociedade comunista, em que é possível fruir da sexualidade, "porque a base econômica de opressão sexual, a economia privada, que os torna incapazes de gozar e, por conseguinte, doentes ou enraivecidos no sentido literal da palavra, teria sido eliminada".[122] Assim, para suprimir a miséria sexual, seria necessário lutar pelo socialismo, que "realiza a alegria de viver sexual", ignorando aqueles que não têm opiniões claras nas questões sexuais e "destroem a sexualidade da juventude".[123] Será, portanto, articulando o impedimento da sexualidade propiciado por

---

121 Ibid., p.137.
122 Ibid., p.143.
123 Ibid., p.144.

uma educação antissexual às consequências da sociedade capitalista que Reich, apostando na modificação do sistema socioeconômico – do capitalismo para o socialismo –, encontra um aliado no propósito de profilaxia das neuroses.

Em defesa do socialismo

Diretamente envolvido com questões de ordem social e política, Reich – herdeiro da psicanálise de Freud – interessa-se pelo materialismo dialético de Karl Marx, a partir do que busca uma articulação possível entre ambas as teorias.[124] Mais do que isso, reconhece a importância de ambas na elaboração de sua própria teoria, embora enalteça sua autonomia, dizendo: "A psicanálise é a mãe da economia sexual e a sociologia é o pai".[125] Na verdade, a economia sexual é uma "ciência construída sobre a base *sociológica* de Marx e *psicológica* de Freud, sendo, na sua essência, uma ciência da psicologia de massas e da sociologia sexual".[126] Contudo, diz ele, "*um filho é mais do que a soma dos seus pais. É uma criatura viva, nova e independente; é a semente do futuro*".[127]

Vale dizer que, embora as discordâncias entre Freud e Reich se intensificassem à medida que as ideias sociais e políticas do segundo se ampliavam,[128] Reich não deixou de tentar articular a teoria psicanalítica às suas disposições políticas, dizendo, por exemplo, que a

---

124 O exemplo mais nítido desta iniciativa foi a publicação de: Dialektischer Materialismus und Psychoanalyse. *Unter dem Banner des Marxismus* (Reich, 1929), mais tarde publicado como: *Dialektischer Materialismus und Psychoanalyse* (Reich, 1934). Em português, a referência é: Reich, 1977a.
125 Reich, [s.d.]b, p.XXIX-XXX.
126 Ibid., p.26.
127 Ibid., p.XXX.
128 Reich ressalta que embora tivesse em "antigos trabalhos", como no da "moral cultural sexual", apontado na direção de uma "crítica cultural sexual-revolucionária [...] Este caminho Freud nunca mais seguiu; pelo contrário, ele era refratário a tais experiências e certa vez as designou verbalmente como não se encontrando 'no meio do caminho da Psicanálise'. Justamente minhas experiências sexual-políticas e crítico-culturais dão margem às primeiras divergências significativas" (Reich, 1979a, p.43).

psicanálise seria a "base psicológica da educação socialista", já que indispensável devido ao conhecimento sobre o desenvolvimento mental da criança. Contudo, numa sociedade burguesa, diz ele, a educação está, enquanto "ciência auxiliar da pedagogia", condenada à "esterilidade", ou seja:

> Nesta sociedade a criança só pode ser educada para esta sociedade; educar com vista a uma outra sociedade é entregar-se a uma modificação ilusória enquanto o regime subsistir; da mesma forma, *antes* da revolução, a pedagogia psicanalítica só pode ser aplicada no interesse da sociedade burguesa. Mas os pedagogos psicanalíticos que procuram modificar esta sociedade arriscam-se a ter a mesma sorte do padre que, visitando um agente de seguros ateu à beira da morte, o deixou sem o ter convertido, mas não sem ter assinado uma apólice. A sociedade é mais forte do que as aspirações de alguns dos seus membros isolados.[129]

Por outro lado, a afirmação "Modifique-se a base econômica da sociedade e suas instituições, e as relações humanas por si sós se modificarão"[130] parece ter se tornado algo "simples demais".[131] Embora não deixe de salientar que há uma relação direta entre a "estrutura social" e a "estrutura do caráter", dizendo que a sociedade "molda o caráter humano" e este, por sua vez, "reproduz, em massa, a ideologia social",[132] Reich enfatiza que a ideia de que "todas as modificações ideológicas" estão "imediata e diretamente ligadas à base econômica" não tinha nada a ver com o marxismo.[133]

Cabe ressaltar, no entanto, que para além de uma leitura "freudomarxista"[134] já bastante explorada por outros autores,[135] o

---

129 Reich, 1977a, p.133-4.
130 Reich, 1979a, p.216.
131 Cf. Reich, 1977a, p.17.
132 Reich, 1984a, p.164.
133 Cf. Reich, 1979a, p.217.
134 Embora alguns autores enfatizem que Reich se autodenominava um "freudomarxista", não localizamos essa autodefinição em nenhum de seus textos (cf. Rieff, 1987, p.148 e Robinson, 1971, p.33).
135 Entre outros destacaríamos: Scheider, 1979; Sinelnikoff, 1971; De Marchi, 1974; Dahmer, 1983 e Robinson, 1971.

que nos interessa destacar são as referências que Reich faz à educação nesse contexto influenciado pela psicanálise e pelo marxismo – basicamente entre 1929 e 1935 –, sobretudo no que diz respeito à relação entre o indivíduo e a sociedade.[136] Diz, por exemplo, que a educação e as condições de habitação – portanto, o meio social – são fundamentais na *modelação* do "conteúdo do princípio de prazer", já que qualquer criança, ao nascer,

> traz consigo pulsões e adquire na sua tenra idade desejos que não pode satisfazer porque a grande sociedade e a pequena – a família – não lho permitem (desejo incestuoso, analidade, exibicionismo, sadismo etc.). A sociedade, na pessoa do educador, exige que a criança reprima as suas pulsões. A criança dotada de um eu fraco e obedecendo de preferência ao princípio de prazer, muitas vezes só consegue banindo os desejos da sua consciência, ignorando-os voluntariamente. Através do recalcamento, os seus desejos tornam-se inconscientes.[137]

Com base nisso, Reich afirma que, embora algumas pessoas sejam "corruptas", "servis", "desleais", entre outras coisas, não são assim "por natureza", mas tornaram-se assim "por causa das condições da vida". Se não fossem as "contradições do caráter que refletiam contradições da sociedade", poderiam ter-se tornado pessoas "decentes", "honestas", "capazes de amar" e "sociáveis".[138] Assim, considerando que a sociedade exerce uma ação contínua – "limitadora, modificadora, aceleradora" – sobre as pulsões, Reich conclui que "a psicanálise não pode conceber a criança sem a sociedade", pois "a

---

136 Muitos dos trabalhos científicos nesta perspectiva eram publicados na *Zeitschrift für politische Psychologie und Sexualökonomie* [Revista de Psicologia Política e Economia Sexual].
137 Reich, 1977a, p.53-4. Contrapartida do recalcamento, a sublimação é retomada como sendo outra forma de supressão dos desejos irrealizáveis, já que, "em vez de ser recalcada, a pulsão é apenas desviada para uma actividade possível do ponto de vista social" (ibid., p.54). Reich explica que: "[...] na sublimação, uma força pulsional que já aspirou racionalmente na infância à satisfação, foi afastada pela educação do seu objetivo primitivo e foi orientada noutra direcção" (ibid., p.103-4).
138 Reich, 1984a, p.188-9.

criança só existe por si como ser socializado".[139] Mais do que isso, Reich, baseando-se na psicanálise, salienta que o princípio de prazer é cerceado pelo princípio de realidade, ora pelo recalcamento, ora pela sublimação, sendo que a harmonia reinará na medida em que as necessidades forem parcialmente satisfeitas. Entretanto, na maior parte das vezes, ocorre uma "contradição entre as necessidades pulsionais e a ordem social da qual a família (e mais tarde a escola)" é a representante, conduzindo a um conflito que implica modificações constantes na estrutura psíquica da criança, em que as frustrações e satisfações pulsionais desempenham um papel determinante.[140] Assim, o fato de a criança ter que "superar" seus "*impulsos* para se tornar capaz existencial e culturalmente" na maioria das vezes faz que adquira, ainda em tenra idade, uma "neurose mais ou menos séria, isto é, uma restrição significativa de sua capacidade de trabalho e potência sexual".[141] Considerando que a psicanálise havia se tornado "uma 'teoria da adaptação cultural' abstrata e portanto conservadora, cheia de contradições insolúveis",[142] Reich salienta dois pontos contraditórios da teoria psicanalítica:

> por um lado, a criança tem que reprimir seus *impulsos* para se tornar culturalmente capaz; pelo outro, ela troca, na maioria dos casos, uma satisfação dos impulsos por uma neurose, que por sua vez prejudica a sua capacidade cultural, torna a sua adaptação, mais cedo ou mais tarde, completamente impossível e novamente torna a si mesma antissocial. A fim de adaptar o indivíduo, apesar de tudo, às suas condições de existência, é necessário eliminar as suas repressões, libertar os *impulsos*; é a pressuposição para a cura, mas ainda não a própria cura, como o confirmam as primeiras formulações terapêuticas de Freud.[143]

---

139 Reich, 1977a, p.55.
140 Cf. ibid., p.88-90. Não há dúvidas, diz ele, de que "exigir disciplina e impô-la autoritariamente" é mais fácil do que ensinar as crianças a sentirem prazer no trabalho e a assumirem uma atitude natural diante da sexualidade (cf. Reich, 1984a, p.25).
141 Reich, 1979a, p.44 (grifo nosso).
142 Reich, 1984a, p.189.
143 Reich, 1979a, p.44 (grifo nosso).

Ressaltando as diferenças com Freud, Reich enfatiza, "a psicanálise não continuaria a ser eficaz como teoria 'cultural revolucionária' sem criticar objetivamente, e sem mudar, as condições da educação".[144] A atitude de Freud, diz ele, "apenas refletia a atitude geral básica dos cientistas acadêmicos: não tinham confiança na possibilidade de uma autoeducação, nem na capacidade mental das massas. Por isso, não fizeram nada para minar as fontes da ditadura".[145] Embora Freud soubesse, em 1929, que, "apesar de todo o meu entusiasmo juvenil, eu estava certo. Admiti-lo, porém, significaria sacrificar a metade da organização psicanalítica".[146] Mas seria *"a repressão sexual um componente indispensável do desenvolvimento cultural?"*, pergunta Reich.

> Como o meu trabalho clínico me havia convencido firmemente de que o homem sexualmente satisfeito é também o homem mais produtivo no sentido cultural, eu não podia logicamente responder a essa pergunta de acordo com a linha de raciocínio de Freud. [...]
> Nos meus centros de orientação sexual, tornava-se claro para mim que a *supressão da sexualidade das crianças e dos adolescentes tinha a função de tornar mais fácil para os pais insistir na obediência cega dos filhos.*[147]

Discordando da psicanálise, Reich dirá que a supressão sexual da criança e do adolescente não seria

> uma pré-condição para o ajustamento cultural, a socialidade, a atividade, e a limpeza, como afirma a psicanálise, de acordo com a noção errônea tradicional de educação. É exatamente o contrário [...] Crianças saudáveis são sexualmente ativas de maneira natural e espontânea. Crianças doentes são sexualmente ativas de maneira inatural, i.e., per-

---

144 Reich, 1984a, p.180. Reich, então, ressalta: "Toda educação sofre com o fato de que a adaptação social requer a repressão da sexualidade natural, e de que essa repressão torna as pessoas doentes e antissociais. Assim, era necessário perguntar por que a adaptação social exige repressão" (ibid., p.186).
145 Ibid., p.183.
146 Ibid., p.186.
147 Ibid., p.192-3.

versa. Por isso na nossa educação sexual, enfrentamos não a alternativa de atividade sexual ou ascetismo mas a alternativa de sexualidade natural e sã ou sexualidade perversa e neurótica.[148]

A ideia de que não há cura da neurose sem o restabelecimento de uma vida sexual satisfatória e de que, portanto, a satisfação direta seria fundamental, intensifica-se cada vez mais no pensamento de Reich, sobretudo quando se certifica de que o desequilíbrio sexual, tanto no operário quanto no burguês, era decorrente da educação familiar. Na verdade, o tipo de educação instaurada destruía a sexualidade infantil, com repercussões desastrosas sobre a puberdade, o casamento, gerando uma "epidemia de massa", de indivíduos neuróticos, de "desarranjos sexuais", de "desvios de caráter" e de "sintomas" que de modo algum poderiam corresponder às "condições prévias da evolução cultural".[149]

Se *Freud* tinha razão, se a repressão sexual e a restrição instintiva eram necessárias para a evolução da civilização e da cultura, se além disso, indubitavelmente, a repressão sexual criava neuroses *en masse*, então a causa da profilaxia das neuroses era desesperada. Mas se a sociologia marxista tinha razão, se a moral se transforma com a ordem econômica, se *Morgan* e *Engels* tinham exposto corretamente a história da família, então a moral devia transformar-se de novo; por isso mesmo, a questão da profilaxia das neuroses e, por extensão, a questão da "pauperização" sexual poderiam resolver-se; podiam – e não *deviam* – pois era possível perguntarmos se a mudança ulterior da moral corresponderia às exigências da economia sexual.[150]

Defendendo a tese de que a vida sexual regula-se pela satisfação dos "*impulsos* sexuais" e não por normas morais, Reich aproxima-se de autores como Malinowski para ressaltar que, em sociedades em que os indivíduos vivem de acordo com as exigências da economia sexual – como a sociedade matriarcal dos trobiandeses –, não há

---

148 Ibid., p.199.
149 Reich, [s.d.]a, p.XIV.
150 Ibid., p.XV-VI.

miséria sexual. Ou seja, enquanto os primitivos são capazes de viver a sua sexualidade, os "civilizados" são incapazes de chegar à satisfação sexual, "porque a sua estrutura sexual está alterada por neuroses devidas às inibições morais adquiridas pela educação".[151] Ao contrário da sociedade patriarcal (feudal e burguesa), em que a moral baseia-se na negação da sexualidade e na intolerância em relação à vida sexual das crianças e adolescentes,[152] gerando seres submissos, a relação entre pais e filhos na sociedade matriarcal é desprovida de qualquer tonalidade autoritária. Contudo, ressalta Reich, a responsabilidade pela tese de que as "neuroses decorrem de uma vida genital inibida" era

> unicamente minha; *Freud* e a sua escola rejeitam-na e opõem-se a ela; recusam que ela seja defendida em nome da psicanálise. Nesse aspecto, tenho que dar razão a *Freud*: essa tese fundamental só foi formulada quando a função orgástica da genitalidade foi descoberta e quando foi inserida no sistema psicanalítico. Mas a concepção da economia das doenças psíquicas modificou-se consideravelmente por esse fato. Foi isso precisamente que determinou o fosso que separa a teoria da economia sexual da teoria psicanalítica atual das neuroses.[153]

Embora considere que essa tarefa só possa vir a ocorrer em "uma sociedade que tenha instituído uma economia planificada com vista à satisfação ordenada das necessidades de *todos* os membros da so-

---

151 Ibid., p.25-6. Reich não tarda em dizer que a "potência orgástica também pressupõe uma educação sexual adequada", como ocorre com os trobiandeses, que desde cedo familiarizam seu corpo e aparelho psíquico com a técnica natural para tirar o maior prazer possível do ato sexual, evitando que mais tarde tenham que aprender uma técnica 'amorosa' artificial" (ibid., p.28).

152 Reich enfatiza que a "atitude tolerante dos educadores" equivale à "negação da sexualidade", pois: "Não só a criança sente essa tolerância como 'não punição' de alguma coisa que no fundo é proibida, mas ainda o fato de não tolerar unicamente ou de permitir as brincadeiras sexuais não chega para contrabalançar a poderosa pressão exercida pela sociedade ambiente" (ibid., p.8). Na verdade, é "entre a tolerância da sexualidade e a sua aceitação que atua a barreira sexual erguida pela sociedade. Encorajar a sexualidade significa superar essa barreira sexual" (ibid., p.8).

153 Ibid., p.30.

ciedade", Reich, em defesa de objetivos pedagógicos calcados na economia sexual, diz que, numa sociedade capitalista, em que predominam os preconceitos sexuais moralistas e interesses da economia privada, não é sequer possível esperar uma "solução teórica para esses problemas".[154] Na verdade, diz ele, uma sociedade organizada em torno de princípios sexualmente afirmativos desde a infância – e, portanto, livre de uma moral sexual negativa – se caracterizaria pela ausência, "em grau socialmente significativo", de neuroses, perversões, comportamento sexual antissocial e perturbações na capacidade de trabalho.[155] Assim, numa "nova sociedade", a educação sexual passaria a ter um objetivo positivo, em vez do "objetivo negativo que até agora tivemos sob a forma da moral sexual repressiva".[156]

Mais tarde, demonstrando um nítido desapontamento com a perspectiva socialista e, também, com a psicanalítica, Reich, numa espécie de avaliação de seus envolvimentos teóricos, sociais e políticos, reconhecerá que cometeu um engano ao defender a ideia de que

---

154 Ibid., p.165. As perturbações mentais são expressão de uma economia sexual perturbada, próprias de uma ordem sexual capitalista que garante a repressão sexual por três formas: "a moral da sociedade é reproduzida em todos os indivíduos sujeitos à mesma situação econômica sexualmente repressiva; esses indivíduos, assim transformados, influenciam os seus descendentes de acordo com as suas atitudes morais e não de acordo com as suas necessidades reprimidas; mantendo-se a situação econômica, esta reproduz constantemente as exigências morais da classe que exerce o poder, de modo que a pressão social externa se mantém" (ibid., p.174).

155 Em última instância, a regra básica do ideal reichiano nesse período é: "*Regulamentação moral para os impulsos secundários, antissociais; autocontrole para as necessidades biológicas naturais*", visando "colocar gradativamente fora de ação os *impulsos* secundários, e com eles a compulsão moral, e substituí-los completamente pelo autocontrole sexual-econômico" (ibid., p.276, grifo nosso).

156 Ibid., p.180. Reich diz ser preciso diferenciar os "impulsos biológicos *naturais*" [nāturlichen *biologischen Triebe*] e os "impulsos *secundários*" [*Sekundärer Trieb*] "antissociais gerados pela moral", pois, se estes últimos forem reprimidos, os primeiros também o serão, já que "é impossível uma separação entre ambos" (Reich, 1979a, p.55, itálico no original; cf. Reich, 1988, p.43-4). Deve-se, portanto, "modelar" a educação de forma que os *impulsos* secundários deixem de existir e o homem aja com base em seus "*impulsos* biológicos primários", que são puros, bons e belos, até que sejam adulterados pelas repressões por que têm que passar rumo à ação (cf. Rieff, 1987, p.152, grifo nosso).

as questões econômicas eram a causa primeira da falência social e psíquica. Ou seja:

> Quando estava sob a fascinação do grande movimento socialista e trabalhei por anos, como médico, entre o estrato menos privilegiado do povo, caí no erro grosseiro de pensar que "o capitalismo era responsável pela desgraça humana". Foi necessária a terrível experiência da Revolução Russa, que deteriorara, para livrar-me deste erro. Eles haviam matado os capitalistas, mas a miséria continuou a crescer; intrigas diplomáticas, manobras políticas, espionagem e delação, tudo que eles estavam determinados a erradicar, estava mais poderosamente atuante do que nunca. Essas experiências provocaram profundas feridas.
>
> Durante anos, e em harmonia com a doutrina de Freud, cometi o erro de pensar que o inconsciente era "mau" e "responsável por toda a miséria". Demorou toda uma década de duro trabalho clínico entre os emocionalmente doentes para livrar-me deste erro. Isto me fez ganhar a inimizade amarga de muitos empresários da psiquiatria, que enriqueceram à custa da miséria emocional humana.[157]

Anunciando uma nova perspectiva para seus estudos e trabalho clínico,[158] Reich faz questão de isentar a economia sexual de quaisquer ligações com organizações políticas ou ideológicas, ressaltando que os "conceitos políticos que separam as várias camadas e classes sociais" não se aplicam a ela, pois "a distorção social da sexualidade *natural* e a sua supressão nas crianças e nos adolescentes são condições humanas universais, transcendendo todas as fronteiras de Estado, ou grupo".[159]

---

[157] Reich, 1973a, p.47.
[158] Ao que consta, Reich enveredou pelos campos biológico e físico, sendo os "experimentos bions" e a "investigação bioelétrica da sexualidade e da angústia" exemplos reveladores da tônica dada aos seus estudos após esse período (cf. Reich, 1979b e Reich, 1982a). Por volta de 1935, empenhando-se no estudo dos "fundamentos fisiológicos da vida psíquica", Reich localiza na "couraça muscular" a principal manifestação das doenças psíquicas, lançando-se no trabalho clínico com a vegetoterapia, em que o corpo assume o lugar da palavra (cf. Robinson, 1971, p.49).
[159] Reich, 1984a, p.19.

Conflito inevitável: a psicanálise se afasta de Reich ou Reich é afastado da psicanálise?

Antes de prosseguirmos neste trajeto em que afloram as preocupações de Reich com a educação, não seria demais abrir um parêntese para analisar um dos fatores marcantes em sua vida e obra, mesmo porque é próprio desse período. Embora cronologicamente Reich tenha sido – concomitantemente e por um determinado período – membro da Associação Psicanalítica Internacional e do Partido Comunista, tais vinculações não foram, na opinião de muitos autores, nada harmônicas. Ou seja, não são poucas as referências que reforçam o fato de que Reich, ao mesmo tempo que era expulso do Partido Comunista – pelos motivos antes mencionados –, enfrentava problemas diante da Associação Psicanalítica Internacional, para a qual essa vinculação era motivo suficiente de repúdio. Assim, mesmo considerando que, em termos conceituais, Reich partiu de premissas de Freud rumo à instauração de teoria própria, investindo em teses psicanalíticas iniciais, sobretudo acerca da vinculação da profilaxia das neuroses à educação, nota-se que o rompimento entre ambos não tardou a acontecer. Relembrando a última vez que estivera com Freud (setembro de 1930), Reich justifica: "Sabíamos que tínhamos de nos separar. Estávamos a lidar com algo de crucial em que as nossas opiniões divergiam. A minha opinião actualmente na América já era a minha opinião em 1930".[160] Todavia, o desapontamento foi inevitável e, então, explica:

> como as expectativas de Freud tinham sido muito grandes, o seu desapontamento foi igualmente grande. Ele sentia que estava perante um clínico, um psiquiatra, um homem com experiência em ciências naturais, dedicado, dotado, que podia progredir. E então esse homem desviava-se para o caminho do Marxismo, do Comunismo, etc.
>
> Posso assegurar-lhe que cometi muitos erros nessa altura. Por exemplo, era um erro acreditar que bastava falar às pessoas a respeito de neuroses e de felicidade, para que elas fossem capazes de compreen-

---

160 Ibid., p.61.

der e de se modificar. Eu sabia que as pessoas estavam doentes, mas queria liberdade para elas. Mas a capacidade de liberdade, a capacidade estrutural, caracteriológica, de certo modo, não estava bem presente. Somente aqui, nesta questão da incapacidade estrutural, eram correctas as objecções de Freud ao meu trabalho. Tenho de admiti-lo. Mas ele não sabia porque é que estava correcto.[161]

Na verdade, houve uma desvinculação formal de Reich da Associação Psicanalítica Internacional que, ao que consta, "se deveu muito mais à sua militância política como ativista, contestador e pensador crítico do fascismo, e menos à sua atividade psicanalítica clínica";[162] ele representava "uma ameaça à sobrevivência do próprio movimento, menos por seus questionamentos à ciência psicanalítica e mais, muito mais, por suas posições radicais em favor dos princípios sexuais das teorias de Freud, e das relações destas com a vida política e social", relações que por sua vez teriam atraído "os olhares coléricos do movimento nacional-socialista alemão".[163]

Como vimos, Reich criou, a partir de 1927, o movimento de higiene mental na Áustria, não apenas com o intuito de "curar algumas pessoas ou para melhorar a sua saúde", mas após sublevação socialista em Viena em 15 de julho daquele ano, quando "uma centena de pessoas foram mortas e cerca de mil foram feridas na rua".[164] Ainda

---
161 Ibid., p.54-5.
162 Wagner, 1994, p.5. Recordando o período, Reich diz: "tive de compreender o que estava em jogo quando os analistas negaram o papel da genitalidade na terapia das neuroses, ou o significado da transferência negativa etc. Era demasiado tarde quando compreendi que estávamos separados por um abismo ideológico" (Higgins; Raphael, 1979, p.163). Outros autores concordam com esta tese, ao dizer que: "foi realmente em razão de sua adesão ao comunismo, e não por uma discordância técnica e doutrinária, que Reich foi perseguido pelo movimento freudiano, pelo próprio Freud e também por Jones, que inicialmente lhe demonstrara simpatia" (Roudinesco; Plon, 1998, p.652).
163 Wagner, 1994, p.41. Reich teria sido convidado a se afastar da militância política, caso contrário seria convidado a assinar sua "demissão voluntária".
164 Ibid., p.80. Após esse episódio, Reich teria ido encontrar-se com Freud, que passava férias em Semmering, próximo a Viena, para dizer-lhe que "queria se afastar das clínicas, do tratamento individual e trabalhar numa base social, criando uma organização fora da associação psicanalítica" (Volpi, 2000, p.36).

próximo de Freud, participando, uma vez por mês, de reuniões que tratavam de assuntos como a educação das crianças, o problema da masturbação, a adolescência, o casamento, entre outros temas exaustivamente explorados em suas publicações, Reich, entre 1927 e setembro de 1930, aprofunda seus estudos sociológicos – sobretudo acerca do marxismo –, naquela época, indissociáveis da política.[165] Filia-se ao Partido Comunista Austríaco, o que mais tarde o levou a reconhecer:

> Inicialmente, cometi um erro, um grande erro. Construí o movimento como um movimento político. Os movimentos políticos surgiram motivados pela fome e pelas necessidades econômicas. Por isso eu criei um movimento ligado a necessidades sexuais [...] Para começar, era errado criar um movimento em bases políticas. Sei isso, mas não o sabia na altura. Senti aquele entusiasmo, aquela formidável primeira reacção. Isso estimulou-me durante seis anos. Quando fui para Berlim, discursei em reuniões de massas perto de – não sei – quatro ou cinco vezes por semana. Tive reuniões com duas e três mil pessoas. Havia reuniões em que padres católicos tinham que responder a perguntas sobre problemas de higiene mental etc. Era extraordinário. Não havia movimento organizado em Viena, mas em Berlim havia cerca de cinquenta mil pessoas na minha organização no primeiro ano.[166]

---

165 Ligado ao movimento comunista de finais dos anos 1920, Reich conciliava seu interesse de continuar o seu trabalho sobre a higiene sexual, indo ao encontro das massas que estavam nos partidos socialistas e comunistas, pautado na justificativa de que os problemas tinham de ser abordados em "seu meio ambiente, se se queria sair da linha do tratamento individual. Além disso, os médicos que poderiam prestar ajuda em questões como a do controle de nascimentos, e outros aspectos da higiene sexual, encontravam-se nos partidos socialistas e comunistas" (Higgins; Raphael, 1979, p.44).

166 Ibid., p.82-3. Diferente de Berlim, Viena era regada pela música, pelo teatro e não pela política. "Em nenhuma cidade da Europa o anseio ardente pelo que é cultural foi tão veemente como em Viena. Precisamente porque a Monarquia, porque a Áustria, havia séculos, nem fora ambiciosa na política, nem tivera muitos triunfos em seus feitos militares, o orgulho nacional voltou-se mais dedicadamente para o desejo de um predomínio na arte [...] O que para a vida do indivíduo e para a da totalidade da população tinha a maior importância não era o que é militar, o que é político, o que é comercial; o primeiro olhar de um cidadão vienense, no jornal da manhã, não se dirigia para as discussões

Admitindo ter ido longe demais para efetivar seus planos, Reich diz que talvez tivesse sido melhor se houvesse restringido o movimento à criação de clínicas cuja finalidade era dar ajuda médica e educacional, sem proceder de forma política. Ao precipitar-se, despertou a animosidade dos partidos políticos, que "sentiram o poder do movimento, e ficaram com medo ou com inveja".[167] Referindo-se ao Partido Comunista em Berlim entre 1931 e 1932, Reich faz a seguinte ponderação:

> Enquanto eu levei dez mil, vinte mil, quarenta mil jovens para a organização deles, com base na questão sexual e na questão da higiene mental, eles disseram, "Reich é maravilhoso". Chegado o momento de fazer algo de prático, eles tornaram-se inimigos. Este ponto é crucial. Enquanto lhes levei pessoas, eu era "maravilhoso". No momento em que tiveram de fazer algo de prático pelas pessoas, encheram-se de ódio.[168]

Como sustentação da tese de que o envolvimento político de Reich teve peso determinante nas desavenças com a psicanálise, dois comentários merecem destaque: um de Ernest Jones (1879-1958), o outro, do próprio Reich. Diz o primeiro, sobre o 13° Congresso Psicanalítico Internacional, realizado entre 26 e 31 de agosto de 1934 em Lucerna: "Foi nesta ocasião que Wilhelm Reich se afastou da Associação. Freud o tivera em alta conta nos primeiros tempos, mas o fanatismo político de Reich levara a um afastamento pessoal e científico".[169] Curiosamente, ao comentar esse mesmo congresso,

---

do Parlamento, nem para as notícias mundiais, mas sim para o repertório do teatro [...]" (Zweig, 1960, p.227-9).
167 Higgins & Raphael, 1979, p.83. Reich ressalta que "os psicanalistas, socialistas, comunistas, Nazis, sim, e os liberais – eram todos contra. Todos os políticos eram contra [...] Mas aprendi uma coisa: Nunca agir de acordo com a política" (ibid., p.84).
168 Ibid., p.57.
169 Jones apud Wagner, 1994, p.27. Em carta a Anna Freud de 20 de abril de 1933, Jones teria dito: "Antes de formar uma opinião sobre o problema Reich, eu gostaria de estar melhor informado sobre as objeções que se lhe dirige. Que eu saiba, ele é um psicanalista bastante inteligente, mas demasiado fantasista e pouco confiável em seus julgamentos teóricos" (ibid., p.36). Referindo-se à

Reich diz que, após a apresentação de seu trabalho *Psychischer Kontakt und vegetative Strömung* [Contato psíquico e corrente vegetativa], como convidado, encerrou-se sua ligação com a Associação Psicanalítica Internacional, pois seus *"líderes já não queriam se identificar com meus pontos de vista"*.[170] Ou seja, ainda que houvesse alguns psicanalistas com uma "tendência esquerdista radical", os Freud (Sigmund e Anna) eram, segundo Lore – filha de Reich –, "muitíssimo conservadores" (Rubin, 1998, p.6). Talvez por isso frequentemente se atribua a Reich o fato de ter rompido com a Associação Psicanalítica Internacional, o que encontra apoio em justificativas como: "a insistência insana de Reich nos conceitos de genitalidade e potência orgástica (insana porque, diziam, refletiam perturbações psíquicas de sua personalidade), e deturpações teóricas psicanalíticas causadas por concepções sociológicas absolutamente estranhas à neutralidade da ciência psicanalítica" (Wagner, 1994, p.29-30). Há, no entanto, uma outra versão para essa mesma história:

> No momento em que Hitler assume o poder, Reich é expulso do partido comunista e, em março de 1933, deixa Berlim e parte para Viena. Mas esbarra na oposição dos psicanalistas, que querem enxotá-lo do movimento, menos por suas divergências ao freudismo que por suas opiniões bolchevistas. Ele emigra então para a Dinamarca e em agosto de 1934, no Congresso de Lucerna, é excluído do movimento psicanalítico internacional, graças à ação conjunta de Jones, Eitingon e Anna Freud, e a despeito da oposição do grupo escandinavo. (Roudinesco, 1988, p.61)

Antes do referido congresso, Reich teria recebido uma carta de Anna Freud (1895-1982) – então secretária-geral da Associação

---

psicanálise na França, Roudinesco lembra que: "No intervalo entre as duas guerras, o desconhecimento, pelo movimento freudiano, de uma certa versão oculta da psicanálise, apregoada pelos surrealistas e por alguns raros médicos, caminha de braços dados com o avanço de uma política 'jonesiana' da IPA que tende a excluir da comunidade analítica os grandes 'loucos' do freudismo, aqueles que, como Reich, Ferenczi ou Rank, não conseguem se submeter com êxito à etiqueta dos notáveis" (Roudinesco, 1988, p.25).

170 Reich, 1995, p.268.

Psicanalítica Internacional – que, entre outras coisas, dizia que a Internationaler Psychoanalytischer Verlag [Editora Psicanalítica Internacional] pretendia publicar uma lista dos membros da Associação Psicanalítica Internacional e que a situação tornava imperativo que seu nome não figurasse na lista dos membros da Deutsche Psychoanalytische Gesellschaft [Sociedade Psicanalítica Alemã]. E complementa: "Ficar-lhe-ia grata se compreendesse a situação e, colocando o interesse da causa psicanalítica na Alemanha acima de quaisquer possíveis sentimentos pessoais, desse o seu consentimento a esta medida" que, segundo ela, "não poderia causar-lhe de maneira nenhuma o mais leve dano", além disso "o reconhecimento do grupo escandinavo no Congresso e a sua futura inscrição neste novo grupo" solucionaria a questão.[171] Reich, então, responde: "Para o mundo, a omissão do meu nome deve significar que ou fui expulso ou me demiti. Uma vez que não tenho intenção de seguir a segunda premissa, e uma vez que do meu conhecimento, a primeira não está em causa, a presente tentativa para solucionar a dificuldade não pode ser bem sucedida" (Higgins & Raphael, 1979, p.225). Contudo, às vésperas do congresso, Reich foi informado pelo secretário da Associação Psicanalítica Alemã, Mueller-Braunschweig, que seu nome não estava entre os associados alemães, até que, em meio a um desconforto geral, certificou-se de que havia sido excluído da Associação Psicanalítica Alemã e, consequentemente, da Associação Psicanalítica Internacional, um ano antes em uma reunião secreta, sem que lhe tivessem comunicado.

No entanto, vale ressaltar que, desde a carta escrita a Anna, filha de Freud, em 22 de abril de 1933, Reich já havia relatado as dificuldades que enfrentava entre os psicanalistas dizendo:

---

171 Ainda que a Associação Psicanalítica Internacional tenha, sem sucesso, se empenhado em condicionar o reconhecimento do grupo escandinavo à não aceitação de Reich como seu membro, o grupo foi reconhecido, embora os suecos tenham se separado dos noruegueses a fim de se afastarem da influência reichiana (cf. Higgins; Raphael, 1979, p.224-7).

Devido a situação política actual, a direcção da Associação pediu-me para suspender o meu trabalho político e as minhas publicações científico-sociológicas. Solicitou uma promessa explícita, embora eu explicasse que as circunstâncias de qualquer modo não me permitiriam continuar com este trabalho como tinha feito antes, indo assim em parte ao encontro dos desejos da direcção. (Ibid., p.151)

Embora tivesse declarado que não podia fazer tal promessa, Reich se propôs a suspender suas publicações por um ou dois anos, desde que a Associação Psicanalítica Internacional tomasse uma posição oficial sobre se seu trabalho e sua teoria da economia sexual poderiam ou não se conciliar com sua condição de membro, sobre o que reforça:

declarei ontem à noite que em nenhuma circunstância me demitiria voluntariamente da IPV,[172] fossem quais fossem as humilhações e actos não oficiais de injustiça; não é a menos importante das minhas razões o facto de me considerar como um dos poucos representantes verdadeiramente legítimos da psicanálise e ser considerado como tal por um importante número de membros da IPV. Após madura reflexão, concluo que não há outra solução a não ser esta: ou a IPV se separa ela própria, concreta e organizacionalmente, do meu conceito de que a psicanálise é um elemento básico de *Kulturbolschewismus* e é combatida como tal pela reacção política, ou então garante-me a mesma liberdade

---

[172] É preciso registrar que fundada em 1910, a IPV – Internationale Psychoanalytische Vereinigung foi assim denominada até 1936 quando, por ocasião da Segunda Guerra Mundial, a maioria de seus psicanalistas da Europa continental exilou-se na Grã-Bretanha e nos Estados Unidos da América assumindo oficialmente a sigla IPA – International Psychoanalytical Association [Associação Psicanalítica Internacional] (cf. Katz, 1985, p.195). A partir de 1945, essa sigla generalizou-se entre as sociedades psicanalíticas a ela filiadas, com exceção da Sociedade Psicanalítica de Paris e da Associação Psicanalítica da França, que "recusaram-se a reconhecer a validade de uma sigla anglófona e obtiveram o privilégio de usar uma sigla francesa: API", o que explica a utilização de diferentes siglas pelos autores mencionados (cf. Roudinesco; Plon, 1998, p.384).

de investigação e trabalho dentro da estrutura da IPV que é garantida, normalmente, a outras tendências.[173]

É difícil precisar a interferência de Freud nesse episódio. Na versão de Reich, ainda que o considerasse como um "entusiasta" do movimento de higiene mental até cerca de 1928, não gostou quando "o lado político da questão, o sociológico, sobressaía cada vez mais". Ou seja: *"Eu tinha traçado as consequências sociais da teoria da libido. Na ideia de Freud isto foi a pior coisa que eu fiz"* (Higgins & Raphael, 1979, p.52). Talvez por isso se comente que, em 1934, "com o aval de Freud e talvez por sua iniciativa, a Associação Internacional de Psicanálise decidiu excluir seu mais eminente membro de esquerda, Wilhelm Reich".[174] Anna Freud teria, ao que consta, mencionado a Ernest Jones o desejo de Freud, dizendo:

> O que tudo isto (as atividades políticas de Reich em Viena) pode significar para a comunidade psicanalítica, todo mundo já sabe. Aqui estamos todos dispostos a assumir riscos pela psicanálise, mas certamente não pelas ideias de Reich, que ninguém subscreve. Eis a esse respeito a sentença de meu pai: se a psicanálise deve ser proibida, deve sê-lo pelo que é e não pela mistura de política e psicanálise encarnada por Reich. Meu pai não poderia contar com o fato de que se desembaraçassem dele enquanto associado. O que é ofensivo, é a violência feita à análise quando se pretende politizá-la, na medida em que ela nada tem a ver com a política.[175]

Com base nisso, é possível concordar com a ideia de que:

> existiu, sim, uma *ruptura*. Uma ruptura entre as ideias de um psicanalista comprometido com um programa de partido e a IPA (movimento

---

173 Higgins; Raphael, 1979, p.152. Consta em nota de rodapé que o termo *Kulturbolschewismus* não tem neste contexto nenhuma ligação com o Partido Comunista, mas foi utilizado por Hitler para denunciar qualquer espécie de pensamento progressista ou liberal, especialmente no campo da higiene mental e da educação infantil.
174 Jacoby, R. apud Wagner, 1994, p.34.
175 Steiner, R. apud ibid., p.35.

psicanalítico). Aqui, IPA e Psicanálise não são sinônimos. A Psicanálise é uma teoria científica e a IPA, uma instituição. Neste momento Reich não entrou em choque com os princípios da Psicanálise. Não foi expulso por estar questionando teorias científicas. Foi expulso por questionar as atividades (ou passividade) desta instituição em um momento crítico da história. (Wagner, 1994, p.35)

Em 1952, com uma versão particular do episódio ocorrido entre ele e a Associação Psicanalítica Internacional nos anos 1930, Reich avalia que outras coisas estavam em jogo, provocando sua independência completa do movimento psicanalítico:

> Quero acrescentar que o que quer que se tenha passado entre a Associação Psicanalítica Internacional "API" e eu próprio, o atribuí, de início, a esta ou àquela pessoa, à Associação Psicanalítica, a uma traição de Freud e da psicanálise etc. E tudo isso se revelou errado [...] O que se passou nessa altura não se passou apenas na API entre 1926 e 1934. Tem acontecido sempre através dos tempos. Passou-se na Igreja Cristã há mil e quinhentos anos. Passou-se em todos os lares deste planeta. Parece estranho, não parece? O que é que se passou? Conhece o termo "carácter pestilento"? [...] Em resumo, significa o seguinte: Há uma comunidade pacífica quer seja de psicanalistas ou sociólogos, quer simplesmente uma comunidade de pessoas como esta cidade de Rangeley. Há duas ou três pessoas que estão doentes, emocionalmente doentes, e que começam a criar complicações.[176]

Nomeando alguns agentes da peste emocional, Reich menciona os psicanalistas Paul Federn (1871-1950), que desde 1924 teria tecido insinuações maldosas contra ele, cujo ápice foi o Congresso de Lucerna; Otto Fenichel (1897-1946) e Sandor Rado (1890-1972), responsáveis pelo boato lançado em 1934 de que era esquizofrênico e de que fora internado numa instituição mental. Em carta a este último, Reich sintetiza as dificuldades por ele vividas em 1933, ao

---

[176] Higgins; Raphael, 1979, p.22. O tradutor optou pela tradução do original "International Psychoanalytic Association (IPA)", como "Associação Psicanalítica Internacional", por isso utilizou a sigla "API".

ter que deixar Berlim, rumo a Viena – onde as condições logo se tornariam iguais às alemãs – e depois Copenhague. Contudo, mencionando os limites dessa última cidade – onde permaneceu seis meses –, comenta seu desejo de retornar a uma atmosfera em que pudesse continuar com os "aspectos sociológicos e político-culturais" de seu trabalho e não ser apenas "um bem-comportado analista e 'dirigente' de um novo grupo psicanalítico" (Higgins; Raphael, 1979, p.153). Comentando suas dificuldades em carta de 1º de maio de 1933 a Sandor Rado, diz:

> Concretamente, algumas coisas chocantes têm acontecido, e você está familiarizado com algumas. Tenho a infelicidade de ser um analista extremamente ortodoxo e um marxista ao mesmo tempo, o que no nosso mundo actual tem produzido algumas verdades muito desagradáveis. Consequentemente Eitingon decretou que eu não tenho o direito de fazer análises didácticas em Copenhagem [...] A Suécia declara que eu não posso ir para lá, em nenhuma circunstância, porque sou comunista. Federn pediu a minha demissão da IPV. Anna Freud incumbiu terceiros de me pedir para suspender as minhas publicações e conferências [...] Por este motivo, agradeceria que investigasse e me informasse do que os Americanos pensam a meu respeito, e se eu poderia eventualmente obter um convite puramente formal vindo daí para efeitos de visto. (Ibid., p.154)

Expulso da Associação Psicanalítica Internacional e sem possibilidades legais de permanecer na Dinamarca, Reich conseguiu ir para a Suécia (Malmö) e depois Noruega (Oslo), onde permaneceu durante o período de 1934-39, terminando sua vida nos Estados Unidos da América, onde viveu, como veremos, durante os anos de 1939 e 1957. Relembrando as dificuldades por ele enfrentadas, conclui em 1952:

> Se eu tivesse sabido, em 1930, o que me esperava – calúnias e difamação por parte dos psicanalistas, aquele escândalo em Lucerne (*sic*), e tudo o que se passou na Noruega entre 1937 e 1939, e, depois, aqui nos Estados Unidos – não teria feito o que fiz. (Ibid., p.64)

Embora aqui retomados brevemente, os dados concernentes à sua vida mostram-nos que não apenas questões conceituais permearam suas desavenças com a psicanálise, mas sobretudo políticas. O fato é que Reich, como vimos, assenta suas ideias no referencial psicanalítico, sobretudo aquele produzido por Freud até a década de 1920. A partir dessa época a psicanálise teria, segundo ele, tomado "rumos equivocados" (Albertini, 1994, p.38), afastando-se e despindo o conceito de "libido" de "todos os traços de conteúdo sexual", transformando-o "em uma figura de retórica".[177] Em outras palavras, poderíamos dizer que Reich foi leitor – leia-se herdeiro – de um *determinado* Freud, construindo uma teoria própria que almejava dar prosseguimento à psicanálise, embora isso tenha diferentes interpretações, apesar de Reich considerar que a dificuldade maior estava em que se provasse que havia deixado de ser um "representante legítimo da psicanálise" e que suas teorias estavam "fora do leque admissível de variações" (Higgins & Raphael, 1979, p.152). De mais a mais, suas vinculações políticas e a tentativa de uma implementação real da possibilidade de profilaxia das neuroses exigiam certa contenção por parte do movimento psicanalítico, sobretudo devido ao momento histórico vivido, que alimentava a ideia de que, caso se expurgassem comunistas e judeus de seu meio, "o nazismo deixaria a psicanálise em paz" (Wagner, 1994, p.82). Logo, o envolvimento político de Reich não deixa outra opção à Associação Psicanalítica Internacional que não seja a sua expulsão, numa nítida tentativa de demonstrar que Reich não podia ser compreendido como sinônimo de psicanálise, apesar da proximidade com certos pressupostos psicanalíticos iniciais, presentes em seus textos, conforme pudemos demonstrar. Mas, se os pressupostos psicanalíticos serviram como fonte de inspiração para desdobramentos que culminaram na teoria da economia sexual, nota-se que também as preocupações de Freud com a educação – explicitadas naquilo que deno-

---

177 Reich, 1984a, p.113. Embora esse não seja nosso intuito aqui, outros autores se ocuparam das críticas de Reich aos desdobramentos posteriores da psicanálise. Sobre o assunto, ver Wagner, 1994, p.32-3.

minamos como pressupostos *educacionais* freudianos – serviram como fonte de inspiração para as preocupações educacionais reichianas, reforçando a tese de que Reich, mesmo expulso da Associação Psicanalítica Internacional, manteve-se vinculado a determinados pressupostos psicanalíticos iniciais, basicamente, à ideia de profilaxia das neuroses articulada à educação.

Crianças do futuro: possibilidade ou utopia?

> Durante toda a minha vida amei bebês, crianças e adolescentes, e também sempre fui amado e compreendido por eles [...] Este foi um dos grandes felizes privilégios de minha vida, e quero expressar de certa maneira meus agradecimentos por aquele amor conferido a mim por meus pequenos amigos.
>
> *Wilhelm Reich*

Durante anos, Reich preocupou-se com o combate das doenças psíquicas visando à prevenção das neuroses seguindo, no primeiro momento, o caminho traçado pela psicanálise e, no segundo, pautando-se por envolvimentos sociais e políticos que interferiram na sua vida. Contudo, dada a dinâmica de seu pensamento, poderíamos ressaltar um terceiro momento, influenciado por questões de ordem científica e pessoal que repercutiram em suas preocupações educacionais. No primeiro caso, vale destacar a descoberta da "energia orgonecósmica" e os consequentes desdobramentos da técnica terapêutica denominada como "orgonoterapia" a partir de 1939; no segundo caso, merecem destaque pelo menos dois acontecimentos: o nascimento, em 3 de abril de 1944, de seu filho Ernst Peter Robert Reich e a amizade com Alexander Sutherland Neill entre 1936 e 1957.

Curiosamente, nota-se uma interligação entre as questões científicas e as pessoais, sobretudo quando Reich, ao noticiar o nascimento de Peter a Neill, comenta que após 25 anos de intenso trabalho na psiquiatria estava descobrindo, pela primeira vez, a verdadeira natureza do recém-nascido. Cabe ainda destacar que embora, desde sempre, tenha enfatizado a importância da criança e dos primeiros anos de vida na instauração das neuroses, é nessa época que Reich chegará ao ponto de depositar o "destino da espécie humana" na estrutura de caráter, nas mãos e nos corações da "criança do futuro",[178] por ele definida como: "gentil, amável, natural e alegremente generosa. Seus movimentos são harmoniosos, sua voz melodiosa. Seus olhos brilham com uma luz doce e lançam um olhar profundo e calmo sobre o mundo. Seu toque é suave. Quem é tocado passa a irradiar sua própria energia vital".[179]

Dos variados acontecimentos peculiares ao período compreendido entre finais dos anos 1930 e meados dos anos 1950, ressaltaríamos o fato de Reich ter imigrado, em 1939, para os Estados Unidos[180] após breves estadas em outros países.[181] A América – pretensamente livre – ofereceu-lhe guarida[182] e, não por outro motivo, instalou sua residência, consultório e laboratório em uma casa alugada na 75-02 Kessel Street, em Forest Hills, Long Island, Nova York, e a partir de 1º de outubro de 1941 em casa própria situada na 99-06 69th Avenue, também em Forest Hills, onde funcionava a Orgone Institute Diagnostic Clinic [Clínica de Diagnóstico do Instituto Orgone] até a venda da casa em 1952; ofereceu-lhe emprego e a convite de Theodore P. Wolfe[183] passou a proferir conferências sobre psicologia médica e técnicas psicoterapêuticas na New School for

---

178 Título do relatório sobre o Orgonomic Infant Research Center (OIRC), apresentado por Reich na Second International Orgonomic Conference [Segunda Conferência Internacional de Orgonomia] em 25 de agosto de 1950 e publicado como: Reich, 1950a. Também integra a seguinte referência: cf. Reich, 1984l.
179 Reich, 1982b, v.1, p.21. de "A peste emocional da humanidade".
180 Suas filhas, Eva e Lore, e sua ex-mulher, Annie Reich, estavam vivendo em Nova York desde 1938 (cf. De Reich, 1978, p.77).
181 Vale lembrar que, antes de fixar residência nos Estados Unidos, Reich foi para a Dinamarca, Suécia e Noruega, entre 1933 – quando deixou Berlim – e 1939.
182 Numa condição diferente da de muitos intelectuais que para lá imigraram entre as décadas de 1930 e 1940, Reich não havia sido expulso pelos nazistas, embora isso certamente não tardasse a ocorrer (cf. Robinson, 1971, p.52).
183 Psiquiatra suíço, primeiro tradutor das obras de Reich e colaborador na instalação da Orgone Institute Press [Editora do Instituto Orgone], tornando-se o

Social Research, em Nova York, entre janeiro de 1940 e maio de 1941;[184] propiciou o encontro, em outubro de 1939, com Ilse Ollendorf, com quem passou a morar no Natal de 1939, ainda que a relação tenha sido oficializada apenas em abril de 1945, perdurando até agosto de 1954, quando se separaram; permitiu-lhe, ao menos inicialmente, preparar profissionais do campo médico, psicológico e educacional para a investigação científica, criando, para tanto, o Orgone Institute [Instituto Orgone], a Orgone Research Fund [Fundação de Pesquisa Orgone] e a Orgone Institute Press [Editora do Instituto Orgone] entre 1942 e 1949;[185] deu-lhe esperanças para avançar no desenvolvimento de suas pesquisas e foi assim que, em 1942, adquiriu uma propriedade com 280 acres – Orgonon – no Dodge Pond Road entre Rangeley e Oquossoc, no Maine, onde construiu uma pequena casa em 1943 – hoje conhecida como Bunchberry –, ampliada em 1945 e 1948, quando a família de Thomas Ross, empregado do local, passou a habitá-la, e o Student's Laboratory [Laboratório dos Estudantes] em 1945. Antes, porém, Reich dividia sua vida entre a casa em Forest Hills e uma cabana de madeira às margens do Lake Mooselookmeguntic em Oquossoc, transferindo-se definitivamente para Orgonon nos anos 1950. Desde o início, foram tantos os planos para esse empreendimento que Reich vivia sonhando e passeando pela propriedade fincando estacas de madeira ao designar os lugares onde seriam os edifícios que cons-

---

responsável pela edição da *International Journal for Sex-Economy and Orgone Research* [Revista Internacional para Economia Sexual e Pesquisa Orgone].
184 Registrado na New School for Social Research como "faculty" [catedrático] em Psicologia e não "lecturer" [conferencista], Reich proferiu os seguintes cursos: na primavera de 1940-1941 e no outono de 1940 – "The character formation: biological and sociological aspects" [A formação do caráter: aspectos biológicos e sociológicos]; na primavera de 1940: "Theoretical seminar: psychological approach to psychosomatical research" [Seminário teórico: aproximações teóricas para a pesquisa psicossomática]; e no outono de 1940 – "Clinical problems in psycho-somatic medicine" [Problemas clínicos na medicina psicossomática], o qual foi ministrado em sua própria residência em Forest Hills. Informações gentilmente concedidas por Leone Campos de Souza da New School for Social Research, em 15 de agosto de 2001.
185 Cf. Reich, 1973b, Part. 1, p.XV.

truiria, dentre os quais estariam laboratórios experimentais, hospitais de investigação, centros de tratamento, uma biblioteca central, um centro para crianças, salas de estudo, moradia para a família de médicos e pesquisadores e um observatório telescópico.

Das pesquisas por ele desenvolvidas nesse período merece destaque o estudo da criança *saudável* que, entre outras coisas, ressaltava não ser possível acessar a saúde natural das crianças, a fim de prevenir as neuroses, pelo estudo das funções biopáticas daquelas emocionalmente doentes, como o fizera até então. Pelo contrário, dever-se-ia investir no estudo da saúde e, portanto, das crianças, em especial das recém-nascidas, a fim de preservá-las contra quaisquer sinais de encouraçamento. É curioso observar que diferentemente de suas ideias dos anos 1920, Reich, no início da década de 1950, defendia que de maneira alguma podemos pregar a "adaptação cultural" às nossas crianças, sobretudo tendo em vista que esta mesma cultura vinha sofrendo um processo de desintegração há mais de 35 anos. Será que as crianças deveriam se adaptar a este tempo de guerra, genocídio, tirania e deterioração moral?, questiona-se Reich. Se, num primeiro momento, apostou na "adaptação cultural" da criança e, num segundo momento, defendeu a necessidade de mudança social e econômica – do capitalismo para o socialismo –, Reich, nesse terceiro momento, abandonará tais perspectivas para investir no reconhecimento da natureza do indivíduo, enaltecendo seu "núcleo biológico" como sendo a verdadeira força vital capaz de promover mudanças sem, contudo, perder de vista seu propósito de profilaxia das neuroses.

Não à toa, sua perspectiva em relação à educação enfatizará, entre outras coisas, que, como educadores, isto é, como "cadeias de transmissão entre um passado ruim e um futuro eventualmente melhor", não temos o direito de dizer às crianças como construir seu futuro, haja vista que não fomos capazes de construir nosso próprio presente. Deveríamos apenas dizer-lhes como e onde falhamos, além de removermos os obstáculos no caminho da construção de um mundo novo e melhor para elas. Poderíamos, portanto, "equipá-las com o tipo de estrutura de caráter e vigor biológico que as capacitaria a tomar *suas próprias* decisões, encontrar *seus próprios* caminhos, construir seu *próprio futuro* e o de suas próprias crianças".[186] Diferentemente da Áustria das décadas de 1920 e 1930, Reich enfatiza que nos Estados Unidos de finais dos anos 1940 havia um "debate público acalorado" acerca da educação, rico em publicações que consideravam a *"naturalidade da autossatisfação genital das crianças"* e da *"auto-orientação na educação infantil"* algo imprescindível para o futuro da humanidade. Ainda que existentes, os *"hipócritas sexuais"* já não podiam deter o *"avanço do movimento da higiene mental e a afirmação da sexualidade biológico-natural das crianças e dos jovens"* baseados em *"poderosas e reconhecidas organizações de pais e professores"* que defendiam o *"princípio da auto-orientação, e consequentemente da economia sexual da criança"*.[187] Talvez por isso, Reich acreditasse ser esse país o único em que era possível a vida, a liberdade e a busca da felicidade, apostando que lá teria espaço para o desenvolvimento de seu trabalho, sobretudo por considerar que havia certo entusiasmo por uma nova educação, apesar dos vários obstáculos existentes. Assim, ainda que o povo parecesse estar "mais no escuro", parecia "muito mais aberto para um ponto de vista natural".[188]

Sob essa atmosfera, Reich – sobretudo em seus escritos da década de 1950 – torna evidente a importância das crianças para o futuro da humanidade, dedicando-se, não por outro motivo, à preservação da autorregulação, criando institutos voltados à pesquisa de crianças, em especial de recém-nascidos, e uma fundação capaz de mantê-las em desenvolvimento, conforme veremos a seguir.

Sobre a autorregulação

Não foram poucas as influências da clínica terapêutica na elaboração da teoria da economia sexual de Reich.[189] Das várias consta-

---

186 Reich, 1950a, p.6-7.
187 Reich, 1979a, p.15-6.
188 Ibid., p.42-3.
189 Inicialmente, Reich desenvolveu a técnica da *análise do caráter* (1926 a 1934), cujo objetivo era a liberação da então denominada "energia psíquica", da cou-

tações provenientes do atendimento a pacientes, vale destacar a "atitude genital natural" que, segundo ele, aflorava com a liberação das inibições genitais, revelando a existência de um "cerne simples, decente e evidente",[190] isto é, de um "núcleo biológico" que – ainda que nas profundezas do indivíduo[191] – poderia ser resgatado por meio do processo terapêutico. Era, portanto, atribuição da terapia transformar o "caráter neurótico" em "caráter genital",[192] substituindo a "regulagem moralista" pela "autorregulagem econômico--sexual".[193] Assim, quando o indivíduo se tornava capaz de autorregular-se,[194] regendo-se por uma moralidade que se desenvolvia

---

raça do caráter e da couraça muscular e no estabelecimento da potência orgástica. A partir de 1935, passou a denominá-la como *vegetoterapia* e, a partir de 1939, com a descoberta da energia orgone, como *orgonoterapia*.

190 Reich, 1984a, p.153.

191 A estratificação emocional do indivíduo era composta pelas seguintes camadas: uma mais superficial, uma espécie de "verniz" ou "fachada social" que expressa um "bom comportamento", "produto final de todas as restrições sociais e educacionais impostas ao centro saudável original"; uma grande camada intermediária, resultado de um amontoado de subcamadas, responsável pelo acúmulo das repressões, apresentando como resultado os "*impulsos antissociais*" (sadomasoquistas, perversos) barrados, ao menos parcialmente, pela camada anterior; e por fim uma camada mais profunda, o "núcleo biológico", "centro saudável", fonte dos impulsos "naturais ou primitivos", os quais, ao se depararem com o processo cultural de repressão, que inviabiliza a expressão emocional, transformar-se-iam em impulsos secundários, dando origem à camada superficial (cf. Baker, 1980, p.86, grifo nosso).

192 Uma diferença básica entre ambos poderia ser evidenciada na relação entre o acúmulo e a descarga da energia sexual. O primeiro apresentaria falhas na descarga, gerando aquilo que Reich denominou "estase da energia sexual", isto é, a "fonte de energia das neuroses", que o conduziria a um comportamento cronicamente enrijecido; o segundo, de posse de uma estrutura mais flexível, era capaz de realizar o processo de tensão-carga-descarga-relaxamento livre da estase, alcançando o reflexo do orgasmo.

193 *Grosso modo*, a terapia tinha como fim liberar os bloqueios que interferiam no livre fluxo de energia e na realização do "reflexo do orgasmo", a fim de restabelecer a capacidade de "pulsação" do organismo e o equilíbrio emocional e energético do indivíduo, tornando-o capaz de – livre de encouraçamentos – entregar-se totalmente.

194 Independentemente do método terapêutico adotado – psicanálise freudiana, análise caracterial, vegetoterapia, orgonoterapia –, Reich tinha como objetivo

espontaneamente com base nas exigências da satisfação sexual, desenvolvia autoconfiança, experiências sexuais prazerosas e controle da couraça. Sem transformar seu comportamento em algo crônico, o indivíduo usufruía de uma melhor regulação, ou seja, autorregulação, de sua existência. Foi, portanto, por meio da prática clínica que Reich se certificou de que o "afrouxamento" das couraças liberava uma espécie de "competência espontânea" que havia sido "aniquilada", "atrofiada" ou neutralizada por influências sociais e, com isso, havia inserido o indivíduo no campo da "regulagem moralista", transformando seu comportamento "natural" em algo "rígido", "crônico", "encouraçado", sem expressão livre, dadas a distorção, fragmentação e inibição de seus "impulsos naturais".[195]

Entretanto, ao considerar a autorregulação como algo possível e universalmente exequível, Reich não apenas fixou os pilares de sua teoria da economia sexual como enveredou por um caminho que o distanciaria da psicanálise. Se, inicialmente, restringia-se ao objetivo da clínica terapêutica, mais tarde a autorregulação passou a ser um dos fundamentos básicos daquilo que denominaria "pedagogia econômico-sexual". Portanto, se, num primeiro momento, a terapia deveria *restaurar* a capacidade de autorregulação, sobretudo no adulto, num segundo momento – atrelada aos desígnios da educação –, a autorregulação deveria ser *preservada*, razão pela qual Reich enaltece o papel da criança, em especial do recém-nascido, na conquista de seu propósito profilático.

Considerando que a autorregulação é inerente à estrutura natural do recém-nascido, Reich ressalta que, enquanto as crianças deveriam ter um desenvolvimento natural, nós deveríamos deixá-las viver conforme a sua natureza, se preciso mudando as instituições que

---

a restituição da capacidade de autorregulação sexual, outras vezes por ele denominada potência orgástica ou amor natural (cf. Dadoun, 1991, p.39).
195 Cf. Reich, 1973a, p.72. Com base em um "contato substituto" com o mundo, o indivíduo adotaria regras artificiais de "inter-relacionamento", expressas em "traços de caráter" próprios de um "comportamento superficial", incorporados ao seu modo de ser, agir, andar, falar, gesticular, se expressar, característicos de sua personalidade.

impossibilitam o acesso à sua "moralidade natural" e provocam encouraçamentos que comprometem a sua autorregulação.[196] Ao salientar que não há pais e crianças absolutamente saudáveis, de que não há nem haverá um processo natural perfeito, Reich, por outro lado, chama a atenção para os "cuidados infantis" que se instauram sob o rótulo de uma educação moderna, sobretudo em relação aos recém-nascidos, mesmo considerando que tenha havido avanços.[197] Alvo de "manias esporádicas" ou "medidas compulsivas" que se dizem pautadas por meios "técnicos", "científicos" e pelas "mais recentes teorias de educação infantil",[198] os recém-nascidos têm suas pernas enfaixadas e esticadas para que não fiquem tortas e suas mãos amarradas para que não toquem os genitais ou chupem o dedo; são alimentados em horas pré-programadas; ficam de bruços no travesseiro sem contato com o mundo ou com o organismo materno e são impedidos de realizar qualquer movimento, por faixas e cueiros que comprometem o crescimento, a respiração livre, suprimindo o choro, os gritos, interferindo nos movimentos intestinais e sexuais, certamente provocando danos pós-natais irreparáveis para a sua autorregulação. Mais do que a hostilidade de pais e médicos em relação às crianças, tais medidas demonstram um total desconhecimento sobre o desenvolvimento infantil, realçando a necessidade de preservação da autorregulação. Tolhendo-a, sem deixarem que as questões educativas sejam decididas *exclusivamente pelo interesse da criança*,[199] não reconhecem que todo recém-

---

196 Cf. Reich, 1984h, p.105. Também integra a seguinte referência: Reich, 1951b.
197 Se antes os pais costumavam repreender os filhos por estarem brincando com seus genitais, hoje muitos se desesperam quando a brincadeira genital não se desenvolve, embora frases como "não toque nisso" ou a "distração" das crianças de seus jogos sexuais ainda façam parte do arcabouço pedagógico da maioria dos educadores, que ainda têm dificuldades para falarem livremente sobre sexo.
198 Reich, 1984f, p.136.
199 Cf. Reich, 1984g, p.128. Também integra a seguinte referência: Reich, 1985, p.349-64. Em outro texto, Reich, temendo os excessos, dirá que isso não quer dizer que a melhor saída para a educação seja *"deixar que somente os interesses da criança, e nada mais, determinem o curso dos eventos"*. Cf. Reich, 1984h, p.89.

-nascido tem sua própria individualidade, seu próprio *tom emocional* e anseia por vivacidade, cores vibrantes, objetos móveis e contato com tudo que o cerca, inclusive pais e educadores. Diferente disso e sob a justificativa de que as crianças são "pequenos animaizinhos selvagens" que se precisa "domar", quando, na verdade, são apenas produtos de um mundo de homens endurecidos e embrutecidos que temem o vivo, tratam-nas de maneira "falsa" e "inflexível", levando--as a voltarem-se para dentro de si, tornando-as retraídas, apáticas e estranhas, quando, na realidade, não deveriam deixar que sua morbidez influenciasse esse plasma ainda intacto.[200]

Embora Freud e duas gerações de pedagogos analiticamente treinados tenham se empenhado na luta contra essa "tortura" infantil, os recém-nascidos ainda estariam longe de usufruir plenamente de suas funções de prazer.[201] Ainda que defendesse a realização de uma propaganda médica e pedagógica em prol das funções naturais do recém-nascido e contra a *"imposição* ditatorial" que apenas contribui para a formação de uma nova geração de tipos neuróticos, isso, contudo, não dependia apenas da modificação (ou não) dos métodos educativos, mas era preciso que a criança estivesse emocionalmente preparada para absorvê-la. Ou seja, se uma criança autorregulada fosse "transplantada" repentinamente para um meio ambiente disciplinador, ficaria desorientada, correndo o risco de adoecer, enquanto uma criança educada de maneira disciplinar, se "transplantada" para um ambiente autorregulador, perderia o equilíbrio ao entrar em contato com a força da bioenergia natural.[202] Reich almejava que,

---

200 Cf. Reich, 1984g, p.124-5.
201 Cf. Reich, 1984f, p.137.
202 Se estiver livre de *"impulsos* secundários" e acostumado a emoções intensas desde a infância, o indivíduo não corre perigo quando estas se desenvolvem. Mas aquele que esteve encouraçado toda a vida, que nunca sentiu emoções fortes ou que teve apenas a descarga de energia sintomática e neurótica, cai em profunda desorientação quando subitamente tem de encarar o pleno vigor de sua bioenergia. Um indivíduo saudável cuja bioenergia é descarregada regularmente nunca desenvolve a quantidade de estase de energia que se somaria à energia que aumenta no impacto de emoções reprimidas, levando ao perigo da ruptura da couraça (cf. Reich, 1973a, p.134). Reich enfatiza o surgimento de

num futuro próximo, houvesse "educadores orgasticamente potentes", capazes de compreender a criança pequena, evitando o "encolhimento biopático" por meio de uma "educação sexo-econômica do recém-nascido", que não o restringisse a um produto artificial de uma "educação patológica" repleta de maus-tratos.[203]

Considerando que já se havia provado que o desenvolvimento natural, autorregulado das crianças é possível,[204] o problema estaria em como resguardá-lo, em como protegê-lo contra uma "educação neurótica", "solteironas velhas e frustradas", "neuróticos rabugentos", "fascistas vermelhos", enfim, contra a "peste emocional". Era preciso saber como ajudá-las a governarem-se a si próprias, sem caírem vítimas de "novos ditadores" – entre pais, professores, médicos e enfermeiras – que exprimem um medo da vida, do amor e do funcionamento natural.

Reich, no entanto, enfatiza que, apesar de crianças submetidas a uma "educação autorregulada" não desenvolverem as disfunções típicas daquelas criadas de "modo usual" e "ordenado",[205] isso não garante que não apresentem sinais de encouraçamento. Na verdade, o que determina se uma criança é ou não saudável não é a "ausência de doenças", mas a capacidade de ficar presa a uma situação biopática aguda por toda a vida; em outras palavras, é a habilidade que seu organismo tem para ultrapassar a doença e sair dela sem danos. O que importa na "prevenção das biopatias" é a estrutura emocional, portanto, a carga energética que acompanha as ideias e não as ideias

---

uma "vertigem de liberdade" em crianças e adultos que são "transplantados" rapidamente de um ambiente que funciona com base nos princípios do encouraçamento, para outro que se apoia nos princípios naturais da autorregulação, razão pela qual justifica que, se o Estado autoritário fosse abolido de repente e o povo pudesse fazer o que quisesse, o resultado seria o caos e não a liberdade. Teriam que se passar anos de profunda desorientação até que a espécie humana aprendesse a viver de acordo com os princípios da autorregulação natural.

203 Cf. Reich, 1984g, p.125-6.
204 Cf. Reich, 1973a, p.128. Reich refere-se a Alexander S. Neill e sua experiência em Summerhill e às experiências de Bronislaw Malinowiski na sociedade de Trobiand.
205 Cf. Reich, 1984k, p.27.

em si, pois as "ideias patológicas" caem como um "castelo de cartas" quando não há estase de energia para alimentá-las.[206] Portanto, uma "educação preventiva" teria como função manter o biossistema da criança livre de qualquer tendência à estase de energia biológica, pois o restante aconteceria por si.[207]

Criar crianças saudáveis, diz Reich, não é algo simples nem fácil, sobretudo quando os seus interesses vêm em segundo plano em relação aos da sociedade e aos de homens encouraçados que consideram que a autorregulação deva ser restringida. Ou seja, para Reich, o conflito entre o livre movimento das forças autorreguladoras e as forças compulsivas da opinião pública encouraçada – leia-se peste emocional – é permanente, apesar de procurarem disfarçar a ira contra as crianças de diferentes formas. Mas, certo de que haveria um período de transição para que as crianças com apoio de médicos e educadores tivessem reconhecidos e dominados seus primeiros sinais de encouraçamento, Reich registra a esperança de que destas crianças surjam novas gerações que façam o mesmo trabalho, de maneira melhor e mais segura. Evitar que um encouraçamento inicial se torne crônico, é mais importante do que educar uma criança para que seja "completamente sadia", mesmo porque, dadas as interferências do meio ambiente, os encouraçamentos parecem inevitáveis, já que a criança nasce com um sistema bioenergético moldável, pronto para adquirir qualquer coisa que o meio ambiente queira

---

[206] Não há motivo para se preocupar quando uma criança diz ou age como se fosse matar alguém. Uma criança que se expressa nunca cometerá um assassinato, mas aquela que é sempre educada, nunca desobedece ou faz ameaças de morte pode desenvolver fortes *impulsos* assassinos, haja vista os "vilões educados", Hitler e Stalin. Na infância maltratam cachorros, puxam o rabo dos gatos e arrancam as asas das moscas, com consciente deleite da dor que provocam, enquanto fantasiam matar o pai ou a professora; quando adultas, atirarão em veados, pescarão para torturar os peixes, puxando bruscamente o anzol, enfim transformar-se-ão num assassino hitleriano (cf. ibid., p.35-6).

[207] Cf. ibid., p.35. É interessante notar que nessa fase Reich fala em "prevenção das biopatias" – em detrimento da "prevenção das neuroses" –, entendendo-as, *grosso modo*, como doenças provocadas por perturbações da função natural da pulsação orgonótica e, portanto, da potência orgástica (cf. Reich, 1985).

imprimir em seu organismo com algum grau de persistência.[208] A fim de amenizar os danos, o educador teria como função perceber os bloqueios energéticos da criança, estabelecer medidas para preveni-la de encouraçamentos patogênicos, além de ajudá-la em seus conflitos com os seres humanos encouraçados. Ou seja, um primeiro passo seria o reconhecimento do problema, de modo a não agirem de forma maldosa em relação à criança ou por meio de uma atitude crônica e eternamente gentil de "nunca levantar a voz" – própria dos chamados "educadores modernos" – que também prejudicam a criança, sobretudo por condenarem qualquer expressão de "agressividade saudável" e, portanto, natural.[209]

Para além disso, a própria criança é quem deveria reconhecer e aceitar a natureza que há dentro de si, de modo a harmonizar-se com a sua constituição natural e com a natureza a sua volta, pois, segundo o Reich dos anos 1950, o homem dita as regras sociais e as segue cegamente, quando, na verdade, deveria retornar ao biológico e às emoções básicas da vida.[210] Um educador, por exemplo, deveria ver a criança como um organismo vivo, modelando seu ambiente de acordo com suas (dela) necessidades vitais e não como uma máquina, um sujeito do Estado ou adepto de determinada religião, como faz comumente. Ilustrando esse particular, Reich observa que uma criança, naturalmente, não coloca blocos quadrados nos buracos correspondentes, mas brinca com areia e terra. Assim, pode-se dizer que os processos naturais influenciam os processos culturais, e os processos culturais transformam a natureza.

Mesmo reconhecendo que existem outros mais habilitados e competentes do que ele para escrever um compêndio do massacre cometido na criação da criança, Reich enfatiza que, apesar das boas intenções de médicos, enfermeiras, educadores e pais, estes não conseguem transformar seu amor profundo em ação prática, pois, além de não a entenderem, temem a função vital do recém-nascido. Embora enfatize que a questão educacional está "perdida em deta-

---

208 Cf. Reich, 1984h, p.105.
209 Cf. Reich, 1984k, p.55.
210 Quais sejam: prazer, anseio, angústia, raiva e tristeza. Cf. Reich, 1973a, p.53.

lhes", "sem perspectiva", "emaranhada sem esperança", Reich reforça que, se a criança fosse reconhecida e respeitada como um ser vivo em vez de um futuro cidadão, todos os problemas estariam resolvidos, pois significaria que as instituições estariam preocupadas com as necessidades vitais da criança.

Nesta perspectiva, ao menos duas são as ilustrações que devem ser mencionadas: a experiência educacional da escola de Summerhill que, na opinião de Reich, era um exemplo de como uma escola deveria ser e a criação do OIRC – Orgonomic Infant Research Center [Centro de Pesquisa Orgonômica Infantil], ambas objeto da análise a seguir.

Entre Reich e Neill

Iniciada na Noruega em 1936[211] e perdurando – apesar da distância, da Segunda Guerra Mundial e dos impedimentos da era Joseph McCarthy – até a morte de Reich em 1957, a amizade com o pedagogo escocês e psicólogo de crianças Alexander Sutherland Neill (1883-1973) era um misto de confidências pessoais e respeito profissional mútuo.

Além de ser um de seus poucos amigos, Neill foi leitor e tradutor de inúmeros textos de Reich do alemão para o inglês. Reich, além de amigo, foi terapeuta e cúmplice do trabalho desenvolvido na escola de Summerhill, criada em agosto de 1921 no vilarejo de Hellerau, próximo a Dresden, na Alemanha, com o nome de International School [Escola Internacional], transferida para Sonntagsberg, no Tirol austríaco, em janeiro de 1924, e meses depois para a região de Dorset, ao sul da Inglaterra, onde adotou o nome da casa em que se instalou em Lyme Regis – Summerhill –, até fixar-se – com exceção dos anos de guerra, quando se transferiu para o País de Gales – no vilarejo de Leiston em Suffolk, no leste da Inglaterra, onde se encontra desde 1927 (Pallares-Burke, 1997a).

---

211 Reich, aos 39 anos, e Neill, aos 53, conheceram-se em uma conferência na Universidade de Oslo, cidade em que Reich residia na época. Depois desse primeiro contato, Neill passou as férias dos próximos dois anos em Oslo, a fim de acompanhar o trabalho de Reich e com ele submeter-se a terapia (cf. Carleton, 1991a, p.73).

Durante os mais de vinte anos da relação entre esses autores, não foram poucas as vezes em que Reich insistiu para que Neill aplicasse os conhecimentos da biofísica orgone ao seu trabalho pioneiro no campo da educação. Contudo, apesar da proximidade dos ideais de ambos, Neill fazia questão de frisar que sua escola não era uma escola reichiana, embora admitisse ter tentado acrescentar um pouco de Reich, de modo a fazer dela uma escola "orgonótica-orgástica completa" (Placzek, 1981, p.148). Assim, ainda que não fosse sua intenção ser o representante de Reich no que diz respeito à análise individual, Neill, em carta a Reich, resume a influência exercida pelo amigo, dizendo: "eu tenho interesse em seu trabalho, e almejo ler sua publicação em minha própria língua. E o tempo que passei com você me mudou muito. O efeito é visto na escola. A atmosfera está mais feliz, porque estou mais feliz" (ibid., p.58). Embora, em 1942, reconhecesse em Reich uma referência teórica incontestável, admite, em 1956, não ter sido um "reichiano" acrítico e, ressaltando as particularidades dessa influência, enfatiza: "Reich não teve efeito sobre minha escola [...] Mas teve forte efeito sobre mim pessoalmente" (Neill, 1975, p.187).

Ainda assim, Neill reconheceu, em 28 de novembro de 1945, ter um pé no "velho campo de Freud e um no campo de Reich" (Placzek, 1981, p.148-9), além de ter buscado inspiração na teoria de Homer Tyrell Lane,[212] entre outras, até que o "teste da realidade" destituiu o valor de algumas, levando-o a desenvolver um trabalho cujo intuito não era outro que não fosse adequar-se às necessidades da criança.[213] Opondo-se a toda disciplina, pressão, moral e instrução religiosa sobre o crescimento da criança, visando instaurar um sistema

---

212 Pautando-se em métodos não ortodoxos de educação na comunidade de crianças delinquentes Little Commonwealth, Lane conseguiu resultados surpreendentes ao utilizar o autogoverno como meio de encorajar as crianças a readquirir a autoestima (cf. Pallares-Burke, 1997a). O princípio fundamental – mais tarde herdado por Neill – era o de estar sempre "do lado da criança", abolindo toda punição, medo e disciplina externa, nela confiando para que pudesse crescer de seu próprio jeito e sem pressão externa (cf. Carleton, 1991, p.73).
213 Cf. Neill, 1967, p.83. Inicialmente, Neill atuava como psicanalista, até descobrir que aqueles que não frequentavam suas sessões de análise também se

de educação que a preparasse para a vida, levando-a a "encontrar a felicidade", Neill partia do pressuposto de que a criança deveria ser deixada em liberdade a fim de poder "encontrar o interesse" e desenvolver-se plenamente. Foi assim que verificou, aos poucos, que seu território "era a profilaxia e não a cura", dizendo: "Levei anos para descobrir a significação integral disso, para aprender que a liberdade é que estava ajudando as crianças-problemas de Summerhill, não a terapêutica" (Neill, 1967, p.274).

Ainda que de nacionalidades, tradições, gerações e formações diferentes, poderíamos dizer que essa foi uma relação de amizade com aprendizagem mútua. Reich aprendeu muito com Neill, em particular com a experiência – que não tinha – com crianças, admitindo muitas vezes querer estar em seu lugar de modo a poder atuar com aquilo que considerava ser o "futuro da Terapia e da Profilaxia" (ibid., p.23).

Compartilhando ideais comuns em relação à educação de crianças, Neill defendia que elas deveriam ser educadas de modo que não precisassem de qualquer tipo de terapia, enquanto Reich, ao perceber que a "profilaxia era a verdadeira solução, mais do que a terapia" (Neill, 1975, p.184) – ainda que mantivesse a prática clínica para angariar fundos para seus estudos científicos –, enfatizava que a "prevenção do encouraçamento" era a única coisa que restava à educação (Neill, 1967, p.222). Porém, se o Reich dos anos 1940 – ao rever os princípios de seu trabalho – reconhecia que "não deveria ter gastado aproximadamente catorze anos com psicanálise e sua sublimação e falsa psicologia da criança", mas investido em crianças e adolescentes cujas reações biofísicas poderiam ainda ser moldadas, Neill declarava-se culpado por favorecer 72 crianças com uma educação real enquanto milhões não a tinham, embora utilizasse como justificativa o fato de que, se não modificássemos pelo menos uma pequena fração dessa geração, a nova seria moldada de forma errônea. Para ele, era preciso treinar professores para tratarem as crian-

---

curavam, concluindo então que "liberdade, muito mais que análise, tinha poder curador" (cf. Pallares-Burke, 1997b, p.5).

ças como seres humanos, ensinando-lhes, entre outras coisas, a respeitar a autorregulação e a não proibir a masturbação, tornando--as capazes de transmitir esses princípios de geração em geração. Além disso, a cumplicidade na educação dos próprios filhos – Ernst Peter Robert Reich e Zoë Sutherland, hoje Readhead e atual diretora de Summerhill –, no trabalho desenvolvido por Neill em Summerhill e por Reich no Orgonomic Research Infant Center, revelam, em última instância, uma tentativa comum de preservação do princípio de autorregulação. Ou seja, apesar das particularidades do trabalho de cada qual, ambos concordavam com a ideia de que a criança é um ser capaz de autorregulação e de viver em liberdade, sem necessidade de submeter-se a imposições ou proibições adultas, posições comuns que em muito favoreciam os diálogos entre ambos. "*Não importa o que façamos a uma criança, desde que a nossa atitude para com ela seja certa*", dizia Neill (1967, p.134). A liberdade, continua ele, é o elemento essencial para que a criança cresça à "sua maneira natural – a boa maneira", para que viva sua própria vida. As crianças oprimidas, típicas de algumas escolas, nada mais fazem do que demonstrar "fardos de hipocrisia", "polidez artificial" e "maneiras postiças". A criança, ressalta Neill, "nasce sincera" e é por isso que devemos deixá-la "em paz", em liberdade, para que "expanda seus interesses naturais" e seja feliz (cf. ibid., p.104-7).

Não há, contudo, nem livros, nem oráculos, nem autoridades capazes de registrar esse caminho. Há, apenas, uma minoria de pais, médicos e professores que acredita na criança e se dispõe a "nada fazer para deformar essa personalidade e dar rigidez àquele corpo através de interferência errada" (ibid., p.109). Talvez por isso buscasse em Reich orientações de como proceder, por exemplo, para propiciar o reflexo do orgasmo em crianças com "estômagos enrijecidos". Sugerindo-lhe muita cautela, já que dada sua inexperiência com crianças considerava ser "difícil dizer algo com certeza" (Placzek, 1981, p.9), Reich, em 1942, acrescenta:

> Você não está certo em dizer que tenho medo das crianças. Crianças gostam muito de mim e eu gosto delas. Mas eu não sei o suficiente

sobre elas, não trabalhei com elas e somente sei sobre elas pelo reflexo de meu trabalho com adultos. Por que eu deveria ir à biologia da criança se existem educadores de crianças maravilhosos como A. S. Neill, etc., que podem aplicar a biofísica orgone às crianças muito melhor do que eu poderia. (Ibid., p.73)

Com o nascimento de seu filho Peter em 1944, tal perspectiva modifica-se. Avaliando o pouco que se sabia sobre o quão completos biofisicamente são os recém-nascidos e o quão estúpida e pretensiosa é a educação em nossa sociedade que visa impingir-lhes normas de condutas impedindo-os, por exemplo, de chorar ou obrigando-os a mamar em horários predeterminados, Reich passa, cada vez mais, a se interessar pelo universo do funcionamento infantil, sobretudo do recém-nascido. Com base em Peter – do qual faz um exemplo de autorregulação, no que é acompanhado por Neill em relação a sua filha Zoë –, Reich relata por diversas vezes a perfeição absoluta do organismo *animal* "ainda não estragado pela educação" e, portanto, destituído de qualquer "comportamento biopático ou neurótico irracional", procurando preservá-lo apesar das interferências nem sempre benignas do meio ambiente em seu funcionamento natural.

Seguindo essa linha de raciocínio, Neill, com base em Reich, dirá que uma "criança bem criada" é aquela que "não tem medo da vida", mas que tem a "respiração livre e não inibida" (Neill, 1967, p.123). Contudo, se submetida a intervenções similares às que um cão enfrenta em um canil, a criança torna-se um adulto obediente e, como o cão, torna-se "modelada", "condicionada", "disciplinada", "reprimida" e "sem liberdade". Ou seja:

> Senta-se a uma carteira monótona de monótona escola, e mais tarde senta-se a uma escrivaninha ainda mais monótona de um escritório, ou no banco de uma fábrica. É dócil, disposta a obedecer à autoridade, medrosa da crítica, e quase fanática em seu desejo de ser normal, convencional e correta. Aceita o que lhe ensinaram quase sem indagações, e transmite a seus filhos todos os seus complexos, medos e frustrações. (Ibid., p.89)

É preciso educar com amor e liberdade, diz Neill, ao relembrar um episódio de sua visita a Reich, no Maine, quando Peter tinha três anos e ouviu dos pais que não deveria se aproximar do lago profundo próximo à casa:

> Não tendo tido treinamento hostil e, portanto, confiando em seus pais, Peter não chegava perto da água. Os pais *sabiam* que não precisavam afligir-se. Pais que disciplinam através de medo e autoridade viveriam à margem daquele lago, com os nervos à flor da pele. As crianças estão de tal maneira habituadas a ouvir mentiras, que quando a mãe lhes diz que a água é perigosa, elas simplesmente não acreditam. E têm um desejo desafiador de se aproximar da água. (Ibid., p.148)

Neill enfatiza que, se "nós próprios estamos escravizados a medos reprimidos, não nos é possível fazer livres nossos filhos", mas, apenas, imputar-lhes nossos próprios complexos. Lembrando aquilo que em Reich se caracteriza pela necessidade de uma "educação de educadores", Neill enfatiza que não há uma "criança-problema", mas apenas "pais-problemas", de modo que não há como uma criança ser mais regulada do que sua mãe, pois, para que ela o seja, é preciso que os que estejam à sua volta o sejam ou ao menos tolerem a autorregulação. Para sermos pais ou professores que tratam as crianças com sucesso, diz Neill, precisamos "compreender seus pensamentos e seus sentimentos" (Neill, 1967, p.187).

Num "lar disciplinado", diz Neill, a criança *"não tem* direitos", ao passo que em um "lar estragado" ela terá *"todos* os direitos". Um "lar apropriado", continua ele, "é aquele em que crianças e adultos têm direitos iguais", e o mesmo conceito se aplica às escolas. Dar liberdade à criança não significa *arruiná-la*, mas estabelecer uma relação de obediência mútua. Se pais "sadios chegam a uma espécie de acordo, no que se refere a concessões", pais "não sadios ou se tornam violentos ou estragam seus filhos permitindo-lhes ter todos os direitos sociais" (ibid., p.101). Um exemplo, advindo da experiência paterna de Reich, talvez ilustre este particular. Fascinado pela pintura, Peter, em 1947, passou a fazer desenhos por toda a casa, até que Reich, pacientemente, lhe explicasse que esta pertencia à família, que havia pessoas que a frequentavam e que, portanto, seus desenhos não podiam se estender em toda a sua plenitude, embora estivesse livre para fazê-lo nas paredes de seu próprio quarto. Tal episódio, certamente, contribuiu para que Peter tivesse um exemplo prático de que não era possível pintar por toda a casa, já que sua liberdade para pintar estava restringida pela liberdade dos outros de viverem em uma casa livre de suas pinturas. Contudo, podendo fazê-lo em determinadas circunstâncias, Peter não apenas dedicou-se a esse particular como convidou, certa ocasião, o pai e seu amigo Neill para desenharem nas paredes de seu quarto. Lisonjeados com o convite, Neill fez um grande gato vermelho que se manteve na parede por algum tempo, mas a bomba de fogo vermelha desenhada por Reich logo foi substituída por um "guarda florestal solitário". Esse exemplo mostra, inequivocamente, que o princípio de autorregulação inerente ao trabalho de Reich e de Neill foi muitas vezes mal interpretado, dando um sentido errôneo de liberdade irrestrita. Talvez por isso Reich tenha insistido tanto para que Neill se posicionasse publicamente e demonstrasse que o trabalho desenvolvido em Summerhill não era fruto de um *do as you like* [faça como quiser]. Ou seja, não se tratava de um *laisser-faire* no sentido apontado por um artigo publicado no *New York Times* em 1944, mas correspondia a um agir com autonomia, o que era completamente diferente.

Compartilhando diferentes pontos de vista reichianos em relação à educação de crianças, Neill enfatizava que os pais não deveriam usar os filhos como "formas de exibição", mas deveriam ter cuidado com os louvores e censuras. Isso, no entanto, não queria dizer que jamais deveriam elogiá-los. "É bom dizer a seu filho: *Está bonito o papagaio que você fez*. Mas o louvor, quando com ele se quer impressionar as visitas, é errado ... Para resumir, deve aprovar seu filho como ele é, e resistir à tentação de fazer dele um ser à sua imagem e semelhança" (Neill, 1967, p.115). Mais do que isso, deve-se reconhecer a "bondade da natureza humana", cujo exemplo mais nítido é a criança recém-nascida que simplesmente traz consigo a "força de vida". Ou seja, "não há maldade nela", sua "vontade, sua inconsciente urgência, é *viver*. Sua força de vida sugere que ela coma, que explore seu corpo, que atenda aos seus desejos. Age como a natureza pretende que ela aja" (ibid., p.233). Contudo, alguns pais acreditam que a natureza da criança deva ser melhorada e que, portanto, "precisam ensinar o filho pequeno a viver". Por mais absurdo que pareça, não se percebe que o "regular-se por conta própria devia ser hábito inculcado desde o nascimento" (ibid., p.164). Contrariamente, médicos e pais atrevem-se a interferir no "comportamento natural do bebê", destruindo sua alegria e espontaneidade por meio de "ideias absurdas de orientação e moldagem" de uma "educação disciplinadora" endossada, mais tarde, pela escola e pela Igreja, germinando aquilo que se revelará em doenças tanto psíquicas como somáticas. Ou seja, as crianças são

> treinadas para dizerem *não* à vida, porque suas jovens vidas são um longo *não*. Não faça barulho! Não se masturbe! Não minta! Não roube! São ensinadas a dizer *sim* a tudo quanto é negativo na vida. Respeite os velhos! Respeite a religião! Respeite o professor! Respeite a lei dos pais! Não pergunte coisa alguma. Obedeça, apenas. (Ibid., p.96)

Reproduzindo ações das quais eles próprios foram vítimas, os pais empenham-se na educação de crianças "respeitáveis", "castas", esquecendo-se, entre outras coisas, das brincadeiras sexuais e histórias pornográficas de sua própria infância; da revolta contra seus pais, muitas vezes sufocada; das perguntas acerca da sexualidade não respondidas, aguçando ainda mais a curiosidade. Talvez por isso as crianças de Summerhill chegassem munidas de "uma atitude doentia em relação à sexualidade e às funções corporais", fazendo de uma "orientação nova para o sexo" a tarefa mais difícil dos pais e professores (cf. ibid.., p.191). Esses, por sua vez, deveriam tratar desse assunto sem inibições, como "parte natural da infância" e não como algo a ser ensinado e, portanto, passível de transformar-se em "uma lição formal e constrangedora de anatomia e fisiologia, dada por um professor tímido que teme ver o assunto escorregar para além das fronteiras e ir parar em território proibido" (ibid., p.203). Mas não em Summerhill. Nessa escola, diz Neill, "não censuraremos, não puniremos, não pregaremos moral. Permitiremos que cada criança viva de acordo com seus impulsos profundos" (ibid, p.274). Ou seja, a criança deveria expandir seus "interesses naturais", de modo a não fazer nada que estivesse aquém deles – inclusive com respeito às aulas – enquanto não tivesse a opinião *"de que tal coisa deveria ser feita"*, de modo a instaurar-se a "autodisciplina" (ibid., p.107). Não por outro motivo as noites de sábado nesse internato[214] eram reservadas para a realização de assembleias destinadas ao exercício do autogoverno e da democracia, reunindo adultos e crianças em discussões que visavam estipular regras condizentes com o cotidiano da escola e que deveriam ser seguidas por todos, erradicadas se não surtissem efeito, modificadas e passíveis de multas se infringidas. Além das assembleias, as reuniões semanais daquilo que se denominava Tribunal eram espaço garantido para as discussões e reclamações, convertidas, se necessário fosse, em sentenças que variavam de multas à prestação de serviços à comunidade.

Por fim, diríamos que, apesar das particularidades no trato de temas como a liberdade, a autorregulação e a sexualidade, há, tanto em Reich como em Neill, uma crença ilimitada na potencialidade da criança e, portanto, na educação infantil, para o que, além das críticas, propõem seus próprios caminhos (Carleton, 1991b, p.261). Além da sugestão de Neill de construção de uma escola de autorregulação em Orgonon e da implementação do Orgonomic Infant Research Center, voltado ao funcionamento e prevenção do encouraçamento desde o recém-nascido, Reich passa a se interessar pela construção de um hospital – Orgone Energy Hospital [Hospital de Energia Orgone] – para pesquisas de biopatias infantis, chegando mesmo a projetar a planta em 1951, a qual hoje integra o acervo do Wilhelm Reich Museum juntamente com a carta de um de seus colaboradores, Chester M. Raphael, de 8 de setembro de 1949, sobre o assunto. Inicialmente, a ideia era que Neill e sua esposa Ena se

---

[214] Vivendo sob esse regime, as crianças encontravam-se com seus pais apenas nas visitas aos domingos ou quando iam para casa esporadicamente. Contudo, atualmente, além dos alunos que moram em Summerhill, existem aqueles que frequentam a escola durante o dia, o que não era admitido nos tempos de Neill (cf. Singer, 1997, p.116).

mudassem para os Estados Unidos a fim de dirigirem aquilo que poderia ser considerado como uma escola-modelo, um centro de treinamento e tratamento, parte integrante da corporação educativa e de investigação, sem fins lucrativos, denominada Wilhelm Reich Foundation [Fundação Wilhelm Reich], onde se poderia treinar professores, educadores e enfermeiras. Na verdade, cada vez mais Reich convencia-se de que seu sonho (de 1943) de construir um hospital – Orgone Energy Hospital – e um centro voltado à investigação da energia orgone e uma escola comandada por Neill parecia próximo de fazer de Orgonon um "centro científico e educacional", até aventando a possibilidade de lá construir uma "Universidade Orgonômica".

Não por outro motivo, diferentes eventos foram realizados em Orgonon, dos quais vale ressaltarmos: a Primeira Conferência Internacional de Orgonomia [The First International Conference of Orgonomy], que reuniu 35 participantes, entre os quais Eva Reich, Alexander S. Neill e ex-alunos de Reich que acompanharam, em agosto de 1948, os avanços da orgonomia e os debates em torno do combate à peste emocional, visando à proteção dos recém-nascidos,[215] e a Segunda Conferência Internacional de Orgonomia [The Second International Conference of Orgonomy], realizada em agosto de 1950, quando os 55 participantes tiveram a oportunidade de acompanhar o trabalho com a orgonomia no exterior, inteirarem-se das atividades do OIRC pela palestra de Reich sobre as "crianças do futuro" e ouvirem a leitura do trabalho de Neill sobre a "pedagogia sexual-econômica" (Carleton, 1991b, p.131), num ambiente orientado pela discussão em torno dos problemas enfrentados pelas crianças saudáveis ao se defrontarem com pais e professores encourançados.

Diante do exposto, cabe ressaltar que Neill, ponderando os prós e os contras de sua mudança para a América, avaliando, por um lado,

---

215 Nessa ocasião, um dos participantes, dr. Walter Hoppe, foi detido em Ellis Island, em 28 de agosto, quando de sua chegada a Nova York, sendo solto em 30 de agosto, depois de ter sido paga uma quantia de 500 dólares ao Serviço de Imigração. Isso teve repercussões desastrosas sobre o trabalho de Reich, mas, ao final, o dr. Hoppe participou do evento.

as consequências perante as crianças de Summerhill e, por outro, o fato de não poder admitir que sua escola viesse a ser considerada como uma "escola de Reich" (Neill, 1975, p.186), teve, em 15 de julho de 1950, sua situação definida pela não liberação do visto de entrada nos Estados Unidos, ainda que não fossem muito claras as razões dessa restrição, o que o impediu de participar da Segunda Conferência Internacional de Orgonomia antes mencionada.

O Orgonomic Infant Research Center

Fruto de um projeto elaborado entre 1939 e 1949, o Orgonomic Infant Research Center teve sua primeira reunião em 16 de dezembro de 1949 no Orgone Institute. A ideia básica era que se convertesse em um centro de estudos, tratamento e hospital, diferenciando-se de outras instituições infantis, já que seria exclusivamente voltado ao atendimento de "crianças saudáveis" que oferecessem elementos para o estudo da saúde, sobretudo dos recém-nascidos.[216] Além da seleção de quarenta profissionais entre os 120 nomes componentes de uma lista formada por médicos, enfermeiras, educadores e psicólogos, também os pais eram selecionados para participar do projeto, com isso procurando-se identificar a presença de predisposições para a utilização de práticas consideradas destrutivas para o desenvolvimento da criança, além da identificação do grau e tipo de couraças existentes. O intuito era romper com o círculo vicioso que fazia que as distorções estruturais do caráter dos pais e educadores – fruto de um tipo de educação inadequada própria da primeira metade do século XX – fossem transmitidas automaticamente a cada nova geração de recém-nascidos.[217]

---

216 Reich teria convidado Alexander S. Neill para ser o diretor do OIRC, embora ele tenha recusado sob a alegação de que o cargo seria mais indicado para um "discípulo" de Reich (cf. De Reich, 1978, p.129).
217 Cf. Reich, 1984l, p.9. Considerando que as influências socioeconômicas transmitidas pela estrutura familiar, exigências da civilização, religião, entre outras coisas, eram as responsáveis pela reprodução da couraça em cada geração de recém-nascidos, Reich enfatiza que, quando adultos, essas mesmas

Apesar de nem todos terem sido colocados em prática, o OIRC tinha como base quatro objetivos, a saber: 1. cuidados pré-natais de gestantes saudáveis que incluíam: aconselhamento "econômico-sexual", sobretudo quanto à liberação orgástica; medidas higiênicas de rotina; eliminação de práticas maléficas ao desenvolvimento embrionário, como o uso de cintas apertadas; utilização do acumulador de orgone durante a gravidez; exames periódicos do comportamento bioenergético do organismo em geral, e da pelve em particular; investigação das emoções maternas e sua influência sobre o desenvolvimento embrionário; 2. supervisão do parto e dos primeiros dias de vida do recém-nascido visando ao reconhecimento de suas expressões bioenergéticas naturais e à remoção de qualquer obstáculo capaz de gerar depressões futuras; 3. reconhecimento de encouraçamentos em crianças com desenvolvimento natural, isto é, autorregulado, durante os primeiros cinco ou seis anos de vida, época em que se completaria a estrutura básica do caráter; 4. estudo e registro do desenvolvimento das crianças até os quinze ou dezesseis anos, resultante de um trabalho exigente e a longo prazo que deveria ser abandonado por aqueles profissionais que se sentissem inadequados ou sem paciência para desenvolvê-lo, razão pela qual os problemas da estrutura de caráter dos profissionais do OIRC que cultivavam intrigas, calúnias, ambições pessoais e discriminações deveriam ser reconhecidos e eliminados a fim de não comprometerem o desenvolvimento sadio das crianças.

Embora se soubesse pouco sobre o que era ou viria a ser uma criança "saudável", eram indiscutíveis as interferências dos adultos e das medidas educacionais em sua formação.[218] Mas, como vítima de pais e educadores encouraçados que, em sua ignorância e orien-

---

crianças imporiam a couraça a seus filhos e assim sucessivamente, a menos que essa cadeia fosse rompida (cf. Reich, 1973a, p.288).
218 Exemplificando o quanto as condições da vida social buscam adaptar as crianças à Igreja, ao Estado ou à cultura, Reich ressalta que, enquanto para um ditador a "criança saudável" – ou dita "normal" – deveria ser defensora da honra da pátria, um católico diria que ela deveria obedecer aos costumes e matar o "pecaminoso" desejo da "carne" (cf. Reich, 1984l, p.14).

tados por instituições sociais, desprezam sua natureza, anulando e destruindo o princípio bioenergético natural, era a criança que tinha que se adaptar à cultura, quando, na verdade, deveria ocorrer justamente o contrário, os ideais de cultura é que deveriam preservar o funcionamento bioenergético da criança, permitindo que fossem elas mesmas. A educação, diz Reich, deveria refutar atitudes que partem daquilo que a criança deveria ser ou representar, e não do que uma criança recém-nascida é, quer dizer, *"uma parte da natureza viva, um sistema orgonótico governado por certas leis bioenergéticas"*.[219] Ou seja, apesar de nascerem sem cultura, religião, cidadania e encouraçamento,[220] os recém-nascidos trazem consigo uma "hereditariedade bioenergética" que deveria ser preservada e não sufocada, refletindo na necessidade futura de desencouraçamento. Talvez se as crianças se desenvolvessem como a "natureza" ou "Deus" prescreveu, diz Reich, não houvesse necessidade de prevenção da couraça, já que estariam livres das biopatias.[221] Não são, como muitos erroneamente acreditam, um saco vazio ou uma máquina química em que se deposita um ideal de ser humano, mas possuem um sistema energético altamente produtivo e adaptável, que por seus próprios recursos entrará em contato com o meio ambiente, dando-lhe forma de acordo com suas necessidades, escolhendo seu próprio modo de ser e determinando seu próprio destino.

Uma educação pautada nestes moldes, isto é, dirigida aos interesses da criança – e não aos de programas partidários, lucro e religião –, deveria preocupar-se em remover os obstáculos existentes no

---

219 Ibid., p.15 (grifo no original).
220 Mais do que a adaptação da criança ao Estado, à Igreja ou à cultura, o encouraçamento teria a função de não permitir que o homem entrasse em contato com o terror que o aflige ao deparar-se com qualquer tipo de expressão vital, como o desenvolvimento natural da criança, odiado por todo aquele que, vítima da peste emocional, tenta restabelecer seu estado natural não encouraçado, libertando seu organismo da inflexibilidade, rigidez, imobilidade, entre outros componentes da camisa de força biofísica.
221 Cf. Reich, 1984l, p.17. A *descoberta* dos recém-nascidos foi, para Reich, como olhar para a "terra prometida", pois lhe teriam ensinado mais sobre biologia e autorregulação do que seus trinta anos de trabalho com médicos e psiquiatras.

caminho desta produtividade e plasticidade da energia biológica naturalmente dada. E nós, como educadores, em vez de impor-lhes nossas "ideias arrogantes" que têm se mostrado "tão prejudiciais e ridículas a cada nova geração", deveríamos aprender com as crianças empenhando-nos na proteção de sua "força natural", a fim de que possam decidir sobre o seu próprio futuro. Dedicado a este fim, o OIRC buscava superar as dificuldades inerentes ao estudo da "criança saudável", pautando-se, para tanto, em duas iniciativas básicas, descritas a seguir: a instalação dos "primeiros socorros orgonômicos"[222] e a defesa contra a "peste emocional".

Primeiros socorros orgonômicos

A influência da vertente psicanalítica do início do século XX que prezava a educação de educadores como condição do processo de profilaxia das neuroses é retomada por Reich, em finais dos anos 1940, para consolidar a ideia de que, definitivamente, a estrutura – leia-se saúde emocional – daquele que educa é condição *sine qua non* para a compreensão e contato com a criança.[223] Mais do que isso, Reich dirá que, por estarem fisicamente mais próximos às crianças, pais e educadores seriam os mais indicados para atuar de modo a evitar, tão logo surgissem os bloqueios, que eles se tornassem crônicos. Entre outras medidas, poderiam, por exemplo, intervir por meio de carícias e toques leves sobre os bloqueios musculares ou sobre as regiões que demonstrassem desequilíbrio energético; afinal, se é comum chamar um pediatra quando uma criança tem uma constipação, então por que não chamar a mãe ou a professora do maternal quando há uma constipação aguda causada por bloqueios emocionais bioenergéticos dos movimentos peristálticos do intestino? Se um médico é chamado quando uma perna é quebrada, deveria ser pos-

---

222 Reich, 1984j, p.64-70. Alguns os denominam como *"emotional first aid"* [primeiros socorros emocionais]. Cf. Sharaf, 1983, p.332.
223 Como vimos, Reich, em textos dos anos 1920 e 1930, já se referia à "educação de educadores", embora nos anos 1940 suas reflexões acerca desta temática tenham sido influenciadas pelos desdobramentos de sua teoria e técnica terapêutica.

sível chamar o educador em casa quando uma criança de dois anos entra em surto de raiva que, muitas vezes, a mãe não pode enfrentar. A ideia básica era que os "primeiros socorros orgonômicos" garantissem a manutenção do funcionamento autorregulado da criança, sobretudo se implementados ainda na primeira infância, até os quatro anos de idade, quando os bloqueios emocionais ainda são maleáveis, as couraças não são crônicas e a energia ainda flui livremente. Reich explica que, assim como uma árvore que nasceu torta, as bases da estrutura de caráter não podem ser alteradas: um orgonomista não poderá romper os bloqueios da energia vital de toda a humanidade, mas certamente pode concentrar-se nos recém-nascidos, os quais, ainda sem couraça, são dotados de mobilidade. Desse modo, pais e educadores poderiam contribuir para a *proteção* da autorregulação removendo os encouraçamentos desde o seu surgimento, de modo a prevenir as crianças contra futuras biopatias. Mais do que isso, ao considerar que as crianças nascem sem ideais, teorias, interesses especiais, programas de partido, vestuário, conhecimento, ideias, ética, sadismo e impulsos criminosos, mas, nuas e naturais, como o poder divino as criou, Reich enfatiza que deveriam ter suas potencialidades naturais salvaguardadas. Assim, em consonância com a "natureza inata" da criança, de modo a segui-la fielmente, sem fazer uso de táticas, estratégias políticas, manobras e compromissos capazes de substituí-la por medidas culturais e artificiais que destruiriam sua *"expressão natural"*, o educador deveria estar atento para não efetuar manipulações inconsequentes dos "bloqueios" e "espasmos",[224] fazendo emergir o "NÃO" humano. Ou seja:

> Quando uma criança nasce, sai de um útero quente, de 37°, para cerca de 18 ou 20°C [...] Assim que nasce, é segura pelas pernas e recebe uma palmada no rabo. A saudação de boas-vindas é uma pal-

---

[224] Era fundamental que a medicina e a educação introduzissem esclarecimentos sobre o funcionamento bioenergético para que a população se conscientizasse dos malefícios provocados ao embrião por produtos químicos, injeções, bisturis e da importância do equilíbrio bioenergético do corpo da mãe, principalmente sobre o útero e bico do seio.

mada. A saudação seguinte: afastá-la da mãe. Certo? Afastá-la da mãe. Quero que ouça bem. Isto parecerá incrível daqui a cem anos. Afastá-la da mãe. A mãe não deve ver nem tocar na criança. A criança não tem nenhum contato corporal depois de nove meses de contato corporal, numa temperatura muito alta [...]
    Depois, os judeus iniciaram algo de novo há cerca de seis ou sete mil anos. Trata-se de circuncisão. Não sei por que a iniciaram. É ainda um enigma. Pegue esse pobre pênis. Pegue uma faca – certo? E comece a cortar. E todos dizem, "não dói" [...] Eles dizem que as bainhas do nervo ainda não estão desenvolvidas. E portanto a criança não sente nada. Ora, isso é assassínio! A circuncisão é um dos piores procedimentos em relação às crianças. E o que lhes acontece? Basta que olhe para elas. Não conseguem falar consigo. Só choram. O que fazem é encolher. Contraem-se, refugiam-se em si mesmas, longe do mundo vil [...]
    Bom, é esta a saudação: afastá-la da mãe. A mãe não deve vê-la. Vinte e quatro ou quarenta e oito horas sem comer. Certo? Corte do pênis. E a seguir vem o pior. Esta pobre criança, pobre bebê, procura sempre encontrar algum calor, alguma coisa a que se agarrar. Chega-se à mãe, põe os lábios no seio da mãe. E que acontece? O seio está frio ou não está ereto, ou o leite não sai, ou o leite é mau. Isto é bastante comum [...] E então que faz a criança? Como responde a isso? Como é que tem de responder a isso bioenergeticamente? Ela não pode chegar ao pé de si e dizer, "ouça, estou a sofrer tanto, tanto". Ela apenas chora. E finalmente desiste. Desiste e diz, "Não!" Não diz "não" por palavras, compreende, mas é esta a situação emocional [...] As palavras não podem exprimi-lo. Aqui, logo no início, o despeito desenvolve-se. Aqui, o "não" desenvolve-se, o grande "NÃO" da humanidade.[225]

Com isso, verificamos que, embora a autorregulação seja inerente ao funcionamento natural da criança, é suscetível a impedimentos, muitas vezes causados pelos próprios responsáveis por sua educação. Além de não perceberem os primeiros sinais de encouraçamento, são capazes de provocá-los com intervenções educativas inoportunas e exigências morais próprias de uma educação repressora que nada mais faz do que comprometer o funcionamento infantil. Assim, mais do

---

225 Reich, 1984j, p.39-41.

que conhecer o encouraçamento e seu funcionamento, pais e educadores defensores de uma "educação preventiva" deveriam, segundo Reich, ser treinados para observarem seus primeiros sinais nas crianças, a fim de contribuírem para a manutenção de seu equilíbrio emocional e energético, concentrando-se cada vez mais naquilo que denomina uma "educação econômico-sexual dos recém-nascidos".[226]

A peste emocional na educação

Por diversas vezes, Reich faz menção a uma "biopatia crônica do organismo", a uma "doença endêmica" que se alastra pela sociedade sob as mais diferentes formas, para referir-se à "peste emocional". Presente de forma aguda na família ("familite"), na "política partidária", na "burocracia autoritária", na "fofoca ou difamação", na "pornografia", no "ódio racial", no "moralismo", nos "métodos sádicos de educação" e na "tolerância masoquista desses métodos ou revolta criminosa contra eles", a peste emocional instala-se em todo aquele cujas "expressões autorreguladoras naturais" foram suprimidas, desenvolvendo *formas artificiais de movimento*, perturbações no fluxo de energia e nos pensamentos.[227]

A educação, sobretudo por instaurar a repressão sexual em crianças desde a mais tenra idade, é rica em exemplos de peste emocional. Desde o "educador severo e autoritário" que justifica a utilização de seus métodos sob a alegação de que as crianças são difíceis de ensinar, até as professoras solteironas que tornam "suas alunas *incapazes* de experienciar a felicidade sexual", a peste emocional dirige um "ódio mortal" a tudo aquilo que é "saudável" e que lhe parece ser uma provocação, já que está em desacordo com sua maneira de viver.

Ainda no começo do século XX, diz Reich, a "maior parte da educação europeia oficial era talhada nesses moldes".[228] Assim,

---

226 No original: *"sex-economic upbringing of the newborn infant"*. Reich, 1984g, p.122.
227 Cf. Reich, 1995, p.461- 5.
228 Ibid., p.466. Reich critica, por exemplo, os métodos de educação infantil que restringem a atividade da criança por meio de brinquedos cujas regras rígidas são predeterminadas: devem ser montados e usados de uma forma e

como produto de uma educação "compulsiva" e "autoritária" sobre a qual quer se vingar, todo aquele acometido de peste – isto é, o "Zé Ninguém" – não deixa ileso um único ser humano. É, portanto, comum dizerem coisas do tipo: "Isso não é adequado para crianças"; "Criança bem-comportada não faz perguntas impertinentes".[229] Curiosamente, muitos destes – que tratam os filhos como cachorros, batendo-lhes à vontade – foram crianças criadas sem o carinho dos pais, fato que reproduzem quando se tornam professores. Com base nisso, Reich faz a seguinte consideração:

> E você, mulher-ninguém, caso acabou sendo professora, sem nenhuma vocação especial, apenas por não ter filhos, está fazendo mal sem ter consciência disso. Supõe-se que esteja educando crianças. A formação de crianças, se levada a sério, implica lidar corretamente com sua sexualidade. *Para poder lidar corretamente com a sexualidade da criança, é preciso que a pessoa conheça por experiência própria o que é o amor.* Você, porém tem um corpo de barril. É desajeitada e fisicamente repugnante. Só isso basta para provocar no seu íntimo um ódio profundo e rancoroso por todos os corpos atraentes e vivos. É evidente que não a culpo por ter esse corpo de barril, por nunca ter conhecido o amor (nenhum homem saudável poderia tê-la amado), ou por não entender o amor nas crianças. Mas eu a culpo, sim, por transformar em virtude sua aflição, seu corpo destroçado e parecendo um barril, sua falta de beleza e graça e sua incapacidade para o amor, e por sufocar o amor nas crianças. Isso é um crime, mulher-ninguém. Sua existência é prejudicial porque você faz com que crianças saudáveis se voltem contra pais saudáveis; porque trata como sintoma de doença um amor infantil saudável; porque, mulher-ninguém, não satisfeita em ter a aparência de barril, você pensa e ensina como um barril ...

---

não de outra, sufocando a imaginação. Certamente, as crianças não podem ter nenhum entusiasmo em montar uma casa *pré-planejada*, com blocos *pré-planejados*, de maneira *pré-planejada*. O prazer decorrente de uma educação autoritária como essa só pode ser dos pais e não da criança.

229 Reich, 1998, p.27, tradução realizada a partir da versão em inglês de 1997, com revisão técnica de Ricardo Amaral Rego e revisão da tradução de Mônica Stahel. Escrito em 1946, foi revisado e publicado em 1948 como: *Listen, Little Man*.

E você, zé-ninguém, deixa seus filhos saudáveis à mercê dessas mulheres, que instilam amargura e malignidade nas suas almas sãs. E é por isso que você é como é, vive como vive e pensa como pensa. É por isso que o mundo é como é.[230]

Em última instância, Reich defende a necessidade de proteger as crianças dos ataques da "solteirona malévola" e de adultos "lascivos e frustrados" que não sabem o que fazer com seus próprios filhos a não ser acusá-los de rancorosos, cruéis, atrasados na escola e assim, sob verdadeiras torturas – quase sempre respaldadas institucionalmente –, transformam-nos em criaturas "normais", à sua própria imagem e semelhança. Seja como for, não há explicação para o tratamento áspero dado às crianças por alguns educadores que, numa linguagem brusca, empregam castigos calculados para humilhar. "Não há razões plausíveis que expliquem por que a professora ideal é ainda a solteirona virginal, idosa, lúgubre, feia", que, na verdade, não consegue estabelecer um "contato natural" com a criança, que tende a afastar-se daqueles cujos "*impulsos* naturais" foram "distorcidos, fragmentados, inibidos e emaranhados" e que agem pautados em "regras artificiais", "costumes" e "manobras diplomáticas" que eles mesmos criam e dos quais se tornam escravos.[231]

Para Reich, tanto a medicina como a biologia e a educação deveriam se unir para lutar contra a peste emocional universal, "combatendo-a tão implacavelmente como se combate os ratos portadores de peste bubônica", pois, assim como outras biopatias, esta também poderia ser curada, bastaria recuperar-se a "capacidade natural de amar", restabelecendo a vida amorosa natural das crianças, adolescentes e adultos. Reconhecendo que os educadores deveriam "determinar o melhor modo de proteger as crianças do mundo contra a impotência e o distúrbio psíquico na vida adulta",[232] Reich enfatiza que educar – leia-se criar – "crianças saudáveis" é uma de suas principais tarefas, embora dolorosa, sobretudo por ter que enfrentar o compor-

---

230 Ibid., p.61-2.
231 Cf. Reich, 1973a, p.70-2.
232 Reich, 1998, p.124.

tamento biopático calcado na frustração sexual e na agressividade presente nas relações humanas. Assim, muitas vezes, alguns educadores – pautados teoricamente por algum bom propósito – internam os adolescentes em reformatórios para que não tenham relações sexuais ou punem as crianças por desfrutarem de jogos genitais, refletindo uma educação que anula o que há de vivo nelas, tornando-as vítimas de maus-tratos e da repressão sexual que proíbe o amor justamente em época de florescente maturação sexual. Torturam-nas para que aprendam a ter perseverança, para que amadureçam na dura luta pela existência. Na verdade, diz Reich, uma "educação básica preventiva" só poderia ser dada por aqueles que estivessem livres do "ódio estrutural", compreendendo-o e dominando-o antes de prestarem quaisquer serviços no campo da genitalidade infantil.[233] Deveriam, portanto, estar livres da interferência nociva da peste emocional, canalizando seus interesses para problemas importantes da educação de crianças, posicionando-se criticamente e aprendendo a lidar com o encouraçamento infantil. O "educador do futuro", diz Reich,

> fará sistematicamente (e não mecanicamente) o que todo educador bom e autêntico já faz hoje: *sentirá* as qualidades da Vida viva em cada criança, *reconhecerá* suas qualidades específicas e *fará tudo* para que elas possam desenvolver-se plenamente. Enquanto se conservar, com a mesma tenacidade, a tendência social atual, isto é, enquanto estiver dirigida *contra* essas qualidades inatas de expressão emocional viva, o educador autêntico deverá assumir uma dupla tarefa: a de conhecer as expressões emocionais naturais que variam de uma criança para outra, e a de aprender a lidar com o meio social, restrito e amplo, na medida em que este se opõe a essas qualidades vivas. Só num futuro distante, quando uma educação consciente tiver eliminado a forte contradição entre civilização e natureza, quando a vida bioenergética e a vida social do homem não mais se opuserem uma à outra, mas, ao contrário, apoiarem-se uma à outra e se complementarem, esta tarefa deixará de ser perigosa. Devemos estar preparados, pois esse processo será lento, penoso e exigirá muito sacrifício. Muitas serão as vítimas da peste emocional.[234]

---

233 Cf. Reich, 1984i, p.85.
234 Reich, 1982b, p.9.

Assim, mesmo tomando uma série de medidas preventivas, sobretudo quanto à seleção de profissionais que estavam em "reestruturação terapêutica", haviam estudado a literatura orgonômica e aprendido a reconhecer os encouraçamentos infantis a fim de combater a peste emocional, o trabalho com "crianças saudáveis" – leia-se autorreguladas – desenvolvido no OIRC não escapou dos ataques da peste emocional que surgiu por volta de 1950,[235] embora esse trabalho tenha se mantido até 1952.

A Wilhelm Reich Infant Trust Fund: desejo testamentário em anos de turbulência

Embora não mantivesse relações com os comunistas desde meados dos anos 1930, Reich sofre as consequências do período de "caça às bruxas" – no caso, comunistas – instaurado nos Estados Unidos entre 1950 e 1954, no auge da "guerra fria". Tal perseguição política àqueles que, entre homens e instituições, eram declarados antiamericanos, porque "comunistas",[236] não o poupou, ainda que anos antes, em 12 de dezembro de 1941, mesmo que não fossem notórias as divergências políticas, tenha sido preso, sem maiores explicações, na Ellis Island, Nova York, como "inimigo estrangeiro perigoso". Nessa ocasião, Reich suspeitou da participação de sua ex-esposa – Annie Rubinstein – em denúncias ao FBI, cujos agentes não tardaram a vasculhar sua casa, em especial a biblioteca, apreendendo, entre outras coisas, "livros incriminadores" como *Mein Kampf* [Minha luta], de Hitler, um alfabeto russo para crianças comprado na Rússia em 1929 e um livro de Trotski. Apesar de não ter sido

---

235 Após cinco encontros para apresentação e discussão de cinco crianças comparativamente saudáveis, isto é, autorreguladas, os profissionais mostraram-se incomodados pelos relatos de uma mãe acerca da genitalidade da filha.
236 Referimo-nos ao "macarthismo", movimento liderado pelo senador republicano de Wisconsin, Joseph McCarthy, para quem os insucessos americanos em política externa só se podiam explicar pela infiltração de espiões e agitadores comunistas ou de seus simpatizantes (cf. Bobbio; Matteucci; Pasquino, 1986, p.725).

fácil convencer o juiz de que um psiquiatra dedicado ao estudo das condutas das massas devesse estar inteirado sobre as pessoas de direita e de esquerda que as manipulam, Reich o fez em audiência no dia 26 de dezembro de 1941, ocasião em que também se defendeu das acusações de ser subversivo e contra a democracia. Ainda assim, permaneceu preso até 5 de janeiro de 1942 – dia em que anunciou que faria greve de fome –, quando um telefonema vindo de Washington colocou-o em liberdade, mesmo que depois disso tenha, como "estrangeiro amigo", necessitado de uma autorização especial do governo para guardar e trabalhar com máquinas fotográficas e filmadoras, por causa da "estrangeira inimiga" de origem alemã – Ilse – com quem vivia na época.

Nesses anos de turbulência, não foram poucas as vezes em que Reich foi incentivado, inclusive por seu aluno dos anos 1920 e 1930, dr. Walter Briehl, a submeter-se à mera formalidade do exame de habilitação médica do estado de Nova York a fim de poder exercer a medicina e evitar complicações futuras. Embora tenha solicitado em 14 de março de 1940 o endosso de seu diploma médico pela Universidade de Viena, repudiava a ideia de uma licença especial para exercer uma profissão pela qual havia sido convidado a lecionar nos Estados Unidos. Contudo, nos ataques que se sucederam, o fato de não ter licença médica para atuar naquele país voltava nas inúmeras acusações de que foi alvo.

Mesmo que tenha considerado, entre 1943 e 1944, que seu trabalho estava se desenvolvendo melhor do que na Europa e se naturalizado em 28 de maio de 1946, convertendo-se em um "grande patriota norte-americano", Reich não escapou dos ataques difamatórios, inclusive da mídia local. Foi em 1947, com os artigos The new cult of sex and anarchy [O novo culto do sexo e da anarquia], publicado na *Harper's Magazine* [Revista Harper] em abril de 1947, e The Strange case of Wilhelm Reich [O estranho caso de Wilhelm Reich], publicado em *New Republic* [Nova República] em 26 de maio desse mesmo ano, ambos escritos pela *free-lance* Mildred Edie Brady, que teve início uma campanha com consequências desastrosas. Nada mais, nada menos, esse foi, ao que consta, o estopim para a investigação, a princípio informal, do governo federal dos Estados Unidos por meio do órgão denominado Food and Drug Administration – FDA [Administração de Alimentos e Remédios], mas que repercutiu na abertura de processo legal, no início de 1954.

Das múltiplas consequências desse episódio na vida de Reich, não seria demais destacarmos algumas particularidades. De natureza informal e especulativa, o tipo de investigação iniciada por um dos inspetores da FDA, Charles Wood, em 28 de agosto de 1947, acerca do trabalho realizado por Reich, prosseguiu durante anos[237] até que, em 10 de fevereiro de 1954, a FDA formalizou uma ação civil na qual Reich, sua ex-esposa Ilse, a Wilhelm Reich Foundation e demais associados eram acusados de violar suas leis ao comercializarem aparelhos denominados acumuladores de orgone para além das fronteiras interestaduais, rotulando-os falsamente com base em justificativas terapêuticas associadas a publicações que versavam sobre uma "suposta" energia orgone (Clifford, 1973, p.540-4). Apesar de o procedimento padrão nesses casos ser a manifestação por meio de um advogado que em tribunal faz a defesa da acusação, Reich o fez de maneira própria, escrevendo um documento intitulado "Response" [Resposta], enviado, em 25 de fevereiro de 1954, ao juiz John D. Clifford da Federal Court House de Portland, Maine, com cópias de suas publicações. A razão parecia óbvia: não podia submeter seu trabalho científico a um tribunal de Justiça que não tinha fundamentos científicos para compreendê-lo.

Ainda que para Reich nenhuma outra decisão tivesse sido possível, foram muitas as consequências dessa ação. Não tendo sido

---

[237] Entre outras coisas, vale destacar que, em 29 de julho de 1952, um inspetor, um diretor médico e um químico da FDA estiveram em Orgonon para "inspecionar as premissas", sendo que havia tempos realizavam visitas aos usuários do acumulador de orgone, utilizado por Reich com fins de pesquisa e terapêuticos. Em linhas gerais, esse equipamento era composto por paredes internas metálicas recobertas por substância orgânica (madeira, lã, algodão), cujo objetivo era concentrar energia orgone atmosférica em seu interior. Como desdobramentos das pesquisas com os *bions* e com células cancerosas, o acumulador foi utilizado com pacientes cancerosos, e a receita advinda de sua venda e locação era revertida em novas pesquisas.

aceita como uma *resposta* legal, Reich foi acusado de omissão, em 19 de março de 1954, por intermédio de um mandado de injunção que proibia, entre outras coisas, a venda ou aluguel dos acumuladores de orgone, exigia que fossem recolhidos e destruídos, proibia a venda de dez de seus livros e a apreensão de revistas em que haviam sido publicadas evidências de seu trabalho científico.[238] Não seria demais destacar que, curiosamente, o promotor público do caso foi Peter Mills que, poucos anos antes, havia sido advogado e assessor legal da Wilhelm Reich Foundation, quando, então, teve oportunidade de manusear documentos relativos à fundação, participar das reuniões da diretoria, quando as ações da FDA foram discutidas.

Foi, entretanto, em janeiro de 1955, época em que Reich se encontrava em uma expedição científica em Tucson, deserto do Arizona, que se cometeu uma infração de consequências irreparáveis. Seu assistente Michael Silvert transportou, com um caminhão, vários livros da Orgone Institute Press e acumuladores de orgone para além das fronteiras do estado do Maine, rumo à cidade de Nova York. Alheio ao que ocorria em Orgonon, não tardou que Reich, a Wilhelm Reich Foundation e Michael Silvert fossem acusados criminalmente por violarem o mandado de injunção, num processo que culminou num julgamento adiado diversas vezes, após várias audiências, emendas e moções envolvendo ambas as partes: de 1º de dezembro de 1955 passou a 6 de março de 1956, até ser marcado, definitivamente, para o dia 30 de abril desse mesmo ano. Contudo, conside-

---

238 Foram listados os seguintes livros de Reich: *The Discovery of the Orgone*, v.I – The Function of the Orgasm e v.II – The Cancer Biopathy; *The Sexual Revolution; Ether, God and Devil; Cosmic Superimposition; Listen, Little Man; The Mass Psychology of Fascism; Character Analysis; The Murder of Christ; People in Trouble*. Entre os documentos, panfletos e revistas, foram listados os seguintes: Catalogue Sheet; Physician's Report; Application for the Use of the Orgone Energy Accumulator; Additional Information Regarding Soft Orgone Irradiation; Orgone Energy Accumulator: its Scientific and Medical Use; *Orgone Energy Bulletin; Orgone Energy Emergency Bulletin; International Journal of Sex-Economy and Orgone Resea rch; Internationale Zeitschrift für Orgonomie; Emotional Plague Versus Orgone Biophysics; Annals of the Orgone Institute and Oranur Experiment* (cf. Clifford, 1973, p.542-3).

rando que o comunicado foi expedido por um escrivão (Cox) e não pelo novo juiz no caso, George C. Sweeney – juiz da Corte Federal do distrito de Massachusetts e juiz interino do distrito do Maine –, Reich não compareceu ao julgamento, o que lhe valeu a multa de 500 dólares e duas noites a mais na prisão: a primeira, em Washington, onde se encontrava em 1º de maio, e a segunda, em Portland, Maine, onde ocorreria o julgamento.

Iniciado às 10 horas de 3 de maio de 1956, prosseguindo até o dia 7, o julgamento teve a sentença promulgada em 25 de maio de 1956: declarado culpado, Reich foi condenado a dois anos de prisão.[239] O apelo subsequente à U. S. Court of Appeals [Corte de Apelação dos EUA] – negado em 11 de dezembro de 1956 – e o apelo à Supreme Court [Suprema Corte] – negado em 11 de março de 1957 – foram em vão, não evitando, portanto, que Reich presenciasse a destruição dos acumuladores de orgone em Orgonon, em 5 de junho de 1956, na presença de agentes da FDA, e a queima de seus livros no dia 26.[240] Depois de passar a noite de 11 de março de 1957 na prisão em Portland, Reich foi encaminhado, no dia seguinte, à Danbury Federal Prison [Prisão Federal de Danbury], em Connecticut, onde, examinado pelo psiquiatra dr. Richard C. Hubbarder, foi diagnosticado como paranoico. Por essa razão, foi transferido no dia 22 de março de 1957 para a Federal Penitentiary [Penitenciária Federal] em Lewisburg, Pennsylvania, que possuía instalações psiquiátricas, ainda que, resistente ao tratamento, delas não tenha feito uso. Assim, não tardou para que os psiquiatras locais, apesar de parecerem concordar com o diagnóstico anterior, o declarassem legalmente são e competente, ação que, na interpretação de Ilse, esteve vinculada ao fato de considerarem que o rótulo de insano, além de não ser digno dele, poderia comprometer ainda mais a sua pessoa, sem, contudo, trazer grandes benefícios legais.

---

239 Na mesma ocasião, Silvert – que se suicidou em maio de 1958 – foi condenado a um ano de prisão e a Wilhelm Reich Foundation a pagar uma multa de 10 mil dólares.

240 Também foram queimados em 23 de agosto de 1956 e em 17 de março de 1960 (cf. Clifford, 1973, p.544).

Ainda que haja indícios de que tenha dito que havia um complô contra ele, de que iriam assassiná-lo na prisão (cf. Reich, P., 1978, p.202), de que estava sendo "alvo" de pesquisas, devido às altas doses de medicamentos que recebia e do boato de que no dia 2 de novembro seria encaminhado para a "ala da morte" da prisão, onde receberia uma "dose fatal" (cf. Volpi, 2000, p.97), constatou-se que uma "insuficiência do miocárdio, com falha repentina do coração associada com arterioesclerose generalizada e esclerose dos vasos coronários"[241] levaram-no à morte em 3 de novembro de 1957.

Antes, porém, dois foram os episódios que merecem ser aqui ressaltados: o primeiro corresponde ao seu entusiasmo com a audiência que teria em 5 de novembro de 1957, portanto dois dias após sua morte, a qual poderia dar-lhe liberdade condicional entre 7 e 10 de novembro do mesmo ano; o segundo, o fato de Reich ter legado sua obra às "crianças do futuro", em testamento selado meses antes, em 8 de março de 1957, sob o testemunho do genro William Moise, do assistente Michael Silvert e do amigo William Steig. Nele registrou seus últimos desejos, a fim de salvaguardar a verdade sobre sua vida e trabalho contra possíveis distorções e difamações após a morte. Temendo adulterações e a destruição de seus escritos, Reich prescreveu que seus estudos, manuscritos, diários achados em seus arquivos, biblioteca ou em qualquer outro lugar não poderiam ser alterados, omitidos, destruídos, ampliados ou falsificados. Assim, todo aquele que desejasse obter uma imagem verdadeira de suas realizações, erros, apropriações, tendências pioneiras básicas, vida pessoal, infância etc. teria assegurada a verdade. Para tanto, esse material deveria ser "guardado"[242] e "armazenado" por cinquenta anos, portanto até 2007, quando deverá vir a público, sendo que atualmente se encontra

---

241 De Reich, 1978, p.196. Não seria demais lembrar que Reich era um fumante inveterado – mais de dois maços de cigarro por dia –, vítima de outros ataques cardíacos iniciados em 1949 (cf. De Reich, 1978, p.100 e cf. Volpi, 2000, p.78).
242 No original: "put away and stored" (cf. Reich, 1957, p.3). Esse material foi colocado em uma caixa-forte construída para tais fins e lacrada com plástico contra a umidade, logo após a sua morte, ainda que Eva Reich tenha contestado essa ação judicialmente, sem sucesso (cf. Sharaf, 1983, p.480).

na Francis A. Countway Library of Medicine [Biblioteca Municipal de Medicina Francis A.], em Boston, EUA.

Reich, contudo, tinha ainda outras preocupações. Para Peter – seu filho mais novo do casamento com Ilse Ollendorf – deixou algumas economias, um de seus rifles, o equipamento fotográfico, suas roupas, uma casa – hoje conhecida como Tamarak – em Orgonon, 10% dos direitos autorais sobre seus escritos e uma grande preocupação por seu futuro, já que nessa época tinha apenas treze anos. A Lore – sua segunda filha do casamento com Annie – e a qualquer outro parente por parte de pai ou mãe, Reich deixou nada mais do que uma cláusula impedindo-os de requerer qualquer coisa que lhe tivesse pertencido.[243] A Eva – sua filha mais velha e que seguiu seus passos no campo da medicina –, Reich deixou, além de algumas economias, uma pequena casa – hoje conhecida como Bunchberry – em Orgonon, 10% sobre os direitos autorais de seus textos e a função de ser a curadora da Wilhelm Reich Infant Trust Fund [Fundação Wilhelm Reich de Proteção Infantil]. Foi assim que Reich, em 1957, registrou o desejo de que todos os seus investimentos e recursos fossem revertidos, em primeira instância, aos cuidados e assistência às crianças e adolescentes, e 80% de todos os ganhos e benefícios sobre os direitos autorais advindos de suas descobertas deveriam ser destinados à proteção da infância e à aplicação em pesquisas fundamentais orgonômicas. Essa foi a forma de mostrar sua estima por seus "pequenos amigos", as crianças, com quem acreditava ter um contato profundo e amor recíprocos.

Como curadora, Eva deveria controlar e gerenciar a propriedade de Orgonon, administrando lucros e despesas que não deveriam exceder a 20% do imposto total, mantendo-se sob o nome de Wilhelm Reich Museum [Museu Wilhelm Reich], onde estariam expostos materiais e instrumentos por ele utilizados no Orgone Energy Observatory

---

243 Ao que consta, Lore, depois da separação dos pais, distanciou-se bastante de Reich em prol da convivência com a mãe, embora considere que foi ele quem desapareceu de sua vida após ter recebido uma carta de Berta Bornstein solicitando-lhe que ficasse longe das filhas, sem escrever ou telefonar-lhes, para não interferir na análise de Eva (cf. Rubin, 1998, p.13).

[Observatório de Energia Orgone], documentos que testemunhavam a realização de trabalhos durante cerca de trinta anos, a biblioteca com diversos volumes utilizados em suas pesquisas e escritos, cerca de 25 de suas pinturas, pequenos pertences de estimação como a bengala africana entalhada dada por Malinowski, a fotografia de Sigmund Freud, vasos, entre outras coisas que deveriam permanecer onde estavam a fim de preservarem a atmosfera em que a "Descoberta da Energia da Vida" tomou lugar durante décadas. Contudo, cabe registrar que, com o direito previsto em testamento de delegar sua função a outrem, Eva Reich, em 1959 e por indicação de Chester Raphael, passou esta responsabilidade a Mary Boyd Higgins, atual curadora da Wilhelm Reich Infant Trust e do Wilhelm Reich Museum.

Para a bióloga Aurora Karrer, sua companheira nessa época e com quem se pretendia casar na capela da prisão, deixou 4 mil dólares e seu automóvel Chrysler 300, branco, conversível, 1955. Além disso, prescreveu seu próprio funeral: não queria ser enterrado em nenhum cemitério, mas em Orgonon, embaixo da varanda aberta voltada para o leste ou no abrigo de pedra no sul, sobre o qual deveria estar seu busto esculpido em bronze por Jo Jenks e uma inscrição em granito com seu nome, data de nascimento e morte. Não deveria haver nenhuma cerimônia religiosa, apenas o som da "Ave Maria" de Schubert, cantada por Marian Anderson. Pelo que se sabe, todos esses desejos foram cumpridos.

Com base em seu desejo testamentário, ainda hoje é possível vivenciar parte da atmosfera por ele vivida em Orgonon. Por meio da Wilhelm Reich Infant Trust Fund, Reich garantiu-nos, entre outras coisas, a possibilidade de acesso nos dias de hoje àquilo em que acreditava, ao seu trabalho, ao seu modo de vida, à possibilidade de investigação e compreensão de seu pensamento, ainda que seu jazigo nos reforce a lembrança das desventuras que sofreu em local de tamanha beleza. Ainda assim, e mesmo que não tenha a dinâmica de seu tempo, a emoção invade todo aquele que visita Orgonon, no extremo norte dos Estados Unidos da América, permitindo-nos entrar em contato com o "amor", o "trabalho" e o "conhecimento" aos quais dedicou toda a sua vida.

2
FINAL DE UM BOM COMEÇO

> Nada se pode fazer com adultos [...] Uma vez que a árvore cresceu torta, não se pode endireitá-la [...] Se algum fator faz que a árvore cresça torta, por que não tentar evitar que isso aconteça? É bem simples.
>
> Wilhelm Reich

Sente-se direito; feche as pernas – se menina; *não chore* – se menino; *comporte-se; fique quieto; endireite as costas; não se suje; tire as mãos daí...* Quem nunca foi alvo de frases similares, comuns em nossa infância – quiçá de nossos pais e avós –, e que no cotidiano nos surpreendem quando delas fazemos uso na tentativa de, como educadores que somos – ou pais e professores –, educarmos... (educarmos?) nossas crianças.

Não à toa e por detrás da intolerância presente na voz alterada ou na feição que acompanha tais expressões, a criança se vê intimidada a nada fazer a não ser ficar parada, não se mover, em outras palavras, imobilizar-se, educando-se para o não movimento, substituindo seu comportamento espontâneo e dinâmico pela obediência quase sempre sinônimo de inibição, sobretudo da atividade muscular. E é assim que a criança assiste à indignação do educador – eu disse educador? – que, sem pausa nem descanso, lança algo semelhante àquilo que Reich denominou "bombardeio educativo" contra sua vítima que não se comporta de modo "adulto" – e, para falar a verdade, nem deveria.

Tenha modos, diziam alguns; *essa menina é irrequieta*, diziam outros, na tentativa de que eu parasse, não perturbasse, não me movimentasse, ainda que isso parecesse impossível! Se estas são algumas de minhas lembranças, certamente não são as únicas que hoje integram meu modo de ser e que me fazem pensar nas palavras de Reich de que a infância parece ser, para muitos, uma época em que nos sentíamos *vivos* e isentos de sensações corporais perturbadas, ainda que não tardássemos a perceber como isso tudo pôde ser "despedaçado e esmagado pela educação".[1]

Se não há dificuldades em evidenciar esse tipo de conduta entre pais e responsáveis diretos pelas crianças, também não é difícil identificá-la entre aqueles que se dizem profissionais da educação e que, portanto, trabalham diretamente com a criança, melhor dizendo, com a educação da criança. Não é sem surpresa que observamos que, ao mesmo tempo que pretendem desempenhar sua *tarefa* eficientemente, os professores, de maneira geral orientados por objetivos educacionais – e a escola é boa nisso –, podem, de certo modo, cercear a educação, inibindo muitas vezes o movimento físico e psíquico em prol da formação de alunos pretensamente *educados*, mas que, na verdade, não passam em sua grande maioria de crianças encouraçadas, mortas-vivas que perderam a "expressão espontânea" devido à incursão num sistema de proibições em que *isso* é feio, *aquilo* é proibido, aquilo outro é sujo, próprio de adultos que se defendem dizendo que agem pelo *bem* da criança.

Silêncio; *quietos*; *prestem atenção*; *sentados*... são expressões comuns, indispensáveis ao vocabulário de muitos professores e educadores, representantes legítimos daquilo que Reich denominou uma verdadeira "técnica muscular de encouraçamento" que busca, a todo custo, instaurar a ordem sob a justificativa de aquisição do conheci-

---

[1] Reich, 1995, p.295.

mento, mas que, na maioria das vezes, entortam a "espinha da alma", às crianças "quebram-lhes a vontade", "destroem-lhes a vida interior" e fazem delas "bonecos bem educados".[2] Sob a ameaça constante de serem acusadas de *mal-educadas*, as crianças, então, comprometem seu funcionamento prendendo a respiração, contraem-se para bloquear todo e qualquer movimento, reprimem o choro, a soltura de gases, arrotos e bocejos, arcando com as consequências de um processo em que o combate à *falta* de educação evidencia justamente o oposto: os *excessos* de uma educação que inibe não só o corpo, mas o pensamento e a ação.

Se isso revela as denúncias de Reich contra o funcionamento *autorregulado* da criança, correndo o risco de cair numa apologia do *laisser-faire*, não devemos nos esquecer de que não há registros nos seus escritos que apelem para a abolição das frustrações na difícil *tarefa* que compete ao educador. Pelo contrário, lembra Reich. Aquelas a quem não são impostos limites e a quem é permitido fazer tudo o que desejam logo se tornam insuportáveis e, sob o rótulo de serem mimadas, tornam-se alvo de intervenções desesperadas, aparentemente corretivas.

Nos tempos da psicanálise, Reich já nos alertava para coisas que ainda hoje fazem sentido quando o assunto é a educação de crianças. Ainda que pareçam óbvias aos leitores mais críticos, a riqueza dos argumentos reichianos em torno das frustrações *necessárias* e *desnecessárias* está justamente na análise daquilo que, paradoxalmente, parece ser ao mesmo tempo tão simples e tão inacessível: educar sem as mazelas tanto da frustração quanto da permissividade. Não é a isso que se prestam, ainda que de forma tosca, os manuais e guias práticos de como se educar a criança? Não é isso que busca grande parte dos educadores ao tentar responder à pergunta: qual é a melhor maneira de educar a criança? Não era disso que falava Reich ao alertar para a necessidade de um *grau* adequado de frustração e satisfação pulsionais? Não era esse o *caminho ótimo* em termos educacionais também almejado por Freud?

---

2 Reich, 1979a, p.303.

Se os tempos dão sinais de que a palmatória, a vara de marmelo e o ato de ajoelhar no milho são extemporâneos, só permanecendo na lembrança de poucos e velhos desafortunados, podem ao mesmo tempo nos induzir ao equívoco de que as críticas de Freud e Reich à educação esvaziaram-se de sentido. Contudo, diante das barbáries próprias do meio educacional, do qual as expressões imperativas antes mencionadas, ainda presentes no vocabulário de pais e professores, são o exemplo mais ameno, nos damos conta do quanto estamos distantes do ideal *educacional* reichiano, próprio dos primeiros tempos, que defendia que as satisfações deveriam ser parciais e as frustrações gradativas. Em contrapartida, não é difícil constatarmos a oscilação das intervenções educacionais entre dois extremos: medidas disciplinares rígidas que sufocam quaisquer possibilidades de manifestação e satisfação por parte das crianças ou medidas negligentes que criam crianças mimadas, *mal*-educadas, sem limites.

Mais do que isso, Reich estava preocupado com o reflexo dessas intervenções na constituição do caráter infantil e consequente formação de patologias, empenhando-se em demonstrar a necessidade de um outro tipo de educação que não a de seu tempo, menos autoritária, e que não tolhesse a sexualidade infantil. Não à toa, criticou, na esteira de Freud, a moral, a educação e, escancarando o tema tabu da sexualidade, afinou os laços entre a psicanálise e a teoria da economia sexual, ainda que, ao seguir o rastro freudiano dos primeiros tempos, que articulava a educação à possibilidade de prevenção das neuroses – mais tarde denominada prevenção das couraças, do encouraçamento ou das biopatias –, tenha invadido terrenos em que a psicanálise freudiana jamais aspirou entrar.

Reforçando esse particular, diríamos que, se não há dúvida a respeito da influência freudiana sobre Reich em termos conceituais, também não há dúvida de que essa influência extravasou o campo clínico e conceitual, adentrando o campo das contribuições para a educação, rumo à assim denominada *pedagogia econômico-sexual*. Certo de que Freud foi "como Colombo que desembarcou numa praia e revelou um continente", enquanto ele nada mais fez do que colocar seu "ovo de águia no ninho de ovos de galinha" para depois tirá-lo e dar-lhe um "ninho apropriado", Reich empenhou-se em fazer de tudo pelo ideário de prevenção das neuroses. Defendeu a necessidade de uma educação de educadores, advogou a favor do onanismo na infância, prestou esclarecimentos acerca das questões sexuais a tantos quantos pôde, articulou-se a partidos políticos em prol da massificação de seus objetivos profiláticos, até que ouviu do próprio Freud, em setembro de 1930, que: "Ihr Standpunkt hat nichts mit dem mittleren Weg der Psychoanalyse zu tun" [O seu ponto de vista não tem nada a ver com a orientação básica da psicanálise], para o que respondeu: "Tut mir leid. Das ist was ich glaube. Das ist was meine Überzeugung ist" [Lamento, mas é nisto que eu acredito. São as minhas convicções], enquanto Freud reforçava: "Não é nosso propósito, ou propósito da nossa existência, salvar o mundo" (cf. Higgins & Raphael, 1979, p.50-67).

Entretanto, também Reich certificou-se dos limites da terapia do adulto e, não por outro motivo, registrou que somente pela prevenção da couraça, que se inicia na infância, é que se poderia eliminar o "sofrimento das massas". Assim, ao se assegurar que a terapia do adulto estaria aquém de seu intuito profilático, proclamou, em nome do princípio de autorregulação – espécie de potencial natural inerente à criança –, a necessidade de preservação desde o "protoplasma não afetado". Sob a acusação de um "primitivismo arrasador"[3] que, para outros, mostra apenas uma visão tipicamente reichiana e "positiva da natureza primária do homem" (Albertini, 1997, p.66), Reich defende a existência de um "núcleo biológico", "centro saudável", responsável pelos impulsos "naturais ou primitivos", que estaria em desacordo com todos os aspectos da educação e do controle autoritários, ainda que fosse a única esperança real que o homem teria para dominar um dia a miséria social.

Sem perder de vista a ideia de que os fatores socioculturais seriam determinantes para impedir o desabrochar dessa *natureza boa* do homem – e mesmo dando-se conta de que simples mudanças no sistema econômico não garantiriam as alterações substanciais que

---

3 Marcuse, 1972, p.206. Sobre o assunto, ver Matthiesen, 1999, p.57-75.

reivindicava –, Reich chega a ponto de observar em 1952 que a sociedade "deveria ser reconstruída de acordo com as necessidades humanas, começando-se com as necessidades do bebê".[4] A educação, portanto, deveria manter a criança livre de qualquer tendência à estase de energia, atenta aos primeiros sinais de encouraçamento de modo a evitar que se tornassem crônicos e assim pudesse preservar o equilíbrio emocional e energético da criança. Não por outro motivo, Reich é visto como um "eterno otimista", que não cessou de lutar por um mundo melhor apesar do ceticismo de alguns quanto à possibilidade de uma educação preventiva em relação às neuroses. Contudo, para decepção de muitos educadores que se debatem em busca de novas *receitas* educacionais, Reich não prescreveu nenhum manual de *como se educar uma criança passo a passo*. Isso, contudo, não invalida a fertilidade de suas ideias no campo da educação. Pelo contrário, amplia os horizontes, uma vez que nos instigam à reflexão constante, ainda que exemplos possam ser buscados dentro de sua vida e obra na tentativa de ilustração de como seria uma prática educacional reichiana.

Sem nos esquecermos de que era um médico que perseguia um ideal preventivo, cuja ideia, não concretizada, de construção de uma escola em Orgonon fazia parte de seus planos entre os anos 1940 e 1950, Reich teria dito em 1935 ser "inteiramente praticável" ocupar-se do "problema da profilaxia das neuroses na prática concreta numa escola infantil", onde poderia estudar o "arrefecimento emocional" das crianças por observação direta, a fim de encontrar meios para preveni-las.

---

4 Reich, 1976c, p.102 (comentário introduzido no texto *a posteriori*). Sem nos ocuparmos daquilo que foi considerado como uma "re-elaboração conceitual de contornos mais freudianos", já que esse foi alvo da atenção de outros autores, vale destacar que, em 1951, "na análise da origem dos problemas humanos, sem deixar de responsabilizar os fatores sociais de origem histórico--cultural, Reich passa a focalizar também motivos especificamente ligados ao próprio homem", que, ao desenvolver sua função perspectiva, chegando à autopercepção, teria se afastado de sua "natureza interna sábia" (Albertini, 1997, p.67), ainda que fosse capaz de retomá-la a fim de construir uma "sociedade afirmativa das necessidades humanas" (Wagner, 1996, p.117-8).

Além disso, como vimos, sabe-se que Reich foi pai de três filhos, cuja educação parece ter sido coerente com seus princípios teóricos. No caso de Eva (1924) e Lore (1928) as evidências se misturam à influência do ideário político ao qual Reich esteve ligado por volta de 1930. Nessa época, estaria convencido de que ambas deveriam ser enviadas a um centro de crianças para se tornarem "pequenas boas comunistas", repreendendo-as – como fez com Lore aos dois anos de idade – por cantarem a canção infantil "Oh, Tannenbaum..." em vez de uma "boa canção proletária revolucionária" (De Reich, 1978, p.48). No caso de Peter (1944), vale salientar a busca constante pela preservação da autorregulação, processo integrado por conversas esclarecedoras, intervenções corporais, entre outras coisas que o tornassem livre de encouraçamentos crônicos a exemplo de uma criança *saudável*. Isso, contudo, não o isentou das típicas exigências paternas de um bom comportamento, maneiras corretas à mesa e em lugares públicos, de apanhar algumas poucas vezes e realizar travessuras diante das quais replicou Neill: "Aqui estão o maior pedagogo do mundo e o maior psicólogo... e os dois não conseguem fazer nadinha em relação ao menino" (Boadella, 1985, p.326).

Se essas são particularidades da vida de Reich ilustrativas de que *o que é que deve ser feito* e o *como agir* em termos educacionais eram, para ele, parte de um processo de aprendizagem constante, não há dúvida de que suas elaborações acerca da educação – muitas das quais oriundas da psicanálise freudiana – nos levam a evidenciar, no âmbito da teoria da economia sexual, a presença de ideias educacionais que justificam, em parte, a utilização do termo *pedagogia econômico-sexual*. Ainda que pouco comum em seus escritos, tal denominação revela um sentido particular que vale a pena ser analisado, sobretudo por ser capaz de estimular o campo das práticas educacionais existentes, sugerindo a possibilidade de se conceber o ato educativo de outro modo, quem sabe, calcado na regulagem da energia sexual da criança. Não à toa, a tradução do termo original "sex-economic pedagogy"[5] [pedagogia econômico-sexual] para o espanhol

---

5 Cf. Reich, 1950c, p.268.

foi "la pedagogía vinculada con la economía sexual",[6] demonstrando uma articulação, ainda que inicial, entre o campo da pedagogia e o campo da economia sexual. Aliás, é fato que, juntamente com Alexander S. Neill, Reich pôde, durante anos, pensar sobre "a economia sexual na pedagogia" (De Reich, 1978, p.110), numa aproximação clara entre as duas áreas.

Sem nos ocuparmos da polêmica em torno da discussão entre psicanálise e pedagogia na obra freudiana, objeto da análise de outros pesquisadores,[7] de nossa parte, vale apenas lembrar que Reich também participou, em outros tempos, das discussões da *Zeitschrift für psychoanalytische Pädagogik* [Revista de Pedagogia Psicanalítica], ainda que seus textos evidenciem uma preocupação educacional mais ampla – nos moldes da *Erziehung* – e, portanto, não restrita à pedagogia. De qualquer forma, é bom reforçar que é da ideia psicanalítica dos primeiros tempos que visava encontrar uma educação "adequada" capaz de converter as crianças em adultos sem padecimentos psíquicos, reavivando, portanto, um ideal profilático, que Reich se ocupará. Assim, se com os desdobramentos da psicanálise há, como vimos, um declínio dessa ideia de profilaxia das neuroses articulada à educação – ainda que se mantenha a esperança de outro tipo de educação que não a administrada na época –, Reich, não sem demonstrar as diferenças entre a psicanálise e a teoria da economia sexual, investirá nessa ideia até suas últimas consequências. Não por outro motivo, a denominação *pedagogia econômico-sexual* – que poderia expressar uma teoria educacional de base reichiana –, ainda que escassa no interior da obra de Reich, assume, a nosso ver, uma importância inigualável, uma vez que se encontra fundada na aposta de que a *forma* de intervenção tem consequências reveladoras sobre a formação da criança, sedimentando, em parte, a tese profilática em relação à educação.

Não podemos, contudo, nos esquecer de que, enquanto princípio norteador da denominada *pedagogia econômico-sexual*, a autorregu-

---

6 Cf. Reich, 1975h, p.276.
7 Sobre o assunto, ver Filloux, Kupfer e Lajonquière, integrantes das referências ao final do texto.

lação deveria ser garantida, ou melhor, *preservada*, sem, contudo, poder ser ensinada, já que é inerente à criança. Logo, uma formulação metodológica de inspiração tecnicista voltada à construção de métodos e de instrumentos de trabalho de inspiração reichiana visando à aplicação da teoria da economia sexual no dia a dia da educação, além de não ter sido objeto das intenções de Reich, parece, num primeiro momento, empobrecer qualquer possibilidade de reflexão acerca da educação de crianças dentro dessa perspectiva. Ainda que de imediato pareça ser algo restritivo, um primeiro passo talvez fosse fazer dos ensinamentos da teoria da economia sexual uma espécie de orientação capaz de iluminar a ação de educadores de maneira geral. Assim, um primeiro contato com a teoria reichiana, em especial com suas preocupações acerca da educação de crianças, parece ser um bom começo de uma aproximação que certamente poderá ir além disso.

De qualquer forma e tendo em vista que Reich é hoje desconhecido dos educadores de maneira geral, prever os desdobramentos dessa aproximação antes desse primeiro desafio seria prematuro – para não dizermos, mera especulação –, ainda que seja grande a tentação de pensar em como os educadores viabilizariam sua *tarefa* educativa pautados nos ensinamentos da teoria da economia sexual. Além disso, um conhecimento do *saber* reichiano não prejudicará em nada as reflexões passíveis de serem realizadas nesse campo; afinal, se, tal como Reich, o educador fosse sensível à *forma*, à "expressão emocional bioenergética" do educando, se se prestasse ao esclarecimento sexual das crianças entendendo a sexualidade como parte integrante do desenvolvimento humano e se se preparasse melhor do ponto de vista emocional e energético, certamente estaria enriquecendo suas possibilidades de atuação.

Se uma "iluminação intelectual" do educador, nos moldes ressaltados por Kupfer (1999, p.15-6), possa ser um primeiro passo nesse processo, pensar numa educação *econômico-sexualmente* orientada, indo além das leituras do ato educativo iluminadas pela teoria da economia sexual, parece ser algo consequente. Aliás, é bom lembrar que o próprio Reich fez sobre esse ponto algumas reflexões, sobretudo ao fazer questão de mencionar experiências educacionais que expressavam, de diferentes maneiras, similaridades com os pressupostos teóricos da teoria da economia sexual, pautando-se na afirmação de que não se ocuparia da *aplicação* de sua teoria no campo educacional, uma vez que havia educadores capazes de realizar melhor do que ele esse desafio. Não por outra razão, referiu-se ao trabalho de Vera Schmidt nos jardins de infância de Moscou, valorizando a direção dada por ela à afirmação da sexualidade, e à experiência da escola de Summerhill de Alexander Neill, com quem dividia a aposta no princípio de autorregulação. Além disso, ainda influenciou outras escolas de difusão mais restrita, como a Hamilton School em Nova York e a Hamilton Farm em Sheffield, Massachusetts.

Se essas são algumas das ponderações que podemos fazer a partir da discussão sobre a educação na obra de Reich e que mantêm vivo seu pensamento, isso não é tudo quando o tema é a atualidade de sua teoria. Não há como negar que, da inserção do corpo no processo terapêutico à discussão da sexualidade hoje à flor da pele, Reich certamente é uma referência *atual*, sobretudo quando deparamos com o *boom* corporal que se alastra por nossa contemporaneidade enaltecendo o corpo – e a questão sexual – por meio de uma verdadeira idolatria. Da silhueta da moda à imagem de corpo ideal, *malhado*, *sarado*, o corpo está exposto, sobretudo na *telinha* e em meio a futilidades inerentes a programas de *malhação*, revelando uma forma (ou fôrma?) padrão, possuidora de curvas acentuadas, que de natural não têm nada. Para desespero das mais avantajadas – leia-se gordinhas – e para o desejo de muitos, que se debatem contra a sexualidade reprimida, o ideal de corpo instaurado é aquele que oculta a identidade de *feiticeiras* e *tiazinhas*, numa mistura sem limites de malhação, silicone e cirurgias, para não falarmos da sofisticação, embora mais acessível, de produtos mil que garantem eficiência no processo de rejuvenescimento, de abolição de estrias e celulites, de apliques de cabelos e alterações da cor da pele, dentre outros desejos mais recônditos do freguês.

Avassaladora sobre todo aquele que não se amolda à silhueta estereotipada, a imagem do corpo instaurada não é, curiosamente, estática; é vibrante, e como vibra! Vibra as partes, vibra a pélvis, contagia e se universaliza num aparente *desencouraçamento*. Entre os mais desavisados estão as crianças, que, incentivadas pelos adultos, se movimentam e educam seus corpos transformando-os em cópias fiéis de Sheilas morenas ou loiras – antes Carla Perez – em miniatura. É assim, entre danças que vibram o *tchan* insistentemente, apresentadoras infantis pouco *angelicais* e programas que inserem os *baixinhos* na *intimidade* da vida privada, que a cultura de massas lida, por meio do corpo, com a sexualidade, invadindo nossas casas cotidianamente, sob o invólucro de uma (pseudo) liberação sexual que faz pairar no ar a ideia, a meu ver equivocada, de que Reich está superado; afinal, a repressão sexual por ele tão combatida, aparentemente, parece hoje coisa do passado. Contudo, se nos detivermos um pouco mais nos fatos apresentados, veremos que, mais do que nua, a questão da sexualidade ainda está crua. Embora o corpo esteja mais visível, mais torneado e mais *malhado* do que outrora, ainda esconde uma sexualidade reprimida, embora hoje objeto da perspicácia do marketing, sobretudo televisivo, que nele evidencia uma verdadeira *mina de ouro*, capaz de desvelar os desejos mais recônditos, nos levando à constatação de que os tempos realmente mudaram.

Se essa aparente liberação corporal e sexual revela os sinais de outros tempos, também nada mais é do que um sintoma de graves perturbações. Curiosamente e não à toa, as academias estão lotadas, as clínicas de cirurgias plásticas com horários apinhados, os programas televisivos que exibem o corpo (praticamente nu) batendo recordes de audiência e os guias de orientação sexual para a conquista do prazer em dez lições (ou posições?) esgotados das prateleiras. Se isso não se evidencia como a busca por uma sexualidade *perdida*, ao menos revela que ela ainda está longe de se tornar plena e natural, distante daquilo que Reich entendia ser a "função do orgasmo", alvo de investigações e especulações acerca da questão sexual.

Não há, entretanto, como negar que essa discussão é hoje mais recorrente do que nos tempos de Reich. Das intensas campanhas estimulando o uso de preservativos, dada a ameaça constante de transmissão da Aids, à integração da educação sexual nos currículos das escolas de ensino fundamental e médio (ainda que normatizada pelos PCN – Parâmetros Curriculares Nacionais), a questão sexual tem recebido um trato diferenciado em relação ao que era antes, embora não tenha se libertado das interdições da repressão sexual.

Num outro plano, ainda que diretamente vinculado ao tema da educação, é evidente que no campo da sexualidade infantil as *denúncias* de Reich estão longe do que ele sonhou para as *crianças do futuro*. As informações sexuais voltadas ao uso de contraceptivos, à prevenção de doenças venéreas e à gravidez assumiram outras proporções, é verdade. Contudo, os pais continuam proibindo as crianças de tocarem seus genitais, recriminam-nas por se masturbarem, evitam, muitas vezes, responder às *inocentes* perguntas infantis sobre o sexo, resistindo à quebra deste ainda tabu.

Por outro lado, é fato que hoje as crianças perdem a virgindade precocemente, iniciando a vida sexual mais cedo, atendendo às reivindicações reichianas a favor do sexo na adolescência, ao mesmo tempo que protelam o acesso às regras conjugais próprias de um casamento que já não é mais tão *indissolúvel* assim. Contudo, o sexo pelo sexo, a *transa* pela *transa*, o falar e esclarecer-se sobre as questões sexuais não resumem nessa aparente simplicidade o intuito da teoria da economia sexual. Se hoje as pessoas *transam* mais cedo, se falam sobre sexo mais frequentemente, se assumem posições homossexuais com mais autenticidade, não quer dizer que a repressão sexual seja inexistente, que não haja preconceitos nem tampouco que se tenha atingido os objetivos da revolução sexual nos moldes propostos por Reich. Afinal, a autorregulação, a potência orgástica, entre outros elementos indispensáveis ao equilíbrio emocional e energético do indivíduo, diferem de uma mera *liberação* sexual. Aliás, é comum a dificuldade de compreender que a *satisfação sexual* de que fala Reich não é fruto de mera ereção e ejaculação próprias do ato sexual ou da realização de inumeráveis cópulas, equivocadamente entendidas como sinônimo de *liberação* sexual –, já que isso não está necessariamente atrelado à "descarga orgástica total", nem garante a fusão de dois organismos numa perda "de todo o eu espiritual", fruto de uma "experiência emocional" em que há uma *entrega* na aliança com o outro. Pelo contrário, muitas vezes, quando não provocam uma sensação de prazer muito tênue, propiciam sensações de angústia e ansiedade próprias das variáveis da fórmula do orgasmo que não aquela idealizada por Reich como: tensão-carga-descarga-relaxamento.

Por fim, e tendo como referência o grande descaso por parte da pesquisa acadêmica acerca do pensamento de Wilhelm Reich, diría mos que o fato de ser praticamente um ilustre desconhecido, sobretudo no campo educacional, não invalida a afirmação, pautada em seus 37 anos de produção científica, de que há em Reich uma infinidade de questões que merecem uma investigação mais profunda. Afinal, firme em suas convicções e respaldado em pesquisas muitas vezes contestadas (contestáveis?), contrapôs-se a instituições reconhecidas, desafiando os ditames científicos oficialmente aceitos, criticando atitudes consagradas ao criar regras próprias na realização de suas pesquisas,[8] o que talvez explique seu proposital *esquecimento* no âmbito científico, mas que, por isso mesmo, deveria levar a pesquisas nesse campo.

Como *marginal* da ciência oficial que ainda vive nos corações e ideais dos reichianos mais devotos, quantos foram e ainda são os adjetivos preconceituosos que ferem sua integridade moral, descaracterizando-o como eminente pensador, apesar de seu esforço contínuo para comprovar suas convicções, discutindo-as, publicando-as, buscando, mesmo que não o admitisse, o reconhecimento.[9] Não há, porém, dúvida quanto à amplitude de sua obra; afinal, apesar de pouco divulgadas, suas ideias ainda hoje fazem parte do mercado editorial, resistindo ao confronto com aqueles que consideram muitas delas, sobretudo as dos últimos tempos, como "fantásticos e arrebatados devaneios" (Marcuse, 1972, p.206). Talvez a ênfase na percepção daquilo que a *natureza* tinha a lhe dizer, a prioridade das

---

8 Cf. Reich, 1951a. A tradução, *Regras para seguir na pesquisa básica*, de minha autoria, foi publicada on line em 2003.
9 Nesse sentido, a menção na edição de 1952, p.587 do *World Almanac* e no *American Foundation News Service*, 31 mar. 1951, não foi sem consequências para Reich (cf. The Scientific activities of the WRF published 1950-1951, jul. 1952, p.156).

sensações num processo de investigação e a luta incessante para que a ciência não se divorciasse dos sentimentos tenham sido o preço a pagar por suas descobertas acusadas de não científicas, prenúncio de catastróficos acontecimentos em sua vida: seus livros seriam queimados, o material de suas pesquisas destruído, suas descobertas e convicções caluniadas, desacreditadas e difamadas em virtude de normas sociais que o levaram preso e à morte. Certamente por isso uma atitude extrema: reservar, em testamento, uma bagagem cultural para uma geração do porvir, que talvez no distante ano de 2007 estivesse preparada para compreender o seu pensamento.

Talvez não pudesse ser outro o destino da obra de alguém que enfrentou com tamanha originalidade os ditames do pensamento tradicional e que – assim como o Peer Gynt de Ibsen, objeto de um de seus primeiros estudos – foi, por muitos, incompreendido, motivo de risos, alvo de destruição, destinado a acabar "com o pescoço quebrado com a sua loucura", já que cuidariam para que acabasse assim. De qualquer forma, Reich parecia ciente de que uma "divergência do que é conhecido, do que é familiar, um desvio do caminho muitas vezes trilhado, poderia significar a confusão total, e a ruína", tornando aquele que o faz um "visionário, um paciente mental"[10] ou o acusariam de ser um homem que, por ter uma "singular história pessoal de complexos" e por ter sido excluído da sociedade "respeitável", queria impor suas "fantasias à vida alheia".[11]

Se tornar as ideias de Wilhelm Reich mais conhecidas faz parte de um projeto de trabalho contínuo, fazê-lo presente entre os profissionais da educação como um pensador capaz de contribuir para as reflexões nessa área do conhecimento é mais do que um desafio. É olhar para nós mesmos, fazendo-nos críticos em relação a nossa própria atividade educativa, refletindo sobre a responsabilidade que recai sobre os nossos ombros, embora muitos de nós não a percebamos como tal ou, por outro lado, a tenhamos como um insuportável fardo.

---

10 Reich, 1984a, p.43.
11 Ibid., p.27.

Referências Bibliográficas

ADORNO, T. W.; HORKHEIMER, M. *Dialética do esclarecimento*: fragmentos filosóficos. 2.ed. Trad. Guido Antonio de Almeida. Rio de Janeiro: Zahar, 1985.
ALBERTINI, P. *Reich*: história das ideias e formulações para a educação. São Paulo: Ágora, 1994.
_____. Publicações na área do pensamento reichiano. *Revista Reichiana*, São Paulo, n.4, p.64-93, 1995.
_____. A sexualidade e o processo educativo: uma análise inspirada no referencial reichiano. In: AQUINO, Julio Groppa (Coord.). *Sexualidade na escola*: alternativas teóricas e práticas. São Paulo: Summus, 1997. p.53-70.
AMERICAN FOUNDATION NEWS SERVICE, v.2, n.4, p.63, 31 mar. 1951
APPLETON, M. Self-Government at Summerhill. *The Journal of Orgonomy*, Princeton, v.25, n.1, p.82-92, maio 1991.
BAKER, E. F. *O labirinto humano*: as causas do bloqueio da energia sexual. 3.ed. Trad. Maria Sílvia Mourão Netto. São Paulo: Summus, 1980.
BOADELLA, D. *Nos caminhos de Reich*. Trad. de Elisane Reis Barbosa Rebelo; Maria Sílvia Mourão Netto e Ibanez de Carvalho Filho. São Paulo: Summus, 1985.
BOBBIO, N.; MATTEUCCI, N.; PASQUINO, G. *Dicionário de política*. 2.ed. Trad. João Ferreira, Carmem C. Varriale, Caetano Lo Mônaco, Luiz Guerreiro Pinto Caçais, Renzo Dini. Brasília: Editora da Universidade de Brasília, 1986.

BRAININ, E.; KAMINER, I. J. Psicanálise e nazismo. In: KATZ, Chaim Samuel. *Psicanálise e nazismo*. Trad. Helena Lins e Barros; Lya Luft e Ângela B. C. Wittich. Rio de Janeiro: Taurus, 1985. p.23-48.

CÂMARA, M. V. *Reich – o descaminho necessário*: introdução à clínica e à política reichianas. Rio de Janeiro: Sette Letras, 1998.

CARLETON, J. A. Self-Regulation; Part I: its Roots in Reich and Neill. *The Journal of Orgonomy*, Princeton, v.25, n.1, p.68-81, maio 1991a.

_____. Self-Regulation: Part II: Three Types of Childrearing Literature. *The Journal of Orgonomy*, Princeton, v.25, n.2, p.255-69, nov. 1991b.

CASTEL, R. *A gestão dos riscos*: da antipsiquiatria à pós-psicanálise. Trad. de Celina Luz. Rio de Janeiro: Francisco Alves, 1987.

CEM anos de Wilhelm Reich. *Arquivos Brasileiros de Psicologia*, Rio de Janeiro, ano 1, n.2, abr./jun. 1997.

CESAROTTO, O.; LEITE, M. P. de S. *O que é psicanálise*. São Paulo: Brasiliense, 1984.

CIFALI, M.; MOLL, J. *Pédagogie et psychanalyse*. Paris: Dunod, 1985.

_____. IMBERT, Francis. *Freud e a pedagogia*. Trad. Maria Stela Gonçalves e Adail Ubirajara Sobral. São Paulo: Loyola, 1999.

CLEMESHA, A. *O marxismo e a questão judaica*: elementos para a história de uma relação difícil. São Paulo, 1997. Dissertação (Mestrado em História) – Faculdade de Filosofia, Letras e Ciências Humanas, Universidade de São Paulo.

CLIFFORD, J. Decree of Injunction. In: REICH, W. *Selected Writings*: An Introduction to Orgonomy. New York: Farrar, Straus and Giroux, 1973. Part 2, p.540-4.

CONSELHO CENTRAL DOS JARDINS DE INFÂNCIA DE BERLIM. Introdução ao relatório sobre o jardim infantil – laboratório de Vera Schmidt. In: _____; SCHMIDT, V.; REICH, W. *Elementos para uma pedagogia antiautoritária*. Trad. J. C. Dias, Antonio Sousa, Antonio Ribeiro e Maria C. Torres. Porto: Escorpião, 1975. p.7-14.

DADOUN, R. *Cem flores para Wilhelm Reich*. Trad. Rubens Eduardo Ferreira Frias. São Paulo: Moraes, 1991.

DA EDUCAÇÃO antiautoritária à educação socialista. In: CONSELHO CENTRAL DOS JARDINS DE INFÂNCIA DE BERLIM; SCHMIDT, V.; REICH, W. *Elementos para uma pedagogia antiautoritária*. Trad. de J. C. Dias, Antonio Sousa, Antonio Ribeiro e Maria C. Torres. Porto: Escorpião, 1975. p.144-65.

DAHMER, H. *Libido y sociedad*: estudios sobre Freud y la izquierda freudiana. México: Siglo Veintiuno, 1983.

DE REICH, I. O. *Wilhelm Reich*: una biografia personal. Trad. Julio Crespo. Barcelona: GEDISA, 1978.

DICIONÁRIO alemão-português/português-alemão. Lisboa: Presença/ Langenscheidt, 1997.

FAVRE, R. Terapias neorreichianas. In: CIORNAI, S. (Org.). *25 anos depois*: gestalt-terapia, psicodrama e terapias neorreichianas no Brasil. São Paulo: Ágora, 1995. p.41-51.

FERREIRA, A. B. de H. *Novo dicionário da língua portuguesa*. Rio de Janeiro: Nova Fronteira, 1986.

FILLOUX, J-C. Psicanálise e educação, pontos de referência. *Estilos da Clínica*, São Paulo, ano 2, n.2, p.8-17, 1997.

_____. Psicanálise e pedagogia ou: sobre considerar o inconsciente no campo pedagógico. In: COLÓQUIO DO LUGAR DE VIDA/ LEPSI, 1, 2000, São Paulo. *Anais* ... São Paulo: Annablume, 2000. p.9-42.

FREUD, S; ANDREAS-SALOMÉ, L. *Freud – Lou Andreas-Salomé:* correspondência completa. Trad. Dora Flacksman: Rio de Janeiro, Imago, 1975.

FREUD, S. Moral sexual "civilizada" e doença nervosa moderna. In: _____. *Obras psicológicas completas de Sigmund Freud*: edição *standard* brasileira. Rio de Janeiro: Imago, 1976a. v.9, p.183-208. (Original de 1908)

_____. Sobre as teorias sexuais das crianças. In: _____. *Obras psicológicas completas de Sigmund Freud*: edição *standard* brasileira. Rio de Janeiro: Imago, 1976b. v.9, p.209-28. (Original de 1908)

_____. Introdução a *The Psycho-Analytic Method*, de Pfister. In: _____. *Obras psicológicas completas de Sigmund Freud*: edição *standard* brasileira. Rio de Janeiro: Imago, 1976c. v.12, p.411-8. (Original de 1913)

_____. O interesse educacional da psicanálise. In: _____. O interesse científico da psicanálise, parte II. *Obras psicológicas completas de Sigmund Freud*: edição *standard* brasileira. Rio de Janeiro: Imago, 1976d. v.13, p.224-6. (Original de 1913)

_____. Algumas reflexões sobre a psicologia do escolar. In: _____. *Obras psicológicas completas de Sigmund Freud*: edição *standard* brasileira. Rio de Janeiro: Imago, 1976e. v.13, p.281-8. (Original de 1914)

_____. Prefácio a *Juventude desorientada* de August Aichhron. In: _____. *Obras psicológicas completas de Sigmund Freud*: edição *standard* brasileira. Rio de Janeiro: Imago, 1976f. v.19, p.337-43. (Original de 1925)

_____. Novas conferências introdutórias sobre a psicanálise – Conferência XXXIV. In: _____. *Obras psicológicas completas de Sigmund Freud*: edição *standard* brasileira. Rio de Janeiro: Imago, 1976g. v.22, p.167-91. (Original de 1932)

FREUD, S. Três ensaios da sexualidade. In: _____. *Obras psicológicas completas de Sigmund Freud*: edição *standard* brasileira. Rio de Janeiro: Imago, 1976h. v.7, p.117-238. (Original de 1905)

_____. O esclarecimento sexual das crianças. In: _____. *Obras psicológicas completas de Sigmund Freud*: edição *standard* brasileira. Rio de Janeiro: Imago, 1976i. v.9, p.133-44. (Original de 1907)

_____. *Neue Folge der Vorlesungen zur Einführung in die Psychoanalyse*. Frankfurt: Imago, 1990

_____. Tres ensayos para una teoria sexual. In: _____. *Obras completas de Sigmund Freud*. Trad. Luis López-Ballesteros. Madri: Biblioteca Nueva, 1996a. v.2, p.1169-237. (Original de 1905)

_____. La moral sexual "cultural" y la nerviosidad moderna. In: _____. *Obras completas de Sigmund Freud*. Madri: Biblioteca Nueva, 1996b. v.2, p.1249-61. (Original de 1908)

_____. Teorias sexuales infantis. In: _____. *Obras completas de Sigmund Freud*. Trad. Luis López-Ballesteros. Madri: Biblioteca Nueva, 1996c. v.2, p.1262-71.(Original de 1908)

_____. Prefacio para un libro de Oskar Pfister. In: _____. *Obras completas de Sigmund Freud*. Trad. Luis López-Ballesteros. Madri: Biblioteca Nueva, 1996d. v.2, p.1935-7. (Original de 1913)

_____. Interés pedagógico. In: _____. Multiple interes del psicoanalisis, capítulo II. *Obras completas de Sigmund Freud*. Trad. Luis López-Ballesteros. Madri: Biblioteca Nueva, 1996e. v.2, p.1866-7. (Original de 1913)

_____. Sobre la psicologia del colegial. In: _____. *Obras completas de Sigmund Freud*. Trad. Luis López-Ballesteros. Madri: Biblioteca Nueva, 1996f. v.2, p.1892-4. (Original de 1914)

_____. Prefacio para un libro de August Aichhron. In: _____. *Obras completas de Sigmund Freud*. Trad. Luis López-Ballesteros. Madri: Biblioteca Nueva, 1996g. v.3, p.3216-7. (Original de 1925)

_____. Nuevas lecciones introductorias al psicoanalisis – Conferencia XXXIV. In: _____. *Obras completas de Sigmund Freud*. Trad. Luis López-Ballesteros y de Torres. Madri: Biblioteca Nueva, 1996h. v.3, p.3101-206. (Original de 1932)

_____. La ilustración sexual del niño. In: _____. *Obras completas de Sigmund Freud*. Trad. de Luis López-Ballesteros. Madri: Biblioteca Nueva, 1996i. v.3, p.1244-8. (Original de 1907)

HANNS, L. A. *Dicionário comentado do alemão de Freud*. Rio de Janeiro: Imago, 1996

HIGGINS, M.; RAPHAEL, C. (Org.). *Reich fala de Freud*. Trad. Bernardo de Sá Nogueira. Lisboa: Moraes, 1979

HOBSBAWM, E. Maio 68. *Folha de S. Paulo*, São Paulo, 19 maio 1998. Caderno Mais, p.5.

KATZ, C. S. Nazismo e psicanálise: outras relações. In: _____. *Psicanálise e nazismo*. Trad. Helena Lins e Barros, Lya Luft, Ângela B. C. Wittich. Rio de Janeiro: Taurus, 1985. p.195-224.

KUPFER, M. C. *Freud e a educação*: o mestre do impossível. 3.ed. São Paulo: Scipione, 1995.

_____. Freud e educação, dez anos depois. *Revista da Associação Psicanalítica de Porto Alegre*, Porto Alegre, n.16, p.14-26, 1999.

LAJONQUIÈRE, L. de. *Infância e ilusão (psico)pedagógica*: escritos de psicanálise e educação. Petrópolis: Vozes, 1999.

_____. Freud e a educação. Disponível em: <http://www.educacao.pro.br/freud.htm>. Acesso em: 5 fev. 2000.

_____. Freud e a educação. In: COLÓQUIO DO LUGAR DE VIDA/LEPSI, 1, 2000, São Paulo. *Anais* ... São Paulo: Annablume, 2000a. p.91-5.

_____. Freud, el psicoanálisis y su educación para la realidad. In: PAÍN, S. et al. *Aportes para una clínica del aprender*. Rosario: Homo Sapiens Ediciones, 2000b. p.31-47.

LAPLANCHE, J.; PONTALIS, J-B. *Vocabulário de psicanálise*. Trad. Pedro Tamen. São Paulo: Martins Fontes, 1983.

LO BIANCO, A. C. A Bildung germânica e a cultura em Freud. *Cadernos de Subjetividade*, São Paulo, v.5, n.1, p.117-31, 1997.

LÖWY, M. *Redenção e utopia*: o judaísmo libertário na Europa Central. Trad. Paulo Neves. São Paulo: Companhia das Letras, 1989.

MARCUSE, H. *Eros e civilização*. 5.ed. Trad. Álvaro Cabral. Rio de Janeiro: Zahar, 1972.

MARX, K.; ENGELS, F. *A ideologia alemã*. 5.ed. Trad. José Carlos Bruni e Marco Aurélio Nogueira. São Paulo: Hucitec, 1986.

MASSON, J. M. *A correspondência completa de Sigmund Freud para Wilhelm Fliess – 1887-1904*. Trad. Vera Ribeiro. Rio de Janeiro: Imago, 1986.

MATTHIESEN, S. Q. *A educação do corpo e as práticas corporais alternativas*: Reich, Bertherat e Antiginástica. São Paulo, 1996. Dissertação (Mestrado em História e Filosofia da Educação) – Pontifícia Universidade Católica de São Paulo.

_____. Das críticas de Herbert Marcuse a Wilhelm Reich. *Revista Educação e Filosofia*, Uberlândia, v.13, n.26, p.57-75, jul./dez. 1999.

_____. *Caminho das pedras*: as publicações de Wilhelm Reich em português. Rio Claro, 2002.

MATTHIESEN, S. Q. *Organização bibliográfica da obra de Wilhelm Reich*: bases para o aprofundamento em diferentes áreas do conhecimento. São Paulo: Annablume; Fapesp, 2007.

MEZAN, R. *Freud, pensador da cultura*. São Paulo: Brasiliense; Conselho Nacional de Desenvolvimento Científico e Tecnológico, 1985.

MILLOT, C. *Freud antipedagogo*. Trad. de Ari Roitman. Rio de Janeiro: Zahar, 1992.

MOLNAR, M. (Org.). *Diário de Sigmund Freud – 1929-1930*: crônicas breves. Trad. Francis Rita Apsan. Porto Alegre: Artes Médicas Sul, 2000.

NEILL, A. S. *Liberdade sem medo*: Summerhill. 4.ed. Trad. Nair Lacerda. São Paulo: Ibrasa, 1967.

_____. *Minha luta pela liberdade no ensino*. Trad. Aydano Arruda. São Paulo: Ibrasa, 1975.

OLIVEIRA, J. G.; RODRIGUES, H. *O saber em movimento*: tecendo a rede das psicoterapias corporais. Rio de Janeiro: Sony Music, 2000. CD-ROM.

PALLARES-BURKE, M. L. G. O mestre rebelde. *Folha de S. Paulo*, São Paulo, 4 maio 1997a. Caderno Mais, p.4.

_____. O ensino sonhado por Rousseau. *Folha de S. Paulo*, São Paulo, 4 maio 1997b. Caderno Mais, p.5.

PEREIRA, C. A. P. *O que é contracultura*. São Paulo: Brasiliense, 1992.

PLACZEK, B. R. (Ed.). *Record of a Friendship*: The Correspondence Between Wilhelm Reich and A. S. Neill – 1936-1957. New York: Farrar, Straus and Giroux, 1981.

PROST, A.; VICENT, G. *História da vida privada*: da Primeira Guerra a nossos dias. Trad. Denise Bottmann. São Paulo: Companhia das Letras, 1992. v.5.

REICH, P. *Libro de ensueños*. Trad. F. P. E. Gonzalez. Barcelona: Laertes, 1978.

REICH, W. Über einen Fall von Durchbruch der Inzestschranke. *Zeitschrift für politische Psychologie und Sexualökonomie*, Kopenhagen, v.7, p.220-6, 1920.

_____. Der Koitus und die Geschlechter. *Zeitschrift für politische Psychologie und Sexualökonomie*, Bonn, v.8, p.343-52, 1921a.

_____. Kindliche Tagträume einer späteren Zwangsneurose. *Internationale Zeitschrift für Psychoanalyse*, Leipzig, v.7, p.460-7, 1921b.

_____. Über Spezifizität der Onanieformen. *Internationale Zeitschrift für Psychoanalyse*, Leipzig, v.8, p.333-7, 1922a.

REICH, W. Zwei narzisstische Typen. Ergänzende Bemerkungen zu Dr. Alexanders Kastrationskpmplex und Charakter. *Internationale Zeit schrift für Psychoanalyse*, Leipzig, v.8, p.456-62, 1922b.

_____. Trieb und Libidobegriffe von Forel bis Jung. *Zeitschrift für Sexualwissenschaft*, Bonn, v.9, p.17-9, 44-50, 75-85, 1922c.

_____. Zur Trieb-Energetik. *Internationale Zeitschrift für Psychoanalyse*, Leipzig, v.10, p.99-106, 1923.

_____. Über Genitalität von Standpunkt der psychoanalytischen Prog nose und Therapie. *Internationale Zeitschrift für Psychoanalyse*, Leipzig, v.10, p.164-79, 1924.

_____. *Der triebhafte Charakter*. Wien: Internationaler Psychoanalytischer Verlag, 1925a.

_____. Weitere Bemerkungen über die therapeutische Bedeutung der Genitallibido. *Internationale Zeitschrift für Psychoanalyse*, Leipzig, v.11, p.297-317, 1925b.

_____. Eltern als Erzieher: I: Der Erziehungszwang und seine Ursachen. *Zeitschrift für psychoanalytische Pädagogik*, Wien, v.3, n.1, p.65-74, 1926.

_____. Eltern als Erzieher: II. Die Stellung der Eltern zur kindlichen Onanie. *Zeitschrift für psychoanalytische Pädagogik*, Wien, v.7/9, p.263-9, 1927.

_____. Wohin führt die Nackterziehung? *Zeitschrift für psychoanalytische Pädagogik*, Wien, v.2/3, p.44-50, 1928a.

_____. Über die Onanie im Kindesalter. *Zeitschrift für psychoanalytische Pädagogik*, Wien, v.4/6, p.149-52, 1928b.

_____. Dialektischer Materialismus und Psychoanalyse. *Unter dem Banner des Marxismus*, Wien, n.3, p.736-71, 1929.

_____. *Geschlecht reife, Enthaltsamkeit, Ehemoral*: Kritik der bürgerlichen Sexualreform. Wien: Müster Verlag, 1930.

_____. *Der sexuelle Kampf der Jugend*. Berlin: Verlag für Sexualpolitik, 1932.

_____. *Die Massenpsychologie des Faschismus* − Zur Sexualökonomie der politischer Reaktion und zur proletarischen Sexualpolitik. Kopenhagen: Verlag für sexualpolitik, 1933.

_____. *Dialektischer Materialismus und Psychoanalyse*. Kopenhagen: Politisch Psychologische Schriftenreiher der Sexpol, 1934.

_____. *Die Sexualität im Kulturkampf*: Zur sozialitischen Umstrukturierung des Menschen. 2.ed. Kopenhagen: Verlag für Sexualpolitik, 1936. p.XVI.

_____. *The Discovery of the Orgone* − I. The Function of the Orgasm. New York: Orgone Institute Press, 1942.

REICH, W. Some Mechanismus of the Emotional Plague. *International Journal of Sex-Economy and Orgone Research*, New York, v.4, p.34-53, 1945.

_____. *Listen, Little Man*. New York: Orgone Institute Press, 1948.

_____. Children of the Future. *Orgone Energy Bulletin*, New York, v.2, n.4, p.194-206, 1950a.

_____. About Genital Self-Satisfaction in Children. *Orgone Energy Bulletin*, New York, v.2, n.2, p.63-7, 1950b.

_____. *Character Analysis*. Trad. Theodore P. Wolfe. London: Vision Press, 1950c.

_____. Rules to Follow in Basic Research. *Orgone Energy Bulletin*. New York, v.2, n.1, p.63-4, 1951a.

_____. Armoring in a Newborn Infant. *Orgone Energy Bulletin*, New York, v.3, n.3, p.121-38, jul. 1951b.

_____. *Last Will and Testament of Wilhelm Reich*. Rangeley, 1957.

_____. *Ether, God and Devil and Cosmic Superimposition*. New York: Farrar, Straus and Giroux, 1973a.

_____. *Selected Writings*: An Introduction to Orgonomy. New York: Farrar, Straus and Giroux, 1973b. Part 1/2.

_____. Response. In: _____. *Selected Writings*: An Introduction to Orgonomy. New York: Farrar, Straus and Giroux, 1973c. Part 2, p.535-9.

_____. A Case of Puberal Breaching of the Incest Taboo. In: _____. *Early Writings*. Trad. Philip Schmitz. New York: Farrar, Straus and Giroux, 1975a. v.1, p.65-72.

_____. Coition and Sexes. In: _____. *Early Writings*. Trad. Philip Schmitz. New York: Farrar, Straus and Giroux, 1975b. v.1, p.73-85.

_____. Drive and Libido Concepts from Forel to Jung. In: _____. *Early Writings*. Trad. Philip Schmitz. New York: Farrar, Straus and Giroux, 1975c. v.1, p.86-124.

_____. On Genitality: From the Standpoint of Psychoanalytic Prognosis and Therapy. In: _____. *Early Writings*. Trad. Philip Schmitz. New York: Farrar, Straus and Giroux, 1975d. v.1, p.158-79.

_____. The Impulsive Character: A Psychoanalytic Study of Ego Pathology. In: _____. *Early Writings*. Trad. Philip Schmitz. New York: Farrar, Straus and Giroux, 1975e. v.1, p.237-332.

_____. Os jardins de infância na Rússia soviética. In: _____; CONSELHO CENTRAL DOS JARDINS DE INFÂNCIA SOCIALISTAS DE BERLIM; SCHMIDT, V. *Elementos para uma pedagogia antiautoritária*. Trad. J. C. Dias, Antonio Sousa, Antonio Ribeiro e Maria C. Torres. Porto: Escorpião, 1975f. p.39-52.

REICH, W. Os pais como educadores: a compulsão a educar e suas causas. In: _____; CONSELHO CENTRAL DOS JARDINS DE INFÂNCIA SOCIALISTAS DE BERLIM; SCHMIDT, V. *Elementos para uma pedagogia antiautoritária*. Trad. J. C. Dias, Antonio Sousa, Antonio Ribeiro e Maria C. Torres. Porto: Escorpião, 1975g. p.53-68.

_____. *Analisis del caracter*. 5.ed. Trad. Luis Fabricant. Buenos Aires: Paidos, 1975h.

_____. Libidinal Conflicts and Delusions in Ibsen's Peer Gynt. In: _____. *Early Writings*. Trad. Philip Schmitz. New York: Farrar, Straus and Giroux, 1975i. v.1, p.3-64.

_____. *O que é consciência de classe?* Porto: H. A. Carneiro, 1976a.

_____. The Living Productive Power, "Work-Power" of Karl Marx. In: _____. *People in Trouble*. Trad. Philip Schmitz. New York: Farrar, Straus and Giroux, 1976b. p.73-5.

_____. This is Politics! In: _____. *People in Trouble*. Trad. Philip Schmitz. New York: Farrar, Straus and Giroux, 1976c. p.77-117.

_____. Everyone is "Enraptured". In: _____. *People in Trouble*. Trad. Philip Schmitz. New York: Farrar, Straus and Giroux, 1976d. p.135-57.

_____. Irrationalism in Politics and Society. In: _____. *People in Trouble*. Trad. Philip Schmitz. New York: Farrar, Straus and Giroux, 1976e. p.158-223.

_____. *Materialismo dialético e psicanálise*. 3.ed. Trad. Joaquim José Moura Ramos. Lisboa: Presença; Brasil: Martins Fontes, 1977a.

_____. *Psicopatologia e sociologia da vida sexual*. Trad. M. S. P. Porto: Escorpião, 1977b. v.1.

_____. *Psicopatologia e sociologia da vida sexual*. Trad. M. S. P. Porto: Escorpião, 1977c. v.2.

_____. *O combate sexual da juventude*. Trad. A. Fontes. Lisboa: Antídoto, 1978.

_____. *A revolução sexual*. 5.ed. Trad. Ary Blaustein. São Paulo: Zahar, 1979a.

_____. *The Bion Experiments*: On the Origin of Life. Trad. Derek e Inge Jordan. New York: Farrar, Straus and Giroux, 1979b.

_____. Sobre o onanismo. In: REICH, A. *Se teu filho te pergunta*. Trad. Sylvia Moretzsohn. Rio de Janeiro: Espaço Psi, 1980a.

_____. *Genitality*: In the Theory and Therapy of Neurosis. Trad. Philip Schmitz. New York: Farrar, Straus and Giroux, 1980b.

_____. *The Bioelectrical Investigation of Sexuality and Anxiety*. Trad. Marion Faber, Derek e Inge Jordan. New York: Farrar, Straus and Giroux, 1982a.

REICH, W. *O assassinato de Cristo*. Trad. Carlos Ralph Lemos Viana. São Paulo: Martins Fontes, 1982b.

_____. *A função do orgasmo*: problemas econômico-sexuais da energia biológica. 10.ed. Trad. Maria da Glória Novak. São Paulo: Brasiliense, 1984a.

_____. The Sexual Rights of Youth. In: _____. *Children of the Future*. Trad. Beverly Placzek, Derek e Inge Jordan. New York: Farrar, Straus and Giroux, 1984b. p.161-222.

_____. A Conversation with a Sensible Mother. In: _____. *Children of the Future*. Trad. Beverly Placzek, Derek e Inge Jordan. New York: Farrar, Straus and Giroux, 1984c. p.146-60.

_____. Concerning Childhood Masturbation. In: _____. *Children of the Future*. Trad. Beverly Placzek, Derek e Inge Jordan. New York: Farrar, Straus and Giroux, 1984d. p.140-5.

_____. Maltreatment of Infants. In: _____. *Children of the Future*. Trad. Beverly Placzek, Derek e Inge Jordan. New York: Farrar, Straus and Giroux, 1984f. p.136-9.

_____. Falling Anxiety in a Three-Week-Old Infant. In: _____. *Children of the Future*. Trad. Beverly Placzek, Derek e Inge Jordan. New York: Farrar, Straus and Giroux, 1984g. p.114-35.

_____. Armoring in a Newborn infant. In: _____. *Children of the future*. Trad. Beverly Placzek, Derek e Inge Jordan. New York: Farrar, Straus and Giroux, 1984h. p.89-113.

_____. Meeting the Emotional Plague. In: _____. *Children of the Future*. Trad. Beverly Placzek, Derek e Inge Jordan. New York: Farrar, Straus and Giroux, 1984i. p.71-88.

_____. Orgonomic First Aid for Children. In: _____. *Children of the Future*. Trad. Beverly Placzek, Derek e Inge Jordan. New York: Farrar, Straus and Giroux, 1984j. p.64-70.

_____. Problems of Healthy Children During the First Puberty (ages three to six). In: _____. *Children of the Future*. Trad. Beverly Placzek, Derek e Inge Jordan. New York: Farrar, Straus and Giroux, 1984k. p.22-63.

_____. Children of the Future. In: _____. *Children of the Future*. Trad. Beverly Placzek, Derek e Inge Jordan. New York: Farrar, Straus and Giroux, 1984l. p.5-21.

_____. *La biopatia del cáncer*. Trad. Nélida Mendilaharzu de Machain. Buenos Aires: Nueva Visión, 1985.

_____. *Die sexuelle Revolution*. Frankfurt: Fischer Taschenvuch Verlag, 1988.

REICH, W. *Beyond Psychology*: Letters and Journals 1934-1939. Trad. Philip Schmitz, Derek e Inge Jordan. New York: Farrar, Straus and Giroux, 1994.
_____. *Análise do caráter*. 2.ed. Trad. Maria Lizette Branco e Maria Manuela Pecegueiro. São Paulo: Martins Fontes, 1995.
_____. *Paixão de juventude*: uma autobiografia (1897-1922). Trad. Cláudia Sant'Ana, Sâmia Rios. São Paulo: Brasiliense, 1996.
_____. Libido Konflikte und Wahngebilde in Ibsens "Peer Gynt". In: _____. *Frühe Schriften 1920-1925*. Köln: Kiepenheuer & Witsch, 1997a. p.19-77.
_____. Der triebhafte Charakter. In: _____. *Frühe Schriften 1920-1925*. Köln: Kiepenheuer & Witsch, 1997b. p.246-340.
_____. *Escute, Zé Ninguém!* Trad. Waldéa Barcellos. São Paulo: Martins Fontes, 1998.
_____. *American Odyssey*: Letters and Journals, 1940-1947. Trad. Derek e Inge Jordan, Philip Schmitz. New York: Farrar, Straus and Girouz, 1999.
_____. Regras para seguir na pesquisa básica. Trad. Sara Quenzer Matthiensen. *Psicologia USP* [on line], 2003, v.14, n.2, p.13-6.
_____. *Irrupção da moral sexual repressiva*. Trad. Sílvia Montarroyos, J. Silva Dias. São Paulo: Martins Fontes, [s.d.]a.
_____. *Psicologia de massas do fascismo*. Trad. Maria da Graça M. Macedo. São Paulo: Martins Fontes, [s.d.]b.
_____. Sobre Vera Schmidt. In: _____. SCHMIDT, V. *Psicanálise e educação*. Trad. Dulce Lagoeiro; José Vicente. Lisboa: J. Bragança, [s.d.]c. p.25-38.
RIBEIRO, V. Nota de tradução. In: ROUDINESCO, E. *História da psicanálise na França*: a batalha dos cem anos: 1925-1985. Trad. Vera Ribeiro. Rio de Janeiro: Zahar, 1988. v.2, p.59.
RIEFF, P. *O triunfo da terapêutica*. Trad. Raul Fiker; Ricardo Pinheiro Lopes. São Paulo: Brasiliense, 1987.
ROBINSON, P. *A esquerda freudiana*: Wilhelm Reich, Geza Roheim e Herbert Marcuse. Trad. Álvaro Cabral. Rio de Janeiro: Civilização Brasileira, 1971.
ROUDINESCO, E. *História da psicanálise na França*: a batalha dos cem anos: 1885-1939. Trad. Vera Ribeiro. Rio de Janeiro: Zahar, 1986. v.1.
_____. *História da psicanálise na França*: a batalha dos cem anos: 1925--1985. Trad. de Vera Ribeiro. Rio de Janeiro: Zahar, 1988. v.2.
ROUDINESCO, E.; PLON, M. *Dicionário de psicanálise*. Trad. Vera Ribeiro, Lucy Magalhães. Rio de Janeiro: Jorge Zahar, 1998.

RUBIN, L. R. *Wilhelm Reich e Anna Freud: sua expulsão da psicanálise*. Revista da Sociedade Wilhelm Reich, Porto Alegre, ano 2, n.2, p.4-14, dez. 1998.

RUSSO, J. *O corpo contra a palavra*: as terapias corporais no campo psicológico dos anos 80. Rio de Janeiro: UFRJ, 1993.

RYCROFT, C. *As ideias de Reich*. Trad. Fernando de Castro Ferro. São Paulo: Cultrix, 1971.

SAMPAIO, J. G. S. G. *Educação e Liberdade em Wilhelm Reich*: reflexão sobre contribuições do pensamento reichiano para a educação. Santos, 2005. Dissertação (Mestrado em Educação) – Universidade Católica de Santos.

SCHEIDER, M. *Neurosis y lucha de clases*. Trad. Vicente Romano Garcia. Madri: Siglo Veintiuno, 1979.

SCHMIDT, V. Educação psicanalítica na Rússia Soviética. In: CONSELHO CENTRAL DOS JARDINS DE INFÂNCIA SOCIALISTAS DE BERLIM, REICH, Wilhelm. *Elementos para uma pedagogia antiautoritária*. Trad. J. C. Dias; Antonio Sousa; Antonio Ribeiro; Maria C. Torres. Porto: Escorpião, 1975. p.15-38.

SHARAF, M. *Fury on Earth*. New York: Da Capo Press, 1983.

SINELNIKOFF, C. *La obra de Wilhelm Reich*. Trad. Aurélio Garzón Del Camino. México: Siglo Veintiuno, 1971.

SINGER, H. *República de crianças*: sobre experiências escolares de resistência. São Paulo: Hucitec, 1997.

SOUZA, P. C. de. *As palavras de Freud*. São Paulo: Ática, 1998.

THE SCIENTIFIC activities of the WRF published 1950-1951. *Orgone Energy Bulletin*, New York, v.4, n.3, p.154-6, jul. 1952.

VOLPI, J. H. *Psicoterapia corporal*: um trajeto histórico de Wilhelm Reich. Curitiba: Centro Reichiano, 2000.

WAGNER, C. M. *A psicanálise de Sigmund Freud e a vegetoterapia carátero-analítica de Wilhelm Reich*: continuidade ou ruptura? São Paulo, 1994. Dissertação (Mestrado em Psicologia Clínica) – Pontifícia Universidade Católica de São Paulo.

_____. *Freud e Reich:* continuidade ou ruptura? São Paulo: Summus, 1996.

WILHELM REICH.: *Biographical Material – History of the Discovery of the Life Energy*. Rangeley: Orgone Institute Press, 1953.

WILHELM REICH psicanalista. *Boletim Novidades*. São Paulo, ano 8, n.70, fev. 1995.

WR – os mistérios do organismo. Direção de Dusan Makavejev. 1971. 1 videocassete (80 min.), son., col.

ZWEIG, S. O mundo que eu vi. In: _____. *Obras completas de Stefan Zweig*. Rio de Janeiro: Delta, 1960. v.9.

SOBRE O LIVRO

Formato: 14 x 21 cm
Mancha: 23,7 x 42,5 paicas
Tipologia: Horley Old Style 10,5/14
Papel: Off-set 75 g/m² (miolo)
1ª *edição*: 2005
2ª *edição*: 2012

EQUIPE DE REALIZAÇÃO

Assistência editorial
Olivia Frade Zambone

Edição de Texto
Elisa Buzzo (Preparação de original)
Rosani Andreani (Revisão)

Editoração Eletrônica
Vicente Pimenta (Diagramação)

Impressão e acabamento